힌디어 중급문법

힌디어중급문법

HINDI

최종찬·김용정 공저

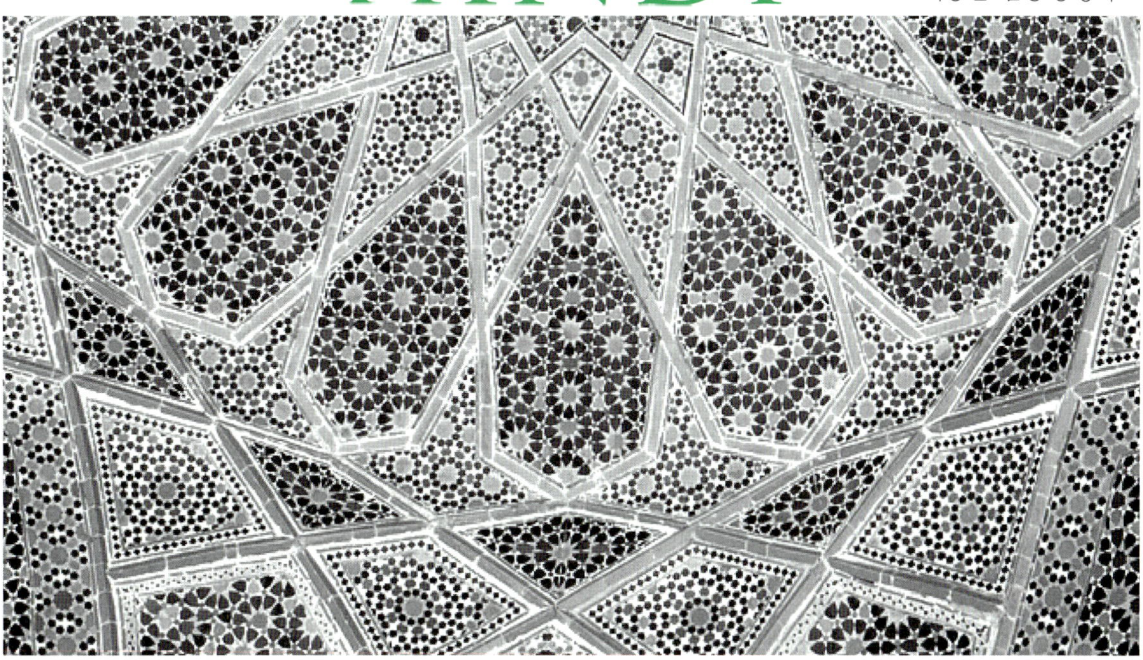

책을 내면서

지난 해 힌디어 초급문법이 발간되었고 학생들이 이를 반겼습니다. 그러면서 한 단계 높은 수준의 문법교재도 제공해 줄 것을 요청하였습니다. 그에 따라 힌디어중급문법을 준비하였습니다. 초급문법이 힌디어의 이해에 중점을 두었다면 중급문법은 한 걸음 나아가 힌디어의 실질적인 구사 역량에 중점을 두었습니다.

힌디어중급문법은 문법의 보다 상세한 설명과 더불어 실용적인 예문을 중심으로 구성하였습니다. 다양한 규칙과 표현법을 예문과 함께 제시하였고 예문은 실제 매체에서 사용되고 있는 문장들을 활용하여 준비하였습니다. 그리고 자율 학습을 통해 힌디어 구문과 어법에 익숙해지도록 연습문제를 마련하였습니다. 힌디어 학습자들이 진도를 나가면서 지치지 않고 힌디어에 보다 친숙해질 수 있도록 난이도를 고려한 문법과 어휘 내용들을 점진적으로 중첩시켰고 상호 연상되도록 구성하였습니다.

'학이시습지면 불역열호아'라 했습니다. 힌디어를 꾸준히 익히다 보면 언젠가 힌디어가 즐거움으로 다가오는 순간이 있게 될 것입니다. 중급문법과정 학습을 마치고 났을 때 신문 읽기를 비롯하여 인도인과 편안하게 의사소통도 할 수 있게 될 것입니다. 힌디어를 스스로 터득하고 활용할 수 있는 힘이 생기게 되는 것입니다. 이 책으로 공부하는 분 모두가 힌디어를 익혀 사용하는 즐거움을 맛볼 수 있기를 희망합니다.

끝으로 이 책이 좋은 모습으로 출간되도록 애써주신 한국외국어대학교 지식출판원 선생님들께 감사드립니다.

2017년 3월

최종찬·김용정

차례

책을 내면서 5

제1장 시제 11
- 1과 현재시제 14
- 2과 과거시제 19
- 3과 미래시제 22

제2장 가상법 31
- 4과 불확정미래법(원망법) 34
- 5과 추정법 38
- 6과 가능법 41
- 7과 비사실법 44

제3장 상 57
- 8과 지속 60
- 9과 불규칙 습관 64
- 10과 전망과 기동 67
- 11과 종결과 결과적 완료 69

제4장 일치 79
- 12과 동사일치 81
- 13과 결합동사의 일치 92
- 14과 부정사의 일치 97
- 15과 관형어, 보어의 일치 102
- 16과 일치의 예외 105

제5장 미완료분사와 완료분사 113
17과 형용사적 용법 115
18과 명사적 용법 120
19과 부사적 용법 122
20과 관용적 용법 124
21과 분사의 속성과 제약 133

제6장 부정사 145
22과 부정사의 명사적 기능 147
23과 부정사절의 형식 149
24과 부정사의 관용적 용법 151

제7장 수동태 163
25과 수동분사구문의 형식과 제약 165
26과 수동분사구문의 기타 용법 171

제8장 파생동사 181
27과 피동사 183
28과 사동사 188

제9장 의미조동사 199
29과 의미조동사의 형식 201
30과 의미조동사의 제약 203
31과 의미조동사의 기능1 205
32과 의미조동사의 기능2 209

제10장 여격주어 구문 219

33과 의무, 필요 등을 나타내는 구문 221

34과 신체상태, 인지 등을 나타내는 구문 223

35과 소유나 획득 등을 표현하는 구문 227

제11장 관계사절과 상관사절 235

36과 관계대명형용사 जो 237

37과 관계형용사/부사 जैसा, जितना 241

38과 관계부사 243

39과 관계사의 포괄 표현 246

제12장 후치사 257

40과 행위격 ने 260

41과 후치사 को 263

42과 소유격 का 268

43과 후치사 से 272

44과 처소격 후치사 281

45과 복합후치사의 양치와 전치 289

46과 소유관계의 표현 293

제13장 접속사 303

47과 등위접속사 306

48과 명사절을 이끄는 종속접속사 311

49과 부사절을 이끄는 종속접속사 314

붙임 327
1. 비모음과 비자음 328
2. [대명사/부사 + ही]의 축약형 330
3. 의성어 330
4. 친 · 인척 명칭 332
5. 셈과 곱셈표 334

해답 337

부록
부록1 접사 ओं과 수량 29
부록2 시간의 표현 54
부록3 청유이 표현 78
부록4 व-반복복합어(Echo Words) 91
부록5 감탄의 표현 112
부록6 재귀사 132
부록7 '~인 것 같다'의 표현 143
부록8 부정어 नहीं, न, मत의 용법 161
부록9 수동의 기타 표현 형식 179
부록10 भला, भले, भले ही 198
부록11 भर, भरा 217
부록12 한정의 표현 233
부록13 양태부사를 구성하는 단어들 253
부록14 관계사와 상관사로 구성된 합성어 255
부록15 연결모음(इज़ाफ़त) ए 280
부록16 동의반복의 첩어 301
부록17 वैसे तो 325

제1장

시제

वर्तमान काल

काल

भूतकाल

भविष्य काल

1과	현재시제	기수1-10
2과	과거시제	기수11-20
3과	미래시제	기수21-30
연습문제1		
부록1	접사 -ओं과 수량	

- 시제는 현재, 과거, 미래로 구분된다. 현재와 과거 시제는 기본적으로 미완료, 진행, 완료 등의 상을 동반한다. 미래 시제는 상을 동반하지 않는다.

- 자동사의 시제표

현재	미완료	**वह आता है।**	그가 온다.
	진행	**वह आ रहा है।**	그가 오고 있다.
	완료	**वह आया है।**	그가 (방금) 왔다.
과거	미완료/습관	**वह आता था।**	그가 (규칙적으로) 왔었다.
	진행	**वह आ रहा था।**	그가 오고 있었다.
	완료	**वह आया था।**	그가 왔었다.
	단순	**वह आया।**	그가 왔다.
미래		**वह आएगा।**	그가 올 것이다.

- 타동사가 완료 형태를 취한 경우에 주어는 행위격 후치사 **ने**와 함께 쓰인다. 이 경우 후치사를 동반한 명사는 동사 일치의 대상이 아니므로 동사는 직격의 목적어에 일치한다. 주어와 목적어가 모두 후치사를 동반한 경우 동사는 비인칭 형태인 3인칭 남성단수 형태를 취한다.

타동사의 시제표

현재	미완료	**वह खाना खाता है।**	그가 음식을 먹는다.
	진행	**वह खाना खा रहा है।**	그가 음식을 먹고 있다.
	완료	**उसने खाना खाया है।**	그가 음식을 (방금) 먹었다.
과거	미완료/습관	**वह खाना खाता था।**	그가 음식을 (일정기간) 먹었다.
	진행	**वह खाना खा रहा था।**	그가 음식을 먹고 있었다.
	완료	**उसने खाना खाया था।**	그가 음식을 먹었었다.
	단순	**उसने खाना खाया।**	그가 음식을 먹었다.
미래		**वह खाना खाएगा।**	그가 음식을 먹을 것이다.

각 시제에서 상이 표현되지 않는 경우는 **होना** 동사가 단독으로 쓰여 시제 표지와 연결동사의 기능을 동시에 담당할 때이다. 미래 시제의 경우에는 미래 또는 추측을 나타낸다.

현재	**वह अध्यापक है।**	그가 선생이다.
과거	**वह अध्यापक था।**	그가 선생이었다.
미래	**वह अध्यापक होगा।**	그가 선생이 될 것이다/그가 선생일 것이다.

1과 현재시제

1. 현재미완료

습관적인 일이나 행동을 나타낸다.

मेरी बहन हर रात नौ बजे टीवी न्यूज़ चैनल देखती है।
'내 누이는 매일 밤 9시에 텔레비전 뉴스 채널을 시청한다.'

मेरी कंपनी शहर से हटकर है, इसलिए मैं आम तौर पर मेट्रो से जाता हूँ।
'내 회사가 도시에서 떨어져 있다, 그래서 나는 보통 지하철로 출근한다.'

일반적인 사실을 나타낸다.

पानी शून्य डिग्री सेलसियस पर जमकर बर्फ़ में बदलता है।
'물은 섭씨 영도에서 냉각되어 얼음으로 바뀐다.'

सूर्य पूर्व से उदय होता है और पश्चिम में अस्त होता है।
'해가 동쪽에서 뜨고 서쪽으로 진다.'

보편적인 관념을 나타낸다.

लड़की सुंदर होती है। '소녀는 (보편적으로) 예쁘다.'

यह लड़की सुंदर है। '이 소녀가 예쁘다.'

प्रथम जन्मक्रम वाला बच्चा अक्सर सबसे ज़िम्मेदार होता है तथा अंतिम वाला सबसे शरारती होता है।
'첫째는 대체로 책임감이 가장 강하고 막내는 가장 익살스럽다.'

❶ 예정된 미래의 일을 나타낸다.

अगले सोमवार को अमिताभ बच्चन भारतीय अंतर्राष्ट्रीय फ़िल्म महोत्सव का उद्घाटन करता है।

'다음 월요일에 아미따브 밧짠이 인도 국제 영화제의 개회를 선언할 것이다.'

कल से गोरखपुर से दिल्ली के लिए हवाई उड़ान की शुरुआत होती है।

'내일부터 고라크뿌르와 델리 간 항공편 운항이 개시될 것이다.'

2. 현재진행

❶ 말하고 있는 현재에 진행 중인 일을 나타낸다.

बाद में मैं फ़ोन करूँगा, क्योंकि मैं अभी कार चला रहा हूँ।

'내가 지금 운전 중이라 나중에 전화할게.'

बाथरूम में शावर काम नहीं कर रहा है।

'욕실에 샤워기가 작동하지 않는다.'

❶ 최근에 일시적으로 하고 있는 일을 나타낸다.

आजकल हम साथ मिलकर हिंदी पढ़ रहे हैं।

'요즘 우리가 함께 힌디어를 공부하고 있다.'

इस सत्र में हम उर्दू भी सीख रहे हैं।

'이번 학기에 우리가 우르두어도 배우고 있다.'

❶ 가까운 미래의 일을 나타낸다.

मिश्रा जी परसों अपनी पत्नी के साथ ताजमहल देखने जा रहे हैं।

'미슈라 씨는 모레 아내와 함께 따즈마할을 보러 갈 것이다.'

मेरा छोटा भाई आज शाम को पूना जा रहा है।

'내 동생이 오늘 저녁에 뿌나에 갈 것이다.'

3. 현재완료

- 최근에 또는 방금 완료된 일을 나타낸다. 따라서 **अभी** 등의 부사와 함께 자주 쓰인다.

हाल में मुझे समाचार मिला है कि मिल मज़दूर हड़ताल कर रहे हैं।

'최근에 나는 공장노동자들이 파업을 하고 있다는 소식을 접했다.'

मैंने यह मोबाइल फ़ोन अभी न्यू लिया है।

'내가 이 모바일 폰을 방금 새로 샀다.'

मेरी बेटी बड़ी देर से सोई और अभी उठी है।

'내 딸이 매우 늦게 잤고 바로 지금 일어났다.'

भारत ने पाकिस्तान को लड़ाकू विमान बेचने के अमरीका के फ़ैसले पर गहरी नाराज़गी जताई है।

'인도는 미국이 파키스탄에 전투기를 판매하기로 결정하자 강력하게 반발했다.'

- 과거에 시작한 일이 현재까지 계속됨을 나타낸다.

मैंने पिछले साल से हिंदी पढ़ी है।

'내가 작년부터 힌디어를 공부해 왔다.'

मेरे पिताजी ने तीस साल के लिए पुलिस में काम किया है।

'아버지가 30년 동안 경찰로 재직하여 왔다.'

❸ 경험을 나타낸다.

हम इस जगह पहली बार आए हैं, लेकिन तुम कई बार आए हो।

'우리는 여기에 처음 왔지만 너는 여러 번 와봤다.'

तुम कभी गर्मियों में शिमला गए हो ?

'너 언젠가 여름에 심라에 가본 적 있니?'

तुमने कभी तारों से जगमगाता हुआ आसमान देखा है ?

'너는 별들이 반짝이는 하늘을 본 적 있니?'

❹ 과거에 완료된 사건의 결과가 현재까지 변동 없이 남아있음을 나타낸다.

मुझे मालूम है कि ऑफ़िस का दरवाज़ा खुला है।

'나는 사무실의 문이 열려 있는 것을 안다.'

भारतमाता ने हिंदुओं को ही नहीं, मुसलमानों और ईसाइयों को भी पैदा किया है।

'모국 인도는 힌두뿐만 아니라 무슬림과 기독교인도 낳았다.'

어 휘 1

अंतर्राष्ट्रीय 형 국제적인
अमरीका 남 미국
अस्त 남 (해가) 짐
आम 형 일반적인 남 망고
 आम तौर पर 일반적으로, 보통
ईसाई 남 기독교인
उड़ान 여 비상, 비행
उदय 남 오름, 상승
उद्‌घाटन 남 개회, 개막
 का उद्‌घाटन करना ~을 개막하다
कंपनी 여 회사
गहरा 형 깊은, 강한
गोरखपुर 남 고라크뿌르 (지명)
जगमगाना 자동 빛나다
जगह 여 장소
जताना 타동 나타내다, 알리다
जन्मक्रम 남 태어난 순서
जमना 자동 얼다, 응고하다
ज़िम्मेदार 형 책임감 있는
टीवी 남 텔레비전
डिग्री 여 도(度), 온도 단위
तौर 남 방법
नाराज़गी 여 노여움
न्यू 형 새로운
न्यूज़ चैनल 남 뉴스 채널
पुलिस 여 경찰 (기관), 경찰 (사람)
पूना 남 뿌나 (지명)
फ़िल्म 여 영화
फ़ैसला 남 결정
बदलना 자동 변화하다 타동 바꾸다
बर्फ़ 여 얼음, 눈
महोत्सव 남 대축제
मिल 여 공장
मुसलमान 남 무슬림
मेट्रो 남 지하철
मौसम 남 기후, 계절
लड़ाकू विमान 남 전투기
शरारती 형 익살스런
शावर 남 샤워기
शुरुआत 여 시작
शून्य 형 없는 명 영 (숫자)
सत्र 남 학기, 회기
सेलसियस 남 섭씨
हटना 자동 물러나다
हवाई 형 항공의
हिंदू 남 힌두교도

기수 1-10

एक	दो	तीन	चार	पाँच	छह	सात	आठ	नौ	दस

2과 과거시제

1. 과거미완료 / 과거습관

과거에 일정기간 동안 반복적으로 규칙적으로 일어난 사건을 나타낸다.

बचपन में हम पिताजी की आज्ञा के अनुसार सब कुछ करते थे।

'어린 시절 우리는 아버지의 명령에 따라 모든 것을 했었다.'

प्राचीन काल में हमारे पूर्वज जंगल में ही रहते थे।

'고대에 우리 조상들은 숲에서 살았었다.'

2. 과거진행

과거의 한 시점에서 진행 중인 일을 나타낸다.

हम अंग्रेज़ी में लिखे उनके पत्र का हिंदी में अनुवाद कर रहे थे।

'우리가 영어로 쓴 그의 편지를 힌디어로 번역하고 있었다.'

जो लोग सिगरेट-बंदी का विरोध कर रहे थे, वे आजकल उसका समर्थन कर रहे हैं।

'흡연 금지를 반대하던 사람들이 요즘은 지지하고 있다.'

3. 과거완료

- 과거에 막 완료된 일을 나타낸다.

जब मैं वापस आया, उस समय नौकर ने कमरा साफ़ किया था।

'내가 돌아왔을 때 하인은 (이미) 방을 청소했다.'

जब मैं स्कूल पहुँचा, उसी समय क्लास शुरू हुई थी।

'내가 학교에 도착했을 바로 그때 수업이 (이미) 시작되었다.'

- 과거의 경험을 나타낸다.

अंबेडकर ने जीवनभर समस्याओं को झेला था, फिर भी कभी विचलित नहीं हुए।

'암베드까르가 평생 문제들을 겪었었다. 그럼에도 결코 흔들리지 않았다.'

उस समय तक वह लड़की गाँव के बाहर नहीं गई थी।

'그때까지 그 소녀가 마을 밖으로 나가본 적이 없었다.'

- 이전에 완료된 사건의 결과가 과거의 시점까지 변동 없이 남아 있음을 나타낸다.

मुझे याद है कि उस समय दुकान का दरवाज़ा खुला था।

'그때 가게 문이 열려 있었던 것을 기억한다.'

मज़दूर बिना काम किए ज़मीन पर बैठे थे।

'일꾼들이 일하지 않고 땅에 앉아 있었다.'

- 과거보다 이전에 발생한 일을 나타낸다.

दफ़्तर से वापस आने पर पता लगा कि चोर आया था।

'사무실에서 돌아왔을 때 도둑이 왔었다는 걸 알았다.'

पिछले साल सुमेश ने मोदी को पचास हज़ार रुपये दिए थे, उसने आज लौटाए।

'작년에 수메시가 모디에게 오만 루피를 주었었다, 그가 오늘 돌려주었다.'

4. 단순과거

- 특정한 시간이나 조건의 제약 없이 단순히 과거에 일회적으로 발생한 일을 나타낸다.

बच्चे खेलते-खेलते ज़मीन पर गिर पड़े।

'아이들이 놀고 놀다가 바닥에 넘어졌다.'

विदेश मंत्रालय के प्रवक्ता ने ट्वीट किया कि हम ओबामा प्रशासन के फ़ैसले से निराश हैं।

'외무부 대변인이 트위터를 통해 오바마 정부의 결정에 대한 실망감을 표시했다.'

어휘 2

अनुवाद 남 번역
अनुसार 후
 के अनुसार ~에 따라, ~에 의하여
आज्ञा 여 명령
क्लास 여 수업 남 학급, 등급
जंगल 남 정글
ज़मीन 여 땅, 토지
जीवनभर 부 평생, 일생
झेलना 타동 겪다, 견디다
ट्वीट 남 트위터
निराश 형 실망한
विदेश 남 외국
प्रवक्ता 남 대변인
पूर्वज 남 조상
प्रशासन 남 정부, 행정
प्राचीन 형 고대의
बचपन 남 어린 시절
मंत्रालय 남 성(省), 부(部) (행정기관)
याद 여 기억
विचलित 형 일탈한, 동요하는
विरोध 남 반대, 저항
समर्थन 남 찬성, 지지
सिगरेट-बंदी 여 금연

기수 11-20

ग्यारह	बारह	तेरह	चौदह	पंद्रह
सोलह	सत्रह	अठारह/अट्ठारह	उन्नीस	बीस

3과 미래시제

⊕ 미래에 일어날 사건을 나타내는데 쓰인다.

आवास योजना अगले महीने से लागू होगी।

'주택계획은 다음 달부터 시행될 것이다.'

अमरीका परमाणु क्षमता वाले आठ एफ़-16 लड़ाकू विमान पाकिस्तान को बेचेगा।

'미국이 핵무기 운용 능력을 갖춘 F-16 전투기 여덟 대를 파키스탄에 판매할 것이다.'

⊕ 미래에 일어날 일에 대한 화자의 의지나 확신을 나타낸다.

हम फिर मिलेंगे।

'우리 다시 만나자.'

मैं कल तुम्हारे घर ज़रूर आऊँगा।

'내가 내일 너의 집에 확실히 가겠다.'

मैं बाक़ी पैसे अपनी तथा भाई-बहनों की पढ़ाई पर ख़र्च करूँगी।

'내가 나머지 돈을 나와 형제자매들의 학업에 쓸 것이다.'

⊕ 일이나 상태에 대한 추측을 나타낸다.

भतीजी घर में होगी।

'질녀가 집에 있을 것이다.'

आप लोग चाय पीना पसंद करेंगे।

'여러분은 차 마시는 것을 즐기게 될 것입니다.'

शर्मा जी का भतीजा मेरी उम्र का होगा।

'샤르마 씨의 조카는 나와 동갑일 것이다.'

❸ 속담, 격언 등의 표현에 쓰여 보편성을 나타낸다.

जैसा बोओगे, वैसा काटोगे।

'뿌린 대로 거둘 것이다.'

어 휘 3

आवास 남 주택, 주거

काटना 타 자르다, 수확하다

ख़र्च 남 지출, 소비

पाकिस्तान 남 파키스탄 (국명)

बाक़ी 형 나머지의 여 나머지

बोना 타 (씨를) 뿌리다

भतीजा 남 조카

भतीजी 여 질녀

योजना 여 계획

기수 21-30

इक्कीस	बाईस	तेईस	चौबीस	पच्चीस
छब्बीस	सत्ताईस	अट्ठाईस	उनतीस	तीस

연습문제1

1. 보기를 참고하여 빈칸을 채우시오.

보기

〈लड़का चाय पीना〉 현재미완료 लड़का चाय पीता है।

1) 현재미완료 〈**लड़की चाय पीना**〉

____

2) 현재진행 〈**माताजी चाय पीना**〉

____

3) 현재완료 〈**पिताजी चाय पीना**〉

____

4) 단순과거 〈**भाई चाय पीना**〉

____

5) 과거미완료 〈**दो बच्चे चाय पीना**〉

____

6) 과거진행 〈**दो बेटियाँ चाय पीना**〉

____

7) 과거완료 〈**एक महिला चाय पीना**〉

____

8) 미래 〈**मेरा मित्र चाय पीना**〉

____

2. 보기를 참고하여 빈칸을 채우시오.

보기

लड़का हर रोज़ व्यायाम करता है। (करना, 현재미완료)

1) पिताजी प्रतिदिन सुबह समाचार पत्र ____________ । (पढ़ना, 현재미완료)

2) माताजी प्रतिदिन सुबह एक गिलास गुनगुना पानी ____________ ।
(पीना, 현재미완료)

3) कई पत्रकार विदेश मंत्रालय के प्रवक्ता की प्रतीक्षा ____________ ।
(करना, 현재진행)

4) लोग पार्क में ज़ोर ज़ोर से तालियाँ ____________ । (बजाना, 현재진행)

5) लड़कियाँ अभी स्कूल से वापस ____________ । (आना, 현재완료)

6) एक गाँव में रमेश नाम का एक युवक ____________ । (रहना, 과거미완료)

7) एक युवक भीड़ के सामने भाषण ____________ । (देना, 과거진행)

8) मैंने पास बैठे हुए लड़के से सवाल ____________ । (पूछना, 단순과거)

9) वे आदमी मिश्रा साहब का भाषण सुनकर ____________ । (ऊब जाना, 과거완료)

10) क्लास अगले सोमवार से शुरू ____________ । (हो जाना, 미래)

3. 보기를 참고하여 빈칸을 완성하시오.

보기

मैं रोज़ अख़बार पढ़ता हूँ। (क्या)
किशोर, तुम रोज़ क्या पढ़ते हो ?
किशोर जी, आप रोज़ क्या पढ़ते हैं ?

1) मैं अक्सर यहाँ बस से आता हूँ। (कैसे)
रमेश, ____________
रमेश जी, ____________

2) मैं टेनिस खेल रही हूँ। (क्या)

शीला, ____________________

शीला जी, ____________________

4) मैंने दोपहर को ताजमहल होटल में खाना खाया है। (कहाँ)

आशा, ____________________

आशा जी, ____________________

5) मैं परसों शाम को संगीत कार्यक्रम देख रही थी। (कब)

सुधा, ____________________

सुधा जी, ____________________

보기

बच्चे अभी रेडियो पर प्रधान मंत्री का भाषण सुन रहे हैं।

बच्चे अगले हफ़्ते रेडियो पर प्रधान मंत्री का भाषण सुनेंगे। (अगले हफ़्ते)

बच्चों ने पिछले हफ़्ते रेडियो पर प्रधान मंत्री का भाषण सुना। (पिछले हफ़्ते)

6) अभी उत्तर भारत में बहुत बारिश हो रही है।

____________________ (अगले कुछ दिन)

____________________ (कुछ दिन पहले)

7) रमेश और राकेश अभी शताब्दी एक्सप्रेस से लखनऊ जा रहे हैं।

____________________ (कल सवेरे)

____________________ (कल सवेरे)

8) मेरा भाई अभी रसगुल्ले ला रहा है।

____________________ (अगले सोमवार को)

____________________ (पिछले सोमवार को)

9) संस्थान सालाना निबंध प्रतियोगिता आयोजित कर रहा है।

____________________ (अगले साल तक)

____________________ (पिछले साल तक)

10) **शीला जी अभी बहुत सही बात कह रही हैं।**

______________________________ (**अगली बार**)

______________________________ (**पिछली बार**)

4. 괄호 안에 주어진 어휘를 활용하여 힌디어로 작문하시오.

1) 물은 섭씨 백도에서 끓는다. (**उबलना**)

2) 이 지하철은 보통 매우 붐빈다. (**भीड़**)

3) 크리켓 월드컵이 4년마다 열린다.

4) 버스가 정류장에 (막) 들어왔다. (**अड्डे पर**)

5) 우리가 어제 오후에 커피를 마시고 있었다. (**कॉफ़ी**)

6) 이번 주초에 전투기들이 배치되었다.
(**इस हफ़्ते की शुरुआत में**, **तैनात किया जाना**)

7) 라메시가 어제 저녁에도 당신과 만나기 위해 왔었다.

8) 금요일 아침에 고라크뿌르 대축제가 시작되었다. (**का शुभारंभ होना**)

9) 내가 작은 일들도 평생 잊지 않겠어요. (**जीवनभर**, **भूलना**)

10) 아샤가 며칠 안에 델리에 올 것이다. (**थोड़े दिन में**)

5. 다음 문장을 해석하시오.

1) पुराने ज़माने में महिलाओं को शिक्षा नहीं मिलती थी।

2) हम विभिन्न मुद्दों पर साथ काम कर रहे हैं।

3) मैं इस संस्था से जुड़े सभी महानुभावों का हृदय से अभिनंदन करता हूँ।

4) साल 2024 के आसपास चीन दुनिया की नंबर एक अर्थव्यवस्था बन जाएगा। उसके अगले एक दशक में भारत की अर्थव्यवस्था भी चीन के पीछे-पीछे तेज़ी से प्रगति करेगी।

5) यह देश सरकारों ने नहीं बनाया है, यह देश हमारे किसानों ने बनाया है, हमारे मज़दूरों ने बनाया है, हमारी माताओं और बहनों ने बनाया है।

6) वित्त मंत्री ने कहा कि वस्तु और सेवा कर व्यवस्था को सरल करेगा।

7) शहंशाह के भाषण पर बैठक में उपस्थित फ़क़ीरों, साधुओं और विद्वानों ने तालियाँ बजाईं।

8) वहाँ से छह मील की दूरी पर बस स्टेशन था, जहाँ गोरखपुर जानेवाली बस मिलती थी।

9) मंगलवार की रात से हिंसक घटनाओं में आठ लोगों की मौत हो गई।

10) मैं आपको विश्वास दिलाता हूँ कि मैं इस वर्ष भी अच्छे अंक प्राप्त करने का प्रयास करूँगा।

부록 1

• 접사 –ओं과 수량

- 접사 –**ओं**은 수에 붙어 집합을 나타낸다.

  दोनों '둘 모두', **तीनों** '셋 모두', **चारों** '넷 모두', **दसों** '열 모두', **बीसों** '스물 모두', **तीसों** '서른 모두'

- 상당수를 나타내는 경우는 **दसियों** '십 정도', **बीसियों** '이십 정도', **पचासों** '오십 정도', **सैकड़ों** '수백', **हज़ारों** '수천', **लाखों** '수십만', **करोड़ों** '수천만' 등이 쓰인다.

- 접사 –**ओं**은 크기, 수량, 무게 등과 관련된 명사에 붙어 '여럿'의 의미를 추가하거나 '여럿'의 의미를 갖는 관형어를 만든다.

  महीनों हो गए। '여러 달이 되었다.'

  बरसों बीत गए। '여러 해가 지나갔다.'

  उसके घरवालों ने घंटों बाद पुलिस को सूचना दी।
  '그의 가족들은 수 시간 후에 경찰에 알렸다.'

  ढेरों फल देखो। '여러 무더기의 과일을 보아라'

  हमें किलों अनाज चाहिए। '우리는 수 킬로그램의 곡식이 필요하다.'

  उसने टोकरियों फल लाए। '그가 여러 바구니의 과일을 가져왔다.'

참고로 단어가 단위를 나타내는 경우는 후치사 앞에서 복수사격 형태가 아니라 단수사격 형태만을 취한다.

वह तीन घंटे के बाद पहुँच आएगा। '그가 세 시간 후에 도착할 것이다.'

मुझे संदेह है कि चार महीने के बाद क्या किया जाएगा।
'네 달 후에 무슨 일이 만들어질지 나는 궁금하다.'

제2장

가상법

अर्थ

संभावनार्थ

निश्चित संभाव्य

अनिश्चित संभाव्य

संकेतार्थ

4과	불확정미래법(원망법)	기수31-40
5과	추정법	기수41-50
6과	가능법	기수51-60
7과	비사실법	기수61-70
연습문제2		
부록2	시간의 표현	

서법은 직설법, 가상법, 명령법으로 대별된다. 가상법은 마음에서 가상적으로 일어나는 일을 표현하는 서법으로 불확정미래법(원망법), 추정법, 가능법, 그리고 비사실법을 포함한다. 추정법과 가능법과 비사실법은 각각 상의 구별에 따라 완료, 미완료, 진행 등의 형식을 갖는다.

가상법의 유형과 형식

가상법		형 식	आना '오다'
불확정미래법(원망법)		–ए	आए
추정법	미완료	–ता होगा	आता होगा
	진행	रहा होगा	आ रहा होगा
	완료	–या होगा	आया होगा
가능법	미완료	–ता हो	आता हो
	진행	रहा हो	आ रहा हो
	완료	–या हो	आया हो
비사실법	일반	–ता	आता
	미완료	–ता होता	आता होता
	진행	रहा होता	आ रहा होता
	완료	–या होता	आया होता

시제의 경우와 마찬가지로 타동사가 완료 형태를 취할 때는 주어가 행위격 후치사 **ने**와 함께 쓰인다. 그리고 동사는 목적어에 일치하거나 비인칭 형태를 취한다. 추정법을 예로 보면 아래와 같다.

추정법	미완료	**राम रोटी खाता होगा।**	'람이 (통상) 빵을 먹을 것이다.'
	진행	**राम रोटी खा रहा होगा।**	'람이 빵을 먹고 있을 것이다.'
	완료	**राम ने रोटी खाई होगी।**	'람이 빵을 먹었을 것이다.'

- **होना** 동사가 연결동사로 쓰인 경우 확정미래와 추정법 그리고 불확정미래와 가능법이 각각 동일한 형식을 보인다.

확정미래	**वह अध्यापक होगा।**	'그가 선생이 될 것이다/그가 선생일 것이다.'
불확정미래	**वह अध्यापक हो।**	'그가 선생이 되기를/그가 선생이기를.'
추정	**वह अध्यापक होगा।**	'그가 선생일 것이다.'
가능	**वह अध्यापक हो।**	'그가 (아마도) 선생일 것이다.'
비사실	**वह अध्यापक होता।**	'그가 선생이라면'

- **होना** 대신에 **हो जाना** '되다'가 쓰인 경우 확정미래와 추정법 그리고 불확정미래와 가능법의 구분이 분명해진다.

확정미래	**वह अध्यापक हो जाएगा।**	'그가 선생이 될 것이다.'
불확정미래	**वह अध्यापक हो जाए।**	'그가 선생이 되기를.'
추정	**वह अध्यापक हो गया होगा।**	'그가 선생이 되었을 것이다.'
가능	**वह अध्यापक हो गया हो।**	'그가 선생이 되었을 수 있다.'
비사실	**वह अध्यापक हो जाता।**	'그가 선생이 된다면'

4과 불확정미래법(원망법)

불확실한 미래의 일을 나타낸다. 일어날 수는 있으나 확정되지 않은 미래의 일에 대한 화자의 입장과 의도에 따라 바람, 제안, 불확실, 간접명령, 비유, 필요, 마땅함 등을 나타낸다.

바람

आज पानी बरसे। '오늘 비가 왔으면.'

गाँधी जी की जय हो। '간디 선생님 만세.'

हमारे अध्यापक न आएँ। '우리 선생님이 안 오셨으면.'

भगवान् तुमको सुखी रखे। '신께서 너를 행복하게 해 주시길.'

청유, 제안, 의사타진

आप चलें ? '갑시다 / 가실 거죠?'

मैं हिंदी में बोलूँ ? '내가 힌디어로 말할까요?'

क्या मैं अभी जाऊँ ? '내가 지금 가도 될까요?'

कृपया आप लोग अपनी सीटों पर बैठें। '여러분 제자리에 앉아 주세요.'

मेरा आपसे अनुरोध है कि आप कुछ धीरज रखें।
'당신이 좀 인내해주셨으면 하는 것이 저의 부탁입니다.'

मेरी यही सलाह है कि तुम अपनी पढ़ाई पर अधिक ध्यान दो।
'나는 네가 학업에 전념하기를 충고한다.'

미래의 불확실한 사건

वह शायद कल आए। '그가 아마도 내일 올지도 모른다.'

जल्द ही संभव है कि नौकरी के लिए एक रोबोट आपका इंटरव्यू ले।
'조만간 고용을 위해 로봇이 당신과 면접하게 될지도 모른다.'

मुझे डर है कि कहीं बच्चा रास्ता न भूल जाए।
'혹시 애가 길을 잃지는 않을까 하고 겁이 난다.'

간접명령, 지시

रमेश से कहिए कि वह जल्दी इधर आए। '빨리 이리 오라고 라메시에게 말하세요.'

मेरा आदेश है कि तुम वापस जाओ। '나의 명령은 네가 돌아가는 것이다.'

कल कोई छुट्टी न ले। '내일 아무도 휴가를 내지 않기를 바랍니다.'

इस विषय पर विचार करें। '이 주제에 대해 생각해 보세요.'

당혹, 곤란

तो फिर हम क्या करें ? '그런데 또 우리가 무엇을 할 수 있겠는가?'

비유절: जैसे, मानो

एक महिला रास्ते पर खड़ी थी, जैसे किसी के इंतज़ार में हो।
'마치 누군가를 기다리는 듯 한 여인이 길에 서 있었다.'

वह आदमी ऐसे हँसता है, मानो पागल हो। '그 사람이 미친 것처럼 웃는다.'

목적절: **ताकि, जिससे**

मैंने अपनी बेटी को पैसे दिए ताकि वह सलवार-कुरता ख़रीद सके।

'내가 내 딸에게 살와르 꾸르따 옷을 살 수 있도록 돈을 주었다.'

जल्दी जाओ जिससे गाड़ी मिल जाए।

'차를 탈 수 있도록 빨리 가라.'

양보절: **चाहे**

चाहे वह अच्छा हो चाहे बुरा, फिर भी हमारा दोस्त है।

'그가 착하든 안 착하든, 그럼에도 우리 친구이다.'

चाहे वर्षा हो चाहे बर्फ़ पड़े, बच्चे क्रिकेट मैच खेलेंगे।

'비가 오든 눈이 오든 아이들이 크리켓 경기를 할 것이다.'

필요, 적합, 한정, 개별적인 속성, 바람 등의 의미를 갖는 주절에 딸린 종속절

मुझे चाहिए कि मैं परीक्षा में पास होऊँ।

'내가 시험에 통과해야 한다.'

उचित है कि कार चलाने से पहले तुम चेक करो।

'네가 차를 운전하기 전에 체크하는 것이 바람직하다.'

मैं एक ऐसा आदमी चाहता हूँ, जो इस काम के लिए उपयुक्त हो।

'나는 이 일에 적합한 사람을 원한다.'

हम उन्हीं को बुलाएँगे, जो हमारे कुछ काम आएँ।

'우리에게 소용되는 바로 그 사람들을 부를 것이다.'

मेरी कामना है कि आप अगले साल तक यहाँ काम करें।

'나는 당신이 내년까지 여기에서 일 하길 원한다.'

यही अच्छा होगा कि हम साथ-साथ ही रहें।
'우리 모두 함께 지내는 것이 좋겠다.'

मेरी ईश्वर से प्रार्थना है कि वह तुम्हें शीघ्र स्वस्थ करे।
'난 네가 곧 회복되길 신께 기도한다.'

관용적 표현: **न जाने**

न जाने हवा किधर से किधर बहती है।
'바람이 어디서 어디로 부는지는 아무도 모른다.'

न जाने उस दिन क्या हुआ।
'그날 무슨 일이 있어났는지는 신만이 아신다.'

어 휘 4

आदेश 남 지시, 명령
इंतज़ार 남 기다림
उपयुक्त 형 적당한
कहीं 부 절대로
  कहीं ~ न 혹여~하지는/이지는 아닐까
कामना 여 소원, 욕망
कुर्ता 남 컬러 없는 티셔츠
डर 남 두려움
ताकि 접 그래서, 그것을 위하여
बरसना 자동 비 오다
भगवान् 남 신
वर्षा 여 비
सलवार 남 여성용 바지
सुखी 형 행복한

기수 31-40

इकतीस	**बत्तीस**	**तैंतीस**	**चौंतीस**	**पैंतीस**
छत्तीस	**सैंतीस**	**अड़तीस**	**उनतालीस**	**चालीस**

5과 추정법

추정법은 실현가능성이 높은 일을 상당한 확신을 가지고 추정할 때 쓰인다. 시제의 구별이 없이 과거 현재 또는 미래의 완료된 일에 대한 확실한 추측 또는 예상을 나타낸다.

1. 추정법 미완료

습관이나 일반성, 또는 아직 마무리 되지 않은 일을 추정한다.

उन दिनों मोदी बहुत मेहनत करता होगा।

'그 당시에 모디가 매우 노력했을 것이다.'

मोहन भी तुम्हें प्यार करता होगा।

'모한도 너를 사랑하고 있을 것이다.'

मेरे मन में सदा यह उठता है कि सिनेमा में क्या होता होगा।

'영화에 무엇이 있을 것이라는 생각이 내 마음에 늘 일어난다.'

2. 추정법 진행

특정한 시간에 진행 중인 일을 추정한다.

जब चोर आया था, तब चौकीदार सो रहा होगा।

'도둑이 들었을 때, 경비가 자고 있었을 것이다.'

अब प्रियंका सीढ़ियाँ चढ़कर ऊपर आ रही होगी।

'지금 쁘리양까가 계단을 타고 위로 오고 있을 것이다.'

राष्ट्रपति को बड़ा कष्ट हो रहा होगा।

'대통령이 큰 고통을 겪고 있을 것이다.'

3. 추정법 완료

- 완료된 것으로 여겨지는 일을 추정한다.

तुमने मेरे बेटे को देखा होगा।

'네가 내 아들을 보았겠지.'

वह भारत पहुँच गया होगा।

'그가 인도에 도착했을 것이다.'

अक्षय कुमार आज रात तक यह काम समाप्त कर चुका होगा।

'악샤이 꾸마르가 오늘 밤까지 이 일을 마칠 것으로 예상된다.'

क्रिकेट खिलाड़ियों में कुछ लोगों को तो अच्छा अनुभव हुआ होगा।

'크리켓 선수들 중 몇몇에게는 좋은 경험이 되었을 것이다.'

- 일부 동사들의 경우에는 동사의 의미에 따라 완료된 일 외에 완료 이후의 상태를 추정하기도 한다.

शीला कुरसी पर बैठी होगी।

'실라가 의자에 앉아있을/앉았을 것이다.'

जयंत अभी पलंग पर लेटा होगा।

'자얀뜨가 지금 침대에 누워있을/누웠을 것이다.'

• 본동사가 타동사인 경우에는 일에 대한 추정과 상태에 대한 추정이 각기 다른 형식으로 표현된다. 아래 둘째 예문에서 완료분사는 보어의 역할을 한다.

आज सुबह शीला ने हरे रंग की साड़ी पहनी होगी।

'오늘 아침에 실라가 녹색 사리를 입었을 것이다.'

आज सुबह शीला हरे रंग की साड़ी पहने (हुए) होगी।

'오늘 아침에 실라가 녹색 사리를 입고 있었을 것이다.'

어 휘 5

कष्ट 남 고통, 불편, 폐

चढ़ना 자동 올라가다

समाप्त 형 끝마친, 완성한

सीढ़ी 여 계단

기수 41-50

इकतालीस	**बयालीस**	**तैंतालीस**	**चवालीस**	**पैंतालीस**
छियालीस	**सैंतालीस**	**अड़तालीस**	**उनचास**	**पचास**

6과 가능법

가능법은 일의 발생 가능성에 대한 표현이다. 시제의 구별은 전후 문맥이나 시간을 나타내는 부사어 등을 통하여 알 수 있다. 확신 없는 추측이기 때문에 **ज़रूर** '틀림없이', **अवश्य** '반드시' 등과 같은 표현들은 어울리지 않는다. 오히려 **कदाचित्** '아마도', **शायद** '아마도', **संभव है** '가능하다', **हो सकता है** '~일 수 있다', **मालूम होता है** '~인 것 같다', **लगता है** '여겨진다' 등과 같이 불확실성을 의미하는 표현이 자주 쓰인다. 또한 불확정미래의 용법 중에서 양보절과 [**ऐसा**~, **जो**~] 와 같은 관계절 등에서도 가능법이 자주 사용된다.

1. 가능법 미완료

- 확실치는 않지만 있을 수 있는 일의 지속이나 습관 또는 일반적 현상을 나타낸다.

मैं किसी ऐसे गाँव में रहना चाहता हूँ, जिस में बिल्कुल सीधे-सादे ग्रामीण बसते हों।

'나는 아주 순박한 촌민들이 살고 있는 시골에서 살기를 원한다.'

वह इधर-उधर देखता गया कि कोई साथ न जाता हो।

'그는 누군가 같이 가지 않을까 하여 이리저리 둘러 보았다.'

2. 가능법 진행

확실치는 않지만 가능한 일이 진행 중임을 나타낸다.

संभव है कि वह कोई दार्शनिक तत्त्व खोज रहा हो।

'그가 어떤 철학적 본질을 아마도 찾고 있을 것이다.'

चाहे पिताजी दफ़्तर जा रहे हों चाहे बाज़ार, पुरानी साइकिल ही उनकी कार थी।

'아버지께서 사무실에 가시든 시장에 가시든 오래된 자전거만이 그분의 차였다.'

3. 가능법 완료

확실치는 않지만 가능한 일의 완료를 나타낸다.

शायद माताजी ने तुम्हें ख़त लिखा हो।

'아마도 어머니께서 너에게 편지를 쓰셨을 수 있다.'

मालूम होता है कि तुम दोनों फिर लड़े हो।

'너희 둘이 다시 싸운 듯 하다.'

어휘 6

अवश्य 부 반드시, 물론
ख़त 남 편지
खोजना 타동 찾다
ग्रामीण 형 시골의 남 촌민
तत्त्व 남 실체, 요소, 본질
दार्शनिक 형 철학적인 남 철학자
बसना 자동 살다, 정착하다
बिल्कुल 불 단연, 완전히, 모두
सीधा-सादा 형 순박한, 소박한

기수 51-60

इकावन/इक्यावन	बावन	तिरपन	चौवन	पचपन
छप्पन	सत्तावन	अट्ठावन	उनसठ	साठ

7과 비사실법

현재나 과거에 실제 일어났거나 미래에 일어날 일을 역으로 가정하여 진술하는 서법이다. 비사실법은 조건문이나 감탄문 등에서 쓰여 염원, 소망, 불가능한 가정, 놀라움, 유감, 불평 등의 심적 태도를 나타내기도 한다.

- 조건절은 접속사 **यदि** 또는 **अगर**에 의해, 그리고 주절은 접속사 **तो**에 의해 이끌리며 조건절의 접속사는 자주 생략되나 주절의 접속사 **तो**는 언제나 나타난다. 조건절은 사실에 반대되는 가정과 발생할 수도 있는 사건에 대한 가정 두 가지의 경우가 있다. 아래는 후자에 해당하는 예문들이다.

यदि पानी बरसे, तो हम घर में ही होंगे।

'만일 비가 온다면 우리는 집에만 있을 것이다.'

यदि पानी बरसेगा, तो हम घर में आराम करेंगे।

'만일 비가 온다면 우리는 집에서 쉴 것이다.'

यदि पानी बरसता है, तो हम बाहर नहीं जाएँगे।

'만일 비가 온다면 우리는 밖에 안 나갈 것이다.'

यदि पानी नहीं बरसा, तो हम पार्क की सैर को चलेंगे।

'만일 비가 안 왔다면 우리는 공원 산책하러 갈 것이다.'

1. 비사실법 일반

- 주로 단순과거의 일을 역으로 가정한다. 현재나 미래의 일을 반대로 가정하기도 한다.

अगर मुझे हिंदी आती, तो ज़रूर नौकरी मिलती।
'내가 힌디어를 알았더라면 틀림없이 직업을 구했을 텐데.'

तुम उस दिन मुझे बता देते, तो तुम्हारी मदद करता।
'네가 그날 나에게 말해 주었다면 너를 도왔을 텐데.'

अगर मैं तुम होता, तो बिना शर्त काम करता।
'만약 내가 너였다면/너라면 조건 없이 일을 했을/할 텐데.'

2. 비사실법 미완료

- 습관이나 지속 또는 일반상과 관련된 사실을 반대로 가정한다.

यदि मैं पैसा कमाता होता, तो तुम्हारे लिए यह हार ख़रीदता।
'내가 돈을 벌고 있다면 너를 위해 이 목걸이를 샀을 텐데.'

तुम दिन-रात मेहनत करते होते, तो अमीर हो जाते।
'네가 밤낮으로 노력했더라면 부자가 되었을 텐데.'

अगर कमरे में धूप आती होती, तो फ़र्श पर भुकड़ियाँ न लगती होतीं।
'만약 방 안에 햇빛이 들어왔더라면 바닥에 곰팡이가 피지 않았을 텐데.'

3. 비사실법 진행

진행 중인 일을 사실과 반대로 가정한다.

आज क्या हो रहा होता, अगर इंटरनेट न होता ?
'만일 인터넷이 없다면, 오늘 무슨 일이 일어나고 있을까?'

अगर राकेश हमारे साथ आता, तो यह दृश्य देखकर हँस रहा होता।
'만약 라께시가 우리와 함께 왔다면, 이 광경을 보고 웃고 있을 텐데.'

4. 비사실법 완료

완료된 일에 대해 반대로 가정한다.

अगर मैंने नाचना सीखा होता, तो नृत्य पार्टी में भाग लिया होता।
'내가 춤을 배웠더라면 댄스파티에 참가했을 텐데.'

यदि हमने हीटर का प्लग निकाल दिया होता, यह दुर्घटना न हुई होती।
'만일 우리가 난로의 플러그를 뽑았더라면 이 사고가 나지 않았을 텐데.'

तुम कल दावत में आए होते, तो मेरी भतीजी मिली होती।
'네가 어제 연회에 왔더라면 내 조카딸과 만났을 텐데.'

5. 비사실법의 기타 표현

비사실법은 감탄문이나 의문문에서 쓰여 아쉬움, 비탄, 유감, 곤란함, 놀람, 불평, 소망 등을 표현한다. 이 형식은 **क्या** '무엇', **कैसे** '어떻게', **क्यों** '왜', **काश** '아', **कहीं** '도대체, 어찌', **शायद** '아마도', **कदाचित्** '아마도', **अगर** '만약', **यदि** '만약' 등을 동반한다.

मेरे पास कुछ नहीं है, तो मैं क्या कर सकता ?

'나는 아무 것도 없는데 내가 무엇을 할 수 있겠어요?'

मरुभूमि में कहीं धान उगता !

'사막에 도대체 벼가 자라는가!'

काश, तुम जान से न गुज़र गए होते !

'아, 네가 세상을 떠나지 않았더라면!'

कितना अच्छा होता, अगर परीक्षा में पास होता !

'만약 시험에 통과했더라면 얼마나 좋을까!'

어휘 7

बिगड़ना 자동 망가지다

बीमार 형 아픈 남 환자, 병약자

भीगना 자동 젖다

भुकड़ी 여 곰팡이

युवक 남 젊은이

सहायता 여 도움

기수 61-70

इकसठ	बासठ	तिरसठ	चौंसठ	पैंसठ
छियासठ	सड़सठ	अड़सठ	उनहत्तर	सत्तर

연습문제2

1. 다음 빈칸의 동사를 서법과 인칭에 맞게 변화시키시오.

1) **वह महिला तुम्हारे पत्र की प्रतीक्षा ________ । (करना**, 가능법 미완료)

2) **पत्नी ________ और दोनों लड़के ________ । (आना**, 불확정 미래)

3) **इस नगर में बहुत नवयुवक ________ । (रहना**, 가능법 미완료)

4) **यह देख कर पास बैठे हुए आदमी ने ________ । (पूछना**, 추정법 완료)

5) **सुंदर महिला ________ । (नाचना**, 비사실법 진행)

6) **वे लड़के हिंदी में लिखना ________ ? (जानना**, 추정법 미완료)

7) **वे लोग हर दिन काम ________ । (करना**, 비사실법 미완료)

8) **वे स्त्रियाँ अभी ________ । (आना**, 추정법 진행)

9) **राम स्कूल से नहीं ________ । (आना**, 추정법 완료)

10) **राम साहब का भाषण सुनते सुनते लड़की ________ ।**
(**ऊब जाना**, 가능법 완료)

2. 보기를 참고하여 문장을 알맞게 바꾸시오.

보기

मुझे लगता है कि काम बिगड़ जाएगा।
मैं डरा हुआ हूँ कि कहीं काम न बिगड़ जाए।

1) **मुझे लगता है कि गाड़ी छूट जाएगी।**

____

2) **मुझे लगता है कि तेज़ बारिश पड़ेगी।**

____

3) **मुझे लगता है कि तुम दोनों फिर लड़ोगे।**

____

4) मुझे लगता है कि बच्चे बारिश में भीगेंगे।

5) मुझे लगता है कि वह तुम्हें कष्ट देगा।

보기

वह बच्चों के लिए किताब ख़रीदना चाहता है।

वह चाहता है कि वह बच्चों के लिए किताब ख़रीदे।

6) वह तुम्हारे साथ ताजमहल देखने जाना चाहता है।

7) वह हिन्दी कहानी का कोरियाई में अनुवाद करना चाहता है।

8) वह ज़मीन पर बैठना चाहता है।

9) वह पिताजी की आज्ञा का पालन करना चाहता है।

10) वह कमरा साफ़ करना चाहता है।

보기

गरम कपड़े पहनो, वरना बीमार पड़ोगे।
गरम कपड़े पहनो ताकि बीमार न पड़ो।

11) ज़रा ज़ोर से बोलो, वरना दूसरे लोग नहीं सुन सकेंगे।

12) बचत करें, वरना बच्चों की पढ़ाई के लिए पैसा नहीं बचेगा।

13) सही काम करो, वरना बाद में पछताओगे।

14) सिगरेट मत पिओ, वरना तुम्हारा स्वास्थ्य ख़राब हो जाएगा।

15) दूसरे को शाप मत दो, वरना तुम्हें उसका बुरा फल मिलेगा।

3. 보기를 참고하여 질문에 답하시오.

보기

भतीजा नहीं सो रहा है। (दिन में, ख़ूब)
वह दिन में ख़ूब सोया होगा।

1) भतीजा नहीं खेल रहा है। (दिन में, ख़ूब)

2) भतीजी रसगुल्ले नहीं खा रही है। (दिन में, ख़ूब)

3) मामाजी चाय नहीं पी रहे हैं। (दिन में, ख़ूब)

4) मामीजी बनारसी साड़ियाँ नहीं ले रही हैं। (पहले, ख़ूब)

5) भतीजा और भतीजी ख़रीदारी नहीं कर रहे हैं। (पहले, ख़ूब)

보기

पोता फ़ोन पर बोला कि उसे क्रिकेट मैच अच्छा लगता है। (उन दिनों)
संभव है कि पोते को उन दिनों क्रिकेट मैच अच्छा लगता हो।

6) पोता फ़ोन पर बोला कि वह रिक्शे पर सवार होकर गाँव घूमता है। (उन दिनों)

7) पोती फ़ोन पर बोली कि उसे सलवार-कुर्ता पसंद आता है। (उन दिनों)

8) पोता फ़ोन पर बोला कि वह बाज़ार जाना पसंद करता है। (उन दिनों)

9) पोती फ़ोन पर बोली कि वह सुबह नाश्ते में पराँठे खाती है। (उन दिनों)

10) पोता और पोती फ़ोन पर बोले कि उन्हें भारत की यात्रा से अच्छा अनुभव होता है। (उन दिनों)

보기

अगर मूसलाधार बारिश पड़े, तो क्रिकेट मैच स्थगित होगा। (☞ 비사실법완료)
अगर मूसलाधार बारिश पड़ी होती, तो क्रिकेट मैच स्थगित हुआ होता।

11) **अगर किसान तुलसी के बीज बोए, तो उसके पौधे वर्षा ऋतु में उगेंगे।**

(☞ 비사실법완료)

12) **अगर दर्ज़ी मेरा सूट बना दे, तो मैं दावत में सूट पहनकर जाऊँगा।**

(☞ 비사실법완료)

13) **अगर धोबी रज़ाई धोकर लाए, तो मैं रज़ाई ओढ़ कर सो सकूँगी।**

(☞ 비사실법완료)

14) **अगर चाय बेचने वाला इधर आए, तो मैं तुम्हें एक कप चाय पिला दूँगा।**

(☞ 비사실법완료)

15) **अगर नुक्कड़ पर गोलगप्पे का ठेला लगे, तो मैं तुम्हें गोलगप्पा खिलाऊँगा।**

(☞ 비사실법완료)

4. 다음 문장을 해석하시오.

1) आप चाहे बस का टिकट चाहें या ट्रेन का, दोनों ही मिलेंगे।

2) बाबू जी की उम्र कोई छियानवे साल होगी।

3) आपको दिल्ली में विभिन्न प्रदेशों के लोग मिल जाएँगे।

4) आओ, तरह तरह की गुड़ियाँ लाकर खेल खेलें।

5) शायद वह बीमारी के कारण न आया हो।

6) ज़्यादातर लोग नहीं जानते कि काम करने के दौरान उसका आनंद कैसे लिया जाए।

7) आप छुट्टियों के दिनों में अपने दोस्तों के साथ या परिवार के साथ कहीं न कहीं ज़रूर गए होंगे।

8) अगर बाबू जी ने डॉक्टर की सलाह मान ली होती, तो उन्होंने ख़ुद ही अपनी सेहत न बिगाड़ी होती।

9) मेरे प्यारे देशवासियो, मिलकर चलें, मिलकर सोचें, मिलकर संकल्प करें और मिलकर हम देश को आगे बढ़ाएँ।

10) पति-पत्नी काफ़ी डरे हुए हैं कि कहीं बेटा भी न चला जाए। इसलिए वे उसे घर में ही रखते हैं, ऐसा न हो कि बेटे को किसी की नज़र लग जाए।

부록 2

• 시간의 표현

कितने बजे हैं ? '몇 시입니까?'

क्या समय हुआ है ? '몇 시가 되었지요?'

एक बजा है। '한 시입니다.'

दो बजे हैं। '두 시입니다.'

तीन बजने वाले हैं। '세 시가 되려 합니다.'

चार बज चुके हैं। '네 시가 되어버렸습니다.'

सवा बजा है। '1시 15분입니다.'

सवा तीन बजे हैं। '3시 15분입니다.'

डेढ़ बजा है। '한 시 반입니다.'

ढाई बजे हैं। '두 시 반입니다.'

साढ़े तीन बजे हैं। '세 시 반입니다.'

साढ़े चार बजे हैं। '네 시 반입니다.'

पौन बजा है। '12시 45분입니다.'

पौन दो बजे हैं। '2시 15분 전입니다.'

तीन बजकर दस मिनट हैं। '3시 10분입니다.'

पाँच बजने में पाँच मिनट बाक़ी हैं। '5시 5분 전입니다.'

तुम कितने बजे आओगे ? '몇 시에 올 거니?'

किस समय ? '몇 시에?'

एक बजे '한 시에'

दे बजे '두 시에'

दो बजे के बाद '두 시 후에'

दो बजे से पहले '두 시 전에'

रात दो बजे '밤 두 시에'

सुबह पाँच बजे '아침 다섯 시에'

सुबह दस बजे '오전 열 시에'

दिन ग्यारह बजे '낮 열한 시에'

दोपहर एक बजे '점심 한 시에'

दोपहर तीन बजे '오후 세 시에'

रात दस बजे '밤 열 시에'

रात ठीक दस बजे '밤 정각 열 시에'

चार बजकर ग्यारह मिनट पर '4시 11분에'

पाँच बजने में पाँच मिनट पर '5시 5분 전에'

제3장

상

पक्ष

अपूर्ण सातत्य पूर्ण
अभ्यास वर्धमान आरंभपूर्वत्व आरंभ समाप्ति

8과	지속	기수71-80
9과	불규칙 습관	기수81-90
10과	전망과 기동	기수91-100
11과	종결과 결과적 완료	힌디어 서수1-10
연습문제3		
부록3	청유의 표현	

- 상은 기본적으로 미완료, 진행, 완료로 구분된다. 그리고 동작과정이나 상태를 세분하여 하위범주로 다시 구분된다. 하위범주의 상들은 접사와 조동사의 결합에 의해 또는 단일한 의미조동사에 의해 표현되기도 한다.

- 상표지

상	형식	करना 동사	
지속	–ता रहना	वह काम करता रहा।	'그가 일을 (계속) 했다.'
	–ता आना	वह काम करता आया।	'그가 일을 해왔다.'
	–ता जाना	वह काम करता गया।	'그가 일을 하여 갔다.'
	–ता चलना	वह काम करता चला।	'그가 일을 (계속) 했다.'
	–ता चला आना	वह काम करता चला आया।	'그가 일을 해 나아왔다.'
	–ता चला जाना	वह काम करता चला गया।	'그가 일을 해 나아갔다.'
상태지속 (결과적 완료)	–या रहना	वह बैठा रहा।	'그가 (계속) 앉아 있었다.'
불규칙습관	–या करना	वह काम किया करता है।	'그가 일을 하곤 한다.'
기동	–ने लगना	वह काम करने लगा।	'그가 일하기 시작했다.'
전망	–ने वाला/को है	वह काम करने वाला/को है।	'그가 일하려 한다.'
	–ने जा रहा है	वह काम करने ही जा रहा है।	'그가 막 일하려 한다.'
	–या चाहता है	पानी बरसा चाहता है।	'비가 내리려 한다.'

조동사

상	조동사	करना 동사	
종결	**चुकना**	**वह काम कर चुका है।**	'그가 일을 마쳤다.'
결과적 완료	**रखना**	**उसने काम कर रखा।**	'그가 일을 해 두었다.'

8과 지속

- **–ता रहना** '(계속) -고 있다'는 일이나 행동이 일정 시간 지속됨을 나타낸다.

दोनों दलों में आए दिन लड़ाइयाँ होती रहती हैं।

'두 당 사이에 매일 전투가 계속되고 있다.'

बाक़ी मछलियाँ जाल में तड़पती रहीं।

'나머지 물고기들이 그물 안에서 뒤치락거리고 있었다.'

- **–या रहना** '-어 있다'는 일이나 행동으로 인한 상태가 일정 시간 지속됨을 나타낸다. **–या रहना**의 **–या**는 타동사의 경우에 일반적으로 사격의 형태 **–ए**를 취한다.

वह दुकान रातभर खुली रहती है।

'그 가게는 밤새도록 열려 있다.'

सीता हमेशा लाल साड़ी पहने रहती है।

'씨따는 항상 붉은 사리를 입고 있다.'

लोग शाहरुख़ के घर के सामने भीड़ लगाए रहते हैं।

'사람들이 샤흐루크의 집 앞에 군집해 있다.'

हर्षबाला चुपचाप दीवार पर नज़र गड़ाए रही।

'하르샤발라가 조용히 벽을 응시한 채로 있었다.'

- 지속상과 관련하여 동사는 두 유형으로 구분된다. 그 하나는 **हँसना** '웃다', **दौड़ना** '달리다' 등과 같이 행동으로 인한 어떤 상태가 남아 있지 않는 경우의 동사들이며 다른 하나는 **लेटना** '눕다', **बैठना** '앉다', **खुलना** '열리다' 등과

같이 행동으로 인한 어떤 상태가 남아 있게 되는 경우의 동사들이다. **–ता रहना**는 전자의 동사들과 잘 어울리는데 반해 **–या रहना**는 후자의 동사들과 잘 어울린다.

मैं एक घंटे तक दौड़ता रहा। '내가 한 시간 동안 달렸다.'

*** मैं एक घंटे तक दौड़ा रहा।** '내가 한 시간 동안 달린 채로 있었다.'

मैं एक घंटे तक लेटा रहा। '내가 한 시간 동안 누워 있었다.'

*** मैं एक घंटे तक लेटता रहा।** '내가 한 시간 동안 눕고 있었다.'

- **पीना** '마시다', **सोना** '자다' 등의 동사는 두 경우의 지속상 표지들과 모두 어울린다.

मोहन दिनभर पिए रहता है। '모한이 종일 취해 있다.'

मोहन दिनभर पीता रहता है। '모한이 종일 마시고 있다.'

- **–ता आना** '-어 오다'는 일정시간을 경과하여 일이 지속되어 옴을 나타낸다. 시간을 나타내는 부사어는 '-부터'의 의미를 갖는 표현이 어울린다.

शत्रु के क़दम दिन दिन आगे ही बढ़ते आते थे।

'적의 발걸음이 하루 하루 앞으로 나아 오고 있었다.'

राम कई सालों से सूत्र पढ़ता आ रहा है।

'람이 여러 해 전부터 경전을 읽어 오고 있다.'

- **–ता जाना** '-어 가다'는 일정 시간을 경과하여 일이 진행되어 감을 나타낸다. 시간을 나타내는 부사어는 '-까지'의 의미를 갖는 표현이 어울린다.

हम नरसों तक बिना आराम किए मकान बनाते जाएँगे।

'우리가 글피까지 쉬지 않고 집을 지어 갈 것이다.'

इधर मेरी आर्थिक दशा दिन पर दिन गिरती जा रही थी।

'한편으로 내 재정 상태가 하루 하루 추락해 가고 있었다.'

❸ **–ता चलना**, **–ता चला आना**, **–ता चला जाना**는 **–ता आना**, **–ता जाना**에 비해 동작의 지속이나 진행에 깊이와 강도를 더해 준다.

प्राचीन काल से आज तक नैतिकता का विकास होता चला आया है।

'고대부터 현재까지 도덕은 계속 발달되어 왔다.'

संस्कृति निरंतर प्रगति करती हुई एक पीढ़ी से दूसरी पीढ़ी को प्राप्त होती चली आई है।

'문화가 지속적으로 진보하면서 한 세대에서 다음 세대로 이어져 왔다.'

राज्यसभा में आज़ाद सुनाता चला गया और सांसद सुनते चले गए।

'상원에서 아자드가 말해 나아갔고 의원들은 계속 듣고 있었다.'

भारत में नगरों की जनसंख्या बढ़ती चली जाती है।

'인도에서 도시들의 인구가 증가해 나간다.'

어 휘 8

आए दिन 부 매일
आर्थिक 형 경제의, 재정의
क़दम 남 걸음, 발걸음
गड़ाना 타동 꿰뚫다, 꿰찌르다
चुपचाप 부 조용히, 가만히
जनसंख्या 여 인구수
जाल 남 그물
तड़पना 자동 버둥거리다, 뒤치락거리다
दल 남 단체, 당파
दशा 여 상태
निरंतर 부 끊임없이 형 끊임없는
नैतिकता 여 도덕
पीढ़ी 여 세대
प्रगति 여 진보
बाक़ी 형 나머지의 여 나머지
राज्यसभा 여 상원
लड़ाई 여 전투, 전쟁, 싸움
शत्रु 남 적
संस्कृति 여 문화
सांसद 형 의회의 남 (국회의) 의원
सूत्र 남 경구, 경전

기수 71-80

इकहत्तर	बहत्तर	तिहत्तर	चौहत्तर	पचहत्तर
छिहत्तर	सतहत्तर	अठहत्तर	उनासी	अस्सी

9과 불규칙 습관

◉ 불규칙 습관을 나타내는 상표지는 **–या करना** '-곤 하다'로 일이 반복적이거나 습관적이지만 불규칙함을 나타낸다. **–या करना**의 **–या**는 불변화 형태이다.

कभी कभी रमेश अपनी चाची से मिलने आया करता है।

'때때로 라메시가 자기 숙모를 보러 오곤 한다.'

हम उदासी के क्षणों में नाटक, नृत्य, सिनेमा आदी देखा करते हैं।

'우리는 우울할 때 연극, 무용, 영화 등을 보곤 한다.'

उन दिनों आप से हमारी बातें अक्सर हुआ करती थीं।

'그 당시에 당신과 우리는 종종 대화를 하곤 했었다.'

हम तो सिर्फ़ आपकी बात किया करते हैं।

'우리는 오직 당신 이야기를 하곤 한다.'

धोखेबाज़ मिथ्या बोल कर भोले लोगों को उल्लू बनाया करते हैं।

'사기꾼들은 거짓을 말하여 순진한 사람들을 바보로 만들곤 한다.'

◉ 규칙적인 습관은 현재미완료나 과거미완료로 표현한다.

पिछले साल मैं पैदल स्कूल जाता था।

'지난 해에 나는 걸어서 학교를 다녔다.'

पिछले साल मैं पैदल स्कूल जाया करता था।

'지난 해에 나는 걸어서 학교를 다니곤 했다.'

● 동사 **जाना**는 불규칙 습관이나 전망 등 상을 나타내는 구문에서 완료 형태로 **गया**가 아니라 **जाया**를 취한다.

सुशीला रोज़ बाज़ार जाया करती थी।

'수실라가 매일 시장에 가곤 했었다.'

पिताजी छुट्टी में काफ़ी दूर दूर तक घूमने निकल जाया करते थे।

'아버지는 휴일에는 꽤 멀리까지 산책하러 가시곤 했었다.'

मेरी बहन पौ फटने के समय बिस्तर से उठ जाया करती थी।

'내 누이는 동틀 때 침대에서 일어나곤 했었다.'

● 동사 **जाना**는 또한 무능력 구문에서도 수동분사 형태로 **गया**가 아니라 **जाया**를 취한다.

आज मुझसे जाया नहीं जाता। '오늘 내가 갈 수 없다.'

● 일빈적이기나 보편적인 일들을 **–या करना**로 표현하면 비문이 된다.

* **सूरज पूरब से निकला करता है।** '해가 동쪽에서 떠오르곤 한다.'

어 휘 9

उदासी 여 우울

उल्लू 남 올빼미, 얼간이

चाची 여 숙모

धोखेबाज़ 남 사기꾼

पैदल 부 걸어서

पौ 여 여명

भोला 형 순진한

मिथ्या 여 거짓 형 거짓된

기수 81-90

इकासी/इक्यासी	**बयासी**	**तिरासी**	**चौरासी**	**पचासी**
छियासी	**सत्तासी**	**अट्ठासी**	**नवासी**	**नब्बे**

10과 전망과 기동

1. 전망 –ने वाला/को है '–려 하다'

가까운 미래에 일이 일어날 것임을 나타낸다.

ज़ोरदार बारिश होने वाली है। '집중호우가 내릴 전망입니다.'

दोपहर के चार बजने वाले हैं। '오후 네 시가 되려 한다.'

रेलगाड़ी छूटने वाली थी। '기차가 떠나려 했다.'

सिनेमा शुरू होने को है। '영화가 시작되려 한다.'

ज़ोरदार बारिश होने को है। '집중호우가 내릴 전망입니다.'

행위자가 동작을 취하기 전의 단계를 특별히 나타내고자 할 경우 **–ने जा रहा है** 또는 **–या चाहता है**가 쓰인다. **–या चाहता है**의 **–या**는 불변화 형태이다.

परीक्षक मेरा नाम काटने ही जा रहा था कि मैं परीक्षा भवन में पहुँच गया।
'시험관이 내 이름을 막 지우려 했는데 그때 내가 시험장에 도착했다.'

उर्मिला कैंपस छोड़ने ही जा रही थी कि लक्ष्मण ने उसे बुलाया।
'우르밀라가 캠퍼스를 막 떠나려 했는데 그때 락슈만이 그녀를 불렀다.'

छोटे परदे का सबसे चर्चित धारावाहिक रहा 'बालिका बधू' अब बंद होने जा रहा है।
'티브이의 가장 회자된 연속극이었던 '어린 신부'가 이제 종영되려 한다.'

क्या तुम मेरा भी अपमान किया चाहती हो ? '너는 나도 모욕하려 하느냐?'

मैं समझ ही चुकी कि अब मेरी जान जाया चाहती है।
'이제 나의 생이 끝나려 한다는 것을 나는 알아차렸다.'

चार बजा चाहते हैं। '막 네 시가 되려 한다.'

बारिश हुआ चाहती थी। '비가 오려 했었다.'

2. 기동 –ने लगना '–기 시작하다'

일의 시작을 나타낸다.

सीमा अपनी माँ की बात सुनकर रोने लगी।
'씨마는 자기 엄마의 말을 듣고 울기 시작했다.'

आम आदमी पार्टी इस मुद्दे को उठाने लगी है।
'보통사람당은 이 이슈를 제기하기 시작했다.'

어 휘 10

अपमान 남 모욕, 경멸
चर्चित 형 언급된, 회자된
छोटा परदा 남 작은 스크린, TV
जान 여 목숨, 생명
ज़ोरदार 형 힘 있는
धारावाहिक 남 연속극
परदा 남 막
बधू 여 신부
बालिका 여 어린 소녀

기수 91–100

इकानवे/इक्यानवे	बानवे	तिरानवे	चौरानवे	पचानवे
छियानवे	सत्तानवे	अट्ठानवे	निन्यानवे	सौ

11과 종결과 결과적 완료

1. 종결 चुकना '마치다'

조동사 **चुकना**는 본동사 어간 뒤에 쓰여 일이 시작되고 진행되고 끝나는 여러 단계의 과정 중에서 특별히 종결을 나타낸다. 완료상이 일의 시작부터 끝까지의 모든 과정을 포함하는 반면 종결상은 일의 과정 중 일부인 종결만을 나타낸다.

उसने खाना खाया। '그가 식사를 했다.' (완료)

वह खाना खा चुका। '그가 식사를 마쳤다.' (종결)

भारतीय समाज में गहरा ध्रुवीकरण क़ायम हो चुका है।
'인도 사회에 깊은 양극화가 고착되어 버렸다.'

2. 결과적 완료 रखना '두다/놓다'

조동사 **रखना**는 본동사 어간 뒤에 쓰여 일의 결과가 유지됨을 나타낸다. 주로 어떤 다른 일에 미리 대비하기 위한 것임을 함축한다.

दिनेश ने ज़्यादा पानी पी रखा है। '디네시가 많은 물을 마셔 두었다.'

मैं पाँच बजे तक सोच रखूँगा। '내가 다섯 시까지 생각해 놓겠다.'

उसने अपने मित्र को देर तक रोक रखा है। '그가 자기 친구를 늦게까지 잡아 두었다.'

मैंने उससे केतली लाने को कह रखा था।
'내가 그에게 주전자를 가져오라고 말해 놓았었다.'

- **रखना**는 타동사로서 타동의 본동사와만 결합이 가능하다. 가령 아래 문장은 비문이다.

* **मैं दिन में सो रखा हूँ।** '내가 낮에 잠을 자 두었다.'

어 휘 11

क़ायम 형 굳은, 확립된
केतली 여 주전자
गहरा 형 깊은, 짙은
ध्रुवीकरण 남 양극화
समाज 남 사회

힌디어 서수 1-10

पहला	**दूसरा**	**तीसरा**	**चौथा**	**पाँचवाँ**
छठा	**सातवाँ**	**आठवाँ**	**नवाँ**	**दसवाँ**

연습문제3

1. 아래 주어진 단어를 활용하여 주어진 시제와 상을 표현하는 문장을 만드시오.

보기

सीता पत्र लिखना

1) 단순과거 지속 (**रहना**)

2) 단순과거 지속 (-어 가다)

3) 단순과거 지속 (-어 오다)

4) 과거미완료 불규칙 습관

5) 단순과거 기동

6) 단순과거 전망

7) 단순과거 종결

8) 단순과거 결과적 완료 (**रखना**)

보기

राम कुर्सी पर बैठना

9) 단순과거 지속 (**रहना**)

____

10) 과거미완료 불규칙 습관

____

11) 단순과거 기동

____

12) 단순과거 전망

____

13) 단순과거 종결

____

2. 동사와 상을 활용하여 현재완료 시제(1-5)와 과거완료 시제(6-9)의 문장을 완성하시오.

1) **मोहन शराब** ______________ **।** (**पीना**, 상태의 지속)
2) **शीला तुम्हारे पत्र की प्रतीक्षा** ______________ **।** (**करना**, '-어 오다')
3) **तमाशा देख कर पास बैठे हुए आदमी** ______________ **।** (**पूछना**, 기동)
4) **आप हिन्दी में** ______________ **?** (**लिखना**, 종결)
5) **इस नगर में बहुत नवयुवक** ______________ **।** (**रहना**, '-어 오다')
6) **पत्नी** ________ **और दोनों लड़के** ______________ **।** (**गाना**, '-어 가다')
7) **वे लोग बचपन में आपस में** ______________ **।** (**लड़ना**, 불규칙 습관)
8) **भोला लड़का हमेशा** ______________ **।** (**हँसना**, 동작의 지속)
9) **बच्चा रात भर पलंग पर** ______________ **।** (**लेटना**, 상태의 지속)

3. 보기를 참고하여 빈칸을 채우시오.

보기

प्रियंका दिनभर हिंदी कहानी का अनुवाद करती रहती है। (करना)

1) लड़कियाँ सारे दिन फ़िल्म महोत्सव में फ़िल्म ____________ । (देखना)

2) लड़के बरामदे के कोने में खड़े होकर पतंग ____________ । (उड़ाना)

3) सूर्य की किरणें छत पर सदैव सीधी ____________ । (पड़ना)

4) हवाई विमान पंद्रह घंटों तक उड़ान ____________ । (भरना)

5) हादसे के बाद कई घंटों घोड़ा सड़क पर ____________ । (तड़पना)

보기

उमेश सदैव धूप में बैठा रहता है। (बैठना)

6) किताबें मेज़ पर सदा बेकार ____________ । (पड़ना)

7) रमेश पढ़ने में ध्यान ____________ । (लगाना)

8) कमला जी अक्सर नवजात शिशु को कंबल में ____________ । (लपेटना)

9) सोहन हमेशा सिर पर टोपी ____________ । (पहनना)

10) उर्मिला रिपोर्ट लिखते घंटों लैपटॉप पर आँखें ____________ । (गड़ाना)

보기

बुद्धू लड़के शिकायत किया करते हैं। (करना)

11) उर्मिला देर रात तक पारिवारिक धारावाहिक ____________ । (देखना)

12) सोहन हमेशा मेरा मज़ाक़ ____________ । (उड़ाना)

13) रमेश जी गर्मियों में सपरिवार शिमला ____________ । (जाना)

14) लोग ज़िंदगी में मोहब्बत ____________ । (करना)

15) शीला और उर्मिला अक्सर ख़ामोश ____________ । (होना)

보기

लड़का तमाशा देख कर प्रश्न पूछने लगा। (पूछना)

16) दोपहर को अचानक काले बादल आसमान में ________। (छाना)

17) बादल ग़ायब हो गए और आसमान में धूप ________। (निकलना)

18) रमेश जी ने खिड़की खोली तो ठंडी हवा भीतर ________। (आना)

19) सुहावने मौसम से शीला के चेहरे पर मुस्कान ________। (उभरना)

20) चिड़ियाँ आसमान में लगातार ________। (उड़ना)

보기

सुंदर नर्तकी नाचने वाली है। (नाचना)

21) सोहन मुझसे मिलने ________। (आना)

22) उर्मिला मुझे कहानी ________। (सुनाना)

23) सूर्योदय देखने पर्यटकों की भीड़ ________। (लगना)

24) सभी लोग अतिथि के स्वागत में तालियाँ ________। (बजाना)

25) मैंने केतली तेज़ आँच पर चढ़ा दी तो पानी ________। (उबलना)

4. 보기를 참고하여 문장을 주어의 인칭, 성, 수에 알맞게 바꾸시오.

보기

मनोज हिन्दी कहानी सुनाता चला गया था।

1) मैं (남성) ________

2) मैं (여성) ________

3) रमेश जी ________

4) लड़कियाँ ________

보기

नदी का जलस्तर लगातार घटता चला जा रहा है।

5) वन क्षेत्र ______

6) आबादी ______

7) सामाजिक समस्याएँ ______

8) गाँव के निवासी ______

5. 괄호 안에 주어진 어휘를 활용하여 힌디어로 작문하시오.

1) 그 당시 그녀는 자주 책을 읽곤 했다. (**अक्सर**)

2) 그들은 자주 차를 마시곤 했다. (**बार-बार**)

3) 우리는 지금까지 열심히 일해 오고 있다.

4) 그 무희들은 꾸준히 춤을 추고 있었다. (**नर्तकी**, **निरंतर**)

5) 람과 하누만은 라완을 공격하기 시작했다. (**हमला**)

6) 우리는 두 시간 동안 계속하여 책을 읽었다.

7) 그 사람들은 종일 계속하여 싸웠다.

8) 7시 30분이 되려고 한다.

9) 수자따야, 너는 옛 이야기들만 계속 들려주는구나. (**कहानियाँ**)

10) 고모는 수 시간 동안 앉아 그가 팔찌들을 만드는 걸 계속 보았었다.
(बुआ)

6. 다음 문장을 해석하시오.

1) प्रधान मंत्री ने गुजरात के लोगों से शांति और व्यवस्था बनाए रखने की अपील की है।

2) वित्तमंत्री ने कहा कि वैश्विक मंदी के बावजूद देश ने आर्थिक विकास की दर बनाए रखी है।

3) जयशंकर प्रसाद ने काव्य रचना ब्रजभाषा में आरंभ की, पर धीरे-धीरे खड़ी बोली को अपनाते गए।

4) जन्मदिन पर तुम्हें कई उपहार मिलते रहे हैं।

5) उसने मुझे पहचाना नहीं और देर तक मेरी ओर निहारता रहा।

6) कहते-कहते उसे खाँसी आ गई और वह देर तक खाँसता रहा।

7) हरा धनिया सब्ज़ी में बाद में ही डालते हैं, ताकि हरे धनिये की ख़ुशबू ज़्यादा से ज़्यादा सब्ज़ी में बनी रहे।

8) स्वामीनाथन अधीर होकर उसकी कहानी ख़त्म होने का इंतज़ार करने लगा, लेकिन दादी बोलती ही गईं, इधर-उधर भटकती हुई और अलग-अलग समय पर घटी घटनाओं को गड्डमड्ड करती हुई।

9) जब उन्होंने एम.ए. किया तो उन्हें इतना बड़ा मैडल मिला था। मैं कई सालों तक उसे गले में पहनती रही। पता नहीं, मैंने कब उसे उतारा ...।

10) जहाँ तक सरकार की स्पष्ट नीति है कि आरक्षण की मौजूदा व्यवस्था बनी रहेगी।

부록 3

• 청유의 표현

ज़रा '좀', **क्यों न** '왜 아니', **कृपा/मेहरबानी करके** '친절을 베풀어'는 문두에 쓰여 청유나 명령을 할 때 말을 부드럽게 하는 기능을 한다.

ज़रा मेरी मदद करो। '나 좀 도와줘.'

ज़रा इधर आइए। '이리 좀 오세요.'

क्यों न आज लाल क़िला की सैर करें। '오늘 랄낄라로 소풍 가지 않을래요.'

क्यों न एक और गिलास पिओ। '한 잔 더 하지 않을래.'

कृपा/मेहरबानी करके बरतन साफ़ कर दीजिए।
'그릇을 닦아주시면 고맙겠습니다.'

कृपा/मेहरबानी करना '친절을 베풀다'는 문미에서 쓰여 청유를 표현한다.

ये बड़े कटोरे धोने की कृपा/मेहरबानी कीजिए।
'이 대접들을 세척해 주시면 고맙겠습니다.'

제4장

일치

अन्वय

12과	동사일치	산스끄리뜨어 서수1-12
연습문제4-1		
부록4	**व**-반복복합어(Echo Words)	
13과	결합동사의 일치	배수
14과	부정사의 일치	집합
15과	관형어, 보어의 일치	분수
16과	일치의 예외	기수 백-천억
연습문제4-2		
부록5	감탄의 표현	

- 문장을 구성하는 단어들간의 밀접한 관계를 나타내기 위해 일정한 문법 형태를 관련된 단어들에게 부여하는 형식을 일치라 한다. 일치에 따른 형태변화를 하는 단어는 동사, 부정사, 그리고 수식어이다. 형태변화와 관련된 문법범주로는 인칭, 성, 수, 격 등이 있다.

- 동사는 주어 또는 목적어와 일치하거나 비인칭 형태를 취한다.

- 동사의 일치규칙
  ① 동사일치의 우선 대상은 직격의 주어이다.
  ② 주어가 사격을 취한 경우 직격의 목적어가 일치 대상이 된다.
  ③ 직격의 주어나 목적어가 없는 경우 동사는 비인칭 형태를 취한다.

- 부정사는 부정사라는 용어의 일반적 개념과는 달리 유표적으로 일치에 따른 형태변화를 하기도 한다. 직격과 사격의 구별이 있으며 문맥에 따라 성과 수에 따른 변화를 한다.

- 형용사, 분사, 소유격 후치사와 같은 수식어들은 관련된 명사의 성 수 격에 따른 형태 변화를 한다.

12과 동사일치

1. 주어에 일치하는 경우

• 동사는 주어의 인칭, 성, 수에 따라 변화한다.

मैं छात्र हूँ। '나는 학생이다.'

तुम सुंदर लड़की हो। '너는 예쁜 소녀다.'

लड़की का चेहरा लाल हो गया। '소녀의 얼굴이 발개졌다.'

बिल्लियाँ रास्ता काट रही हैं। '고양이들이 길을 건너고 있다.'

दरवाज़े खुल गए होंगे। '문들이 열렸을 것이다.'

• 둘 이상의 주어가 사람을 지칭하는 경우: 주어가 여성명사들로만 나열된 경우에 동사는 여성복수 형태를, 그 이외의 경우에는 남성복수 형태를 취한다.

सीता और सुशीला आ गईं। '씨띠와 수실라가 왔다.'

राम और लक्ष्मण आ गए। '람과 락슈만이 왔다.'

राम और सीता आ गए। '람과 씨따가 왔다.'

• 둘 이상의 주어가 사물을 지칭하는 경우: 주어의 명사들이 모두 단수인 경우는 사람의 경우와 같다.

एक सेब और केला रखे हैं। '사과 한 개와 바나나 한 개가 놓여 있다.'

एक स्टूल और मेज़ रखे हैं। '의자 하나와 테이블 하나가 놓여 있다.'

एक मेज़ और कुर्सी रखी हैं। '테이블 하나와 의자 하나가 놓여 있다.'

- 주어의 명사들이 모두가 단수는 아닌 경우 동사는 가장 나중에 배열된 주어 명사의 성에 일치하면서 복수 형태를 취한다.

फल और मिठाइयाँ रखी हैं। '과일과 당과들이 놓여 있다.'

रोटियाँ और समोसा रखे हैं। '빵들과 사모사(만두)가 놓여 있다.'

- 주어의 명사들을 포괄하는 **सब**, **तीनों** 등의 어휘가 쓰인 경우 동사는 주어의 명사들이 모두 여성인 경우에는 여성 형태를, 그외의 경우에는 남성 형태를 취한다.

फल, नमकीन और मिठाइयाँ तीनों रखे हैं। '과일, 스낵과 당과들 셋 모두 놓여 있다.'

ताऊ और ताई दोनों आए हैं। '큰아버지와 큰어머니 두 분 모두가 오셨다.'

नानीजी, मौसी और ममेरी बहन सब चली गईं।
'외할머니, 이모 그리고 외사촌 누이 모두가 가버렸다.'

- 주어의 명사들을 **सामान** '물건'과 같은 불가산명사로 포괄할 경우 동사는 단수 형태를 취한다. 주어의 명사들을 가산명사로 포괄할 경우에는 가산명사의 성과 수에 일치한다.

इस बाज़ार में फ़ोन, गाड़ी, फ़र्नीचर आदि सामान बिकता है।
'이 시장에서 전화기, 차, 가구 등의 물건이 팔린다.'

यहाँ गाय, बैल, भैंस, बकरी आदि पशु घास चरते हैं।
'이곳에서 암소, 숫소, 물소, 염소 등 짐승들이 풀을 뜯어먹는다.'

वन में शीशम, जामुन, अमलतास आदि वृक्ष प्रमुख रूप से पाए जाते हैं।
'숲에 자단나무, 오얏나무, 계수나무 등의 나무들이 주로 눈에 띈다.'

सरसों, जौ, बाजरा आदि फ़सलें खेत में उगाई जाती हैं।
'겨자, 보리, 수수 등의 농작물들이 밭에 자란다.'

주어의 명사들이 **या** '또는', **अथवा** '또는' 등의 접속사로 연결될 경우 동사는 가장 나중에 배열된 명사의 성과 수에 일치한다.

इस वर्ष फुटकर व्यापारी को कितना लाभ या हानि हुई ?
'올해 소매상인은 얼마의 이득 또는 손해를 보았는가?'

मैं या मेरी बहन जाएगी। '나 또는 나의 누이가 갈 것이다.'

주어가 대명사들로 구성된 경우

1인칭대명사가 포함되는 경우 동사는 1인칭 복수 형태를 취한다.

मैं और तुम गाना गाएँगे। '나와 네가 노래할 것이다.'

मैं और वह गाएँगे। '나와 그가 노래할 것이다.'

तुम, वह, और मैं गाएँगे। '너, 그, 그리고 내가 노래할 것이다.'

2인칭과 3인칭만이 나열된 경우 동사는 2인칭대명사에 일치한다.

तुम और वह जाओगे। '너와 그가 갈 것이다.'

तू और वह जाएगा। '너와 그가 갈 것이다.'

तुम और वे कब आओगे। '너와 그들은 언제 올 것인가?'

주어가 둘 이상의 의문대명사로 구성된 경우 동사는 기본적으로 단수 형태를 취한다.

कौन कौन जाएगा ? '누구 누구가 갈 것인가?'

कौन कौन जाएँगे ? '어느 분 어느 분이 가실 것인가?'

मेज़ पर क्या क्या था ? '테이블에 무엇 무엇이 있었나?'

2. 목적어에 일치하는 경우

● 타동사가 완료 형태를 취한 경우 주어는 행위격 후치사와 함께 나타나며 동사는 직격의 목적어에 일치한다.

कमला ने आम खाया। '까믈라가 망고를 먹었다.'

लड़के ने चाय पी है। '소년이 차를 마셨다.'

मैंने मोहन को पैसे दिए थे। '내가 모한에게 돈을 주었었다.'

लड़कों ने कई पुस्तकें ख़रीदी हों। '소년들이 몇 권의 책을 산 것 같다.'

आपने टैगोर की कविताएँ पढ़ी होंगी। '당신은 타고르의 시들을 읽었을 것이다.'

काश हमने ताजमहल देखा होता। '우리가 타즈마할을 보았더라면'

● [본동사+의미조동사]의 복합동사가 쓰인 경우에는 본동사와 조동사가 모두 타동사일 경우에만 위 규칙이 적용된다.

मैंने अपनी बहन को किताब दे दी। '내가 내 누이에게 책을 주었다.'

बच्चा रोटी खा गया। '아이가 빵을 먹어 버렸다.'

बच्ची रो उठी। '여자 아이가 울음을 터뜨렸다.'

वे आदमी चल दिए। '그 사람들이 떠났다.'

● 수동문과 무능력구문에서 동사는 직격의 의미상 목적어에 일치한다.

रावण मारा गया। '라완이 살해되었다.'

यहाँ उर्दू बोली जाती है। '여기는 우르두가 사용된다.'

मुझसे रोटी नहीं खाई जाती। '나는 빵을 먹을 수 없다.'

● 여격주어구문에서 동사는 의미상 목적어에 일치한다.

राधा को सब चीज़ें प्राप्त हो गईं। '라다가 모든 물건을 구했다.'

रमेश को अपनी भूल मालूम थी। '라메시가 자신의 잘못을 알고 있었다.'

सुधीर को भूख लगी है। '수디르가 허기를 느꼈다.'

अशोक को एक मकान दिखाई दिया। '아쇼끄에게 집 한 채가 보였다.'

राम को खाने तक की फ़ुरसत नहीं थी। '람에게 식사조차의 여유가 없었다.'

● 소유구문에서 동사는 소유대상에 일치한다.

मोहन के पास बहुत पैसे थे। '모한에게 많은 돈이 있었다.'

हाथी के एक सूँड़ होती है। '코끼리는 코가 하나다.'

घड़ी की दो सुइयाँ होती हैं। '시계는 바늘이 둘이다.'

3. 비인칭형태를 취하는 경우

● 주어와 목적어가 모두 사격인 경우 동사는 비인칭 형태를 취한다.

सुशिला ने प्रतिभा को देखा। '수실라가 쁘라띠바를 보았다.'

प्रजा ने उस महिला को रानी बनाया। '백성은 그 여인을 왕비로 추대했다.'

मुझसे उठा नहीं जाता। '내가 일어나지지 않는다.'

राजलक्ष्मी को दिल्ली बुलाया गया। '라즈락슈미가 델리로 호출되었다.'

साँप को रस्सी माना गया। '뱀이 밧줄로 여겨졌다.'

➕ 동사가 시제절과 일치할 때에도 비인칭 형태를 취한다.

कहा जाता है कि उस मकान में भूत रहता है।
'그 집에 귀신이 산다고 (사람들이) 말한다.'

मैंने कहा कि वह काम करेगा। '그가 일을 할 것이라고 내가 말했다.'

ऐसा प्रतीत होता है कि वह नहीं आएगा। '그가 오지 않을 것으로 보인다.'

어휘 12

अमलतास 남 계수나무

खेत 남 밭

चेहरा 남 얼굴

जामुन 남 오얏나무

जौ 남 보리

टीवी 남 텔레비전

नमकीन 남 스낵

प्रजा 여 백성

प्रतीत 형 나타난, 알려진

फ़र्नीचर 남 가구

फ़सल 여 농작물

फुटकर 형 소매의

फ़ुरसत 여 여유, 여가

फ़ोन 남 전화

बाजरा 남 수수

भूल 여 잘못

भैंस 여 물소

रस्सी 여 밧줄

वृक्ष 남 나무

शीशम 남 자단나무

समोसा 남 사모사(만두)

सरसों 여 겨자

साँप 남 뱀

सुई 여 바늘

सूँड़ 여 (코끼리의) 코

स्टूल 남 작은 의자

산스끄리뜨어 서수1-12

प्रथम	**द्वितीय**	**तृतीय**	**चतुर्थ**	**पंचम**
षष्ठ	**सत्तम**	**अष्टम**	**नवम**	**दशम**
एकादश	**द्वादश**			

연습문제 4-1

1. 보기를 참고하여 빈칸을 채우시오.

> 보기
>
> राम और मोहन आ रहे हैं । (आना)

1) पिता, चाचा और बेटा ______________ । (आना)
2) माता, मौसी और बेटी ______________ । (आना)
3) पिता, माता, बेटा और बेटी ______________ । (आना)
4) माता और उसके बेटे ______________ । (आना)
5) पिता और उसकी बेटियाँ ______________ । (आना)
6) मैं और मेरा भाई ______________ । (आना, मैं 남)
7) मैं और मेरी बहन ______________ । (आना, मैं 여)
8) मैं और मेरी बहनें ______________ । (आना, मैं 남)
9) तुम और चाचा ______________ । (आना, तुम 남)
10) तुम और मेरी बहनें ______________ । (आना, तुम 여)

2. 보기를 참고하여 빈칸을 채우시오.

보기

डलिया में एक केला और एक संतरा रखे हुए हैं। (रखना)

1) डलिया में एक नाशपाती और एक नारंगी ________________ । (रखना)

2) डलिया में केला और संतरा ________________ । (रखना)

3) डलिया में केला, संतरे, नाशपाती और नारंगियाँ ________________ । (रखना)

4) डलिया में नाशपातियाँ, केला और संतरा ________________ । (रखना)

5) डलिया में केले और संतरे ________________ । (रखना)

보기

एक गाय और एक बकरी मैदान में घास चरती हैं। (चरना)

6) एक घोड़ा और एक बैल मैदान में घास ________________ । (चरना)

7) एक गाय और दो बकरियाँ मैदान में घास ________________ । (चरना)

8) एक गाय, एक बकरी, एक घोड़ा और एक बैल मैदान में ________________ । (चरना)

9) गायें और एक घोड़ा मैदान में घास ________________ । (चरना)

10) एक घोड़ा और गायें मैदान में घास ________________ । (चरना)

보기

उन्होंने बादशाह को बताया कि उनके तीन संतानें होंगी। (होना, 미래)

11) पक्षी के दो पंख ________________ । (होना, 현재미완료)

12) गाड़ी के चार पहिये ________________ । (होना, 현재미완료)

13) **मेरे पास गाय, बैल, बकरी आदि पशु** ________________ । (**होना**, 과거)

14) **मेरे पास फल, मिठाई और सेब तीनों** ________________ । (**होना**, 과거)

15) **मेरे पास कार, टीवी, मेज़ आदि सामान** ________________ । (**होना**, 과거)

3. 동사를 과거완료 시제(1~10)와 현재미완료 시제(11~15)에 알맞은 형태로 바꾸시오.

1) **मैंने एक केला** ________________ । (**खाना**)

2) **मैंने एक नारंगी** ________________ । (**खाना**)

3) **मैंने एक केला और एक नारंगी** ________________ । (**खाना**)

4) **मैंने एक केला और नारंगियाँ** ________________ । (**खाना**)

5) **मैंने एक नारंगी और केले** ________________ । (**खाना**)

6) **मैंने अपने भाई को एक केला** ________________ । (**देना**)

7) **मैंने आम को नारंगी** ________________ । (**समझना**)

8) **मैंने अपनी बहन को नारंगी** ________________ । (**खिला देना**)

9) **मेरा भाई मुझे नारंगी** ________________ । (**खिला चुकना**)

10) **मेरा भाई रोटी** ________________ । (**खा जाना**)

11) **मुझसे दूध नहीं** ________________ । (**पिया जाना**)

12) **यहाँ हिंदी** ________________ । (**बोला जाना**)

13) **मुझे प्यास** ________________ । (**लगना**)

14) **मुझे पराँठा और रोटी** ________________ । (**अच्छा लगना**)

15) **मुझे कई धोबी** ________________ । (**दिखाई देना**)

부록 4

- **व**-반복복합어(Echo Words)

첩어를 구성하는 후행 형태소의 첫음절의 초성이 **व**로 대체된 반복형식으로서 선행 형태소가 지시하는 사물과 같은 부류의 것들을 포괄하는 의미를 나타낸다.

पानी '물'	**पानी-वानी** '음료'
चाय '차'	**चाय-वाय** '차와 스낵'
खाना '음식'	**खाना-वाना** '음식류'
रोटी '빵'	**रोटी-वोटी** '빵과 빵 나부랭이'
डंडा '막대기'	**डंडा-वंडा** '막대기와 지팡이 등'
आम '망고'	**आम-वाम** '망고와 기타 과일들'
काग़ज़ '종이'	**काग़ज़-वाग़ज़** '종이와 종이 나부랭이'
पकोड़ा '빠꼬라튀김'	**पकोड़ा-वकोड़ा** '빠꼬라와 기타 스낵들'

13과 결합동사의 일치

[명사/형용사+경동사]의 구성으로 단일한 의미를 나타내는 형식을 결합동사라고 한다. 결합동사를 구성하는 주요 경동사로는 **करना**와 **होना**가 있으며 이 외에 **आना**, **देना**, **पड़ना**, **रखना**, **डालना** 등이 사용된다. 아래에서 결합동사의 구성소인 명사/형용사를 '결합명사/결합형용사'라 부른다.

- [명사 + 경동사]의 결합동사가 쓰인 구문에서 동사의 일치 대상은 직격의 주어와 직격의 목적어 외에 결합명사를 포함한다.

- 직격의 주어에 일치한다.

प्रणव कविता याद करता है। '쁘라나브가 시를 암기한다.'

मोहन कार की मरम्मत करता है। '모한이 차 수리를 한다.'

फ़िल्म शुरू हो गई। '영화가 시작되었다.'

- 행위격 후치사 **ने**가 쓰인 구문과 수동문 그리고 여격주어구문에서 직격의 의미상 목적어에 일치한다.

प्रणव ने कविता याद की। '쁘라나브가 시를 암기했다.'

प्रणव से कविता याद की गई। '쁘라나브에 의해 시가 암기되었다.'

मोहन को अपना भाई याद आया। '모한에게 자신의 형제가 생각났다.'

मोहन को बस दिखाई दी। '모한에게 버스가 보였다.'

- 의미상 주어가 후치사를 동반하거나 또는 부재하고 동시에 의미상 목적어와 결합명사가 소유격으로 묶여 함께 명사구를 이루는 경우 동사는 결합명사에 일치한다.

प्रणव ने कविता की याद की। '쁘라나브가 시 암기를 했다.'

शेखर ने खोए हुए बच्चे की खोज की। '셰카르가 잃어버린 아이를 추적했다.'

कार की मरम्मत हुई। '차 수리가 되었다.'

मोहन को अपने भाई की याद आई। '모한에게 자신의 형제가 생각났다.'

मोहन ने कार की मरम्मत की। '모한이 차 수리를 했다.'

मोहन से कार की मरम्मत की गई। '모한에 의해 차 수리가 되었다.'

- 의미상 주어가 후치사를 동반하고 결합명사 자체가 의미상 목적어로 쓰이는 경우에도 동사는 결합명사에 일치한다.

मैंने उनको प्रणाम दिया। '내가 그분께 인사를 드렸다.'

राजा ने ईश्वर से प्रार्थना की। '왕이 신에게 기도를 했다.'

पति ने अपनी पत्नी से बात की। '남편이 자신의 부인과 이야기를 했다.'

सम्राट बिंबसार ने वैशाली पर आक्रमण किया था।
'빔브사르 왕이 배샬리에 공격을 했다.'

सम्राट बिंबसार से वैशाली पर आक्रमण किया गया था।
'빔브사르 왕에 의해 배샬리에 공격이 행해졌다.'

- 의미상 주어와 의미상 목적어가 각각 행위격과 목적격 후치사를 동반한 경우에 동사는 비인칭 형태를 취한다.

प्रणव ने कविता को याद किया। '쁘라나브가 시를 암기했다.'

शेखर ने खोए हुए बच्चे को खोज किया। '셰카르가 잃어버린 아이를 추적했다.'

शेखर से खोए हुए बच्चे को खोज किया गया।
'셰카르에 의해 잃어버린 아이가 추적되었다.'

- [형용사 + 경동사]의 결합동사가 쓰인 구문에서 일치에 따른 형태변화는 결합형용사와 경동사가 함께 변하는 경우와 동사만 변하는 경우로 구분된다.

- 결합형용사와 경동사가 모두 직격의 주어 또는 직격의 목적어의 성과 수에 일치한다.

हमने सभी काम समय पर पूरे किए। '우리가 모든 일을 제 시간에 끝냈다.'

हमने विकास योजना पूरी की। '우리가 발전 계획을 완성했다.'

सभा के लिए दस आदमी इकट्ठे हुए। '모임에 열 명이 모였다.'

सभा के लिए बड़ी भीड़ इकट्ठी हुई। '모임에 큰 무리가 모였다.'

हमको सभी काम समय पर पूरे करने थे। '우리는 모든 일을 제 시간에 끝내야 했다.'

हमको विकास योजना पूरी करनी थी। '우리는 발전 계획을 완성해야 했다.'

⊕ 형용사가 **करना** 동사와 결합하여 완료시제가 아닌 능동문에서 쓰인 경우에는 경동사만 주어의 성, 수, 인칭에 일치한다.

हम सभी काम समय पर पूरा करेंगे। '우리가 모든 일을 제 시간에 끝낼 것이다.'

हम विकास योजना पूरा करेंगे। '우리가 발전 계획을 완성할 것이다.'

⊕ **–आ**로 끝나는 형용사 중에서 일부 형용사는 어느 환경에서도 변화하지 않는다. 이런 형용사들로는 **ज़िंदा** '살아있는', **ज़्यादा** '많은', **पैदा** '생산된', **जमा** '모은', **बढ़िया** '훌륭한', **घटिया** '열등한', **आला** '지고한', **उम्दा** '훌륭한', **बक़ाया** '나머지의', **युवा** '젊은', **पुख़्ता** '강력한, 강경한, 엄한', **ज़रा** '약간의/사소한', **अदना** '하찮은', **जुदा** '분리된', **फ़िदा** '헌신적인', **ख़ुशनुमा** '매력적인', **शेरनुमा** '사자의 모습을 한', **सलाना** '일년의', **रोज़ाना** '매일의', **शरमिंदा** '부끄러워하는' 등이 있다. **ताज़ा** '신선한'은 불변으로 사용되기도 하고 형태변화하기도 한다.

बेटी फ़रवरी में पैदा हुई है। '딸이 2월에 태어났다.'

युवा देश में बेरोज़गारी की समस्या पैदा हो रही है।
'젊은 국가에 실업문제가 발생하고 있다.'

हम ताज़ा ख़बर की अपेक्षा कर रहे हैं। '우리가 새로운 뉴스를 기대하고 있습니다.'

पुलिस ने मुहर्रम के मौक़े पर सुरक्षा के पुख़्ता इंतज़ाम किए हैं।
'경찰이 무하람 때에 강력한 안전 조치들을 하였다.'

ज़रा सी बात की चिंता न करें। '사소한 일로 걱정하지 마세요.'

어휘 13

अपेक्षा 여 기대

इंतज़ाम 남 조치, 마련

इकट्ठा 형 모인, 수집된

ख़बर 여 소식

खोज 여 추적, 탐어휘구, 발견

पुख़्ता 형 확실한, 강한

पैदा 형 생산된

प्रणाम 남 인사

मुहर्रम 남 무하람(이슬람의 설)

मौक़ा 남 때, 기회

योजना 여 계획

विकास 남 발전

배수

2배 **दुगुना, दोगुना, दूना**

3배 **तिगुना**

4배 **चौगुना**

5배 **पचगुना, पाँच गुना**

6배 **छैगुना, छह गुना**

7배 **सात गुना**

8배 **आठ गुना**

9배 **नौ गुना**

10배 **दस गुना**

100배 **सौ गुना**

14과 부정사의 일치

힌디어의 부정사는 일치 변화를 하는 경우와 하지 않는 경우로 구분된다.

1. 일치 변화를 하는 경우

- 의무, 필요 등을 나타내는 [여격주어 + ~ + 부정사 + **है/चाहिए/पड़ना**]의 구문에서 타동의 부정사는 부정사의 목적어에 일치한다.

राजेश को अपनी इमारत बेचनी थी। '라제시가 자신의 빌딩을 팔아야 했다.'

मुझे कई पत्र लिखने पड़े। '내가 여러 장의 편지를 써야만 했다.'

राजनयिक दूत को हिंदी सीखनी चाहिए थी। '외교관이 힌디어를 배울 필요가 있었다.'

तुम्हें मशीन की मरम्मत करनी चाहिए होगी। '너는 기계 수리를 할 필요가 있을 것이다.'

- 인지의 표현과 관련된 여격주어구문에서 **आना** '알다' 동사가 쓰인 경우 타동의 부정사는 부정사의 목적어에 일치함을 선호한다.

मोहन को गाड़ी चलानी आती है। '모한은 차를 운전할 줄 안다.'

? मोहन को गाड़ी चलाना आता है। '모한은 차를 운전할 줄 안다.'

- 그러나 **पसंद होना** '마음에 들다', **मालूम होना** '알다' 등과 같은 동사의 경우에는 다수의 힌디어 화자들이 비일치를 선호한다.

मोहन को चिट्ठी लिखना पसंद था। '모한은 편지 쓰는 것을 즐거워했다.'

? मोहन को चिट्ठी लिखनी पसंद थी। '모한은 편지 쓰는 것을 즐거워했다.'

चाहना '원하다' 동사가 본동사로 쓰여 완료 형태를 취한 구문에서 이 동사들의 목적어로 쓰인 타동의 부정사는 부정사의 목적어에 일치한다.

हमने तुम्हें भेंट देनी चाही। '우리가 너에게 선물 주기를 원했다.'

रामलाल ने गरम चाय पीनी चाही। '람랄이 따뜻한 차 마시기를 원했다.'

수동이나 피동의 부정사로 구성된 명사절에서 부정사의 주어는 소유격 후치사를 동반하지 않는 직격의 형태로 나타나고 부정사는 직격의 주어의 성과 수에 일치한다.

दीवार ऊँचाई में कम होनी चाहिए थी। '벽이 높이에 있어 낮아지는 것이 필요했다.'

तीन बजे तक चाय तैयार होनी चाहिए। '3시까지 차가 준비되는 것이 필요하다.'

कई पेड़ कटने शुरू हो गए। '몇몇 나무들이 잘리기 시작했다.'

कई पेड़ काटे जाने शुरू हो गए। '몇몇 나무들이 잘려지기 시작했다.'

दरवाज़े बंद होने बेहतर होंगे। '문들이 닫히는 것이 더 좋겠다.'

बारिश होनी शुरू हो गई। '비가 오기 시작했다.'

2. 일치 변화를 하지 않는 경우

부정사가 능동의 자동사인 경우 일치 변화를 하지 않는다.

राम घर जाना चाहता है। '람이 집에 가기를 원한다.'

सीता घर जाना चाहती है। '씨따가 집에 가기를 원한다.'

राम ने घर जाना चाहा। '람이 집에 가기를 원했다.'

सीता ने घर जाना चाहा। '씨따가 집에 가기를 원했다.'

- 부정사의 주어가 후치사 **का** 와 함께 쓰인 경우에 부정사는 일치 변화를 하지 않는다.

उसका जाना मेरे जाने के समान है। '그가 가는 것은 내가 가는 것과 같다.'

उसका किताब लिखना पूरा हो गया। '그가 책을 쓰는 일이 완성되었다.'

- 본동사가 주어에 일치하는 구문에서 본동사의 목적어로 쓰인 부정사는 일치 변화를 하지 않는다.

हम रामलाल को चिट्ठी भेजना चाहते हैं। '우리가 람랄에게 편지를 보내기를 원한다.'

हम रामलाल को पत्र भेजना चाहते हैं। '우리가 람랄에게 편지를 보내기를 원한다.'

3. 부정사의 일치와 불일치가 모두 통용되는 경우

- 타동의 부정사가 **छोड़ना** '포기하다', **सीखना** '배우다' 등의 본동사의 목적어로 쓰인 구문에서 본동사가 완료 형태를 취한 경우, 타동의 부정사는 목적어에 일치하는 형태와 일치하지 않는 형태 모두가 통용된다.

रामलाल ने शराब पीना छोड़ दिया। '람랄이 술 마시기를 포기했다.'

रामलाल ने शराब पीनी छोड़ दी। '람랄이 술을 마시기를 포기했다.'

सुशीला ने गाड़ी चलाना सीखा। '수실라가 차 운전하는 것을 배웠다.'

सुशीला ने गाड़ी चलानी सीखी। '수실라가 차를 운전하는 것을 배웠다.'

타동의 부정사가 형용사를 동반한 서술어의 주어로 쓰인 경우, 타동의 부정사는 목적어에 일치하는 형태와 일치하지 않는 형태 모두가 통용된다. 그리고 부정사의 목적어가 후치사를 동반한 경우에 부정사는 변화하지 않는다.

इतने शब्द याद करना मुश्किल है। '이 만큼의 단어들을 암기하는 것은 어렵다.'

इतने शब्द याद करने मुश्किल हैं। '이 만큼의 단어들을 암기하는 것은 어렵다.'

इतने शब्दों को याद करना मुश्किल है। '이 만큼의 단어들을 암기하는 것은 어렵다.'

4. 부정사가 사격을 취하는 경우

부정사는 후치사 앞에서 사격을 취하며 이 경우 부정사의 주어에 붙는 소유격 후치사 또한 사격을 취한다.

शर्मा जी ने अपने बेटे से परिश्रम करने को कहा।
'샤르마 씨가 자기 아들에게 노력하라고 말했다.'

आपके जाने के बाद मैं भी जाऊँगा। '당신이 간 후에 나도 갈 것이다.'

부정사는 **देना** '허락하다', **लगना** '시작하다', **वाला** 분사 등의 앞에 쓰여 사격을 취한다.

मैंने उसको किताब पढ़ने दी। '내가 그에게 책을 읽도록 허락했다.'

लड़का चिट्ठी लिखने लगा। '소년이 편지를 쓰기 시작했다.'

लड़का उस समय स्कूल जाने वाला था। '소년이 그때 학교를 갈 예정이었다.'

वहाँ जाने वाला कौन है ? '저기 가는 사람이 누구인가?'

어 휘 14

चलाना 타 운전하다

परिश्रम 남 노동, 수고

भेंट 여 선물

मरम्मत 여 수리

집합

• 수 전체의 표현

दोनों	**तीनों**	**चारों**	**पाँचों**	**छहों**
सातों	**आठों**	**नवों/नौओं**	**दसों**	**ग्यारहों**
बीसों	**तीसों**	**सौओं**	**हज़ारों**	

• 상당수의 표현

दसियों 수십	**बीसियों** 수십	**सैकड़ों** 수백
दर्जनों 수 타스	**पचासों** 수십	**हज़ारों** 수천

15과 관형어, 보어의 일치

1. 관형어의 일치

- 관형어로 쓰인 형용사나 소유격 후치사는 수식을 받는 명사의 성, 수, 격에 일치한다.

राम अच्छा बेटा है। '람은 착한 아들이다.'

सीता अच्छी बेटी है। '시따는 착한 딸이다.'

दशरथ के बेटे को देखो। '다슈라트의 아들을 보아라.'

जनक की बेटी को देखो। '자낙의 딸을 보아라.'

- 수식을 받는 명사가 둘 이상인 경우에는 선행하는 명사에 일치한다.

मेरा बेटा और बेटी चले गये। '나의 아들과 딸이 가버렸다.'

मेरी धोती और कुरता फट गये। '나의 바지와 셔츠가 찢어졌다.'

2. 보어의 일치

- 주격 보어로 쓰인 형용사나 소유격 후치사는 주어의 성과 수에 일치한다.

आपकी बेटी अच्छी है। '당신의 딸은 훌륭하다.'

यह लड़की जनक की है। '이 소녀는 자낙의 딸이다.'

- 목적격 보어는 직격의 목적어의 성과 수에 일치한다.

हम गोली छोटी समझते हैं। '우리가 소구를 작다고 생각한다.'

हमने गोली छोटी समझी। '우리가 소구를 작다고 생각했다.'

- 목적어가 사격인 경우 목적격 보어는 비인칭 형태인 남성단수 형태를 취한다.

हम उस गोली को छोटा समझते हैं। '우리가 그 소구를 작다고 생각한다.'

हमने उस गोली को छोटा समझा। '우리가 그 소구를 작다고 생각했다.'

मैंने अपनी बेटी को इतना बड़ा बनाया। '내가 내 딸을 이만큼 키웠다.'

तुमने मुझ अबला को जंगल में अकेला छोड़ दिया।
'네가 여자인 나를 정글에 혼자 남겨놓았다.'

राजा ने गाय को अपने सामने खड़ा देखा।
'왕이 암소가 자신의 앞에 서 있는 것을 보았다.'

- 인지 등을 나타내는 여격주어구문에서 보어는 서술의 대상이 되는 의미상 목적어에 일치한다.

मुझे तुम्हारी तसवीर अच्छी लगती है। '나는 너의 그림이 마음에 든다.'

शीला कुछ थकी-सी लग रही है। '실라는 좀 피곤해 보이고 있다.'

कल राजन बीमार-सा लगा। '어제 라잔은 아픈 것 같았다.'

- 보어를 이루는 형용사가 소유격 후치사를 동반하는 특수구문에서 소유격 후치사는 주어에 일치한다. 이 유형에 속하는 형용사로는 **इच्छुक** '원하는', **आदी** '습관된', **आभारी** '신세진', **शौक़ीन** '취미의/좋아하는', **सूचक** '나타내는', **कृतज्ञ** '감사한' 등이 있다.

राजकुमार उससे विवाह करने का इच्छुक है। '왕자가 그녀와 결혼할 맘이 있다.'

राजकुमारी उससे विवाह करने की इच्छुक है। '공주가 그와 결혼할 맘이 있다.'

हम भी शारीरिक परिश्रम करने के आदी हो गए। '우리도 육체 노동하는 데 익숙해졌다.'

वह महिला शारीरिक परिश्रम करने की आदी हो गई।
'그 숙녀가 육체 노동하는 데 익숙해졌다.'

मैं आपका आभारी हूँ। '내가 당신에게 신세 졌습니다.'

हम आपके आभारी हैं। '우리가 당신에게 신세 졌습니다.'

어 휘 15

अबला 여 여자
गोली 여 소구, 알약, 총알
फटना 자동 찢어지다

분수

½ आधा	1½ डेढ़	2½ ढाई	3½ साढ़े तीन
¼ पाव/ एक चौथाई	1¼ सवा	2¼ सवा दो	
¾ पौना/ तीन चौथाई	1¾ पौने दो	2¾ पौने तीन	
$\frac{1}{3}$ एक तिहाई	$\frac{2}{3}$ दो तिहाई		

$\frac{1}{8}$ एक आठवाँ हिस्सा/ आठ में एक हिस्सा

16과 일치의 예외

अधीन과 함께 쓰인 소유격 후치사는 항상 **के**의 형태를 취한다.

वह बच्चा ताऊ के अधीन है। '그 아이는 큰 아빠에게 의존해 산다.'

ओर/तरफ़ '쪽'은 여성명사이지만 **दूसरी** '다른', **चारों** '사방의', **पश्चिमी** '서쪽의', **उत्तरी** '북쪽의', **दक्षिणी** '남쪽의', **पूर्वी** '동쪽의' 등 방향을 나타내는 형용사가 선행할 경우 이를 수식하는 소유격 후치사는 **की** 대신에 **के**의 형태를 취한다.

क़िले के पश्चिम ओर नदी बहती है।
'성의 서쪽으로 강이 흐른다.'

ट्राली चालक रोड के दूसरी ओर गिरा।
'트롤리 운전자가 길의 다른 편으로 떨어졌다.'

सुरक्षा दीवार राजधानी बगदाद के चारों तरफ़ खड़ी की जाएगी।
'방어벽이 수도 바그다드의 사방으로 세워질 것이다.'

어 휘 16

अधीन 형 종속된, 의존된
ताऊ 남 큰 아버지
चालक 남 운전자
सुरक्षा 여 안전, 방어
ट्राली 여 트롤리(trolley)

기수 백–천억

백 **सौ**	이백 **दो सौ**
천 **हज़ार**	이천 **दो हज़ार**
만 **दस हज़ार**	이만 **बीस हज़ार**
십만 **लाख**	이십만 **दो लाख**
백만 **दस लाख**	이백만 **बीस लाख**
천만 **करोड़**	이천만 **दो करोड़**
억 **दस करोड़**	이억 **बीस करोड़**
십억 **अरब**	이십억 **दो अरब**
백억 **दस अरब**	이백억 **बीस अरब**
천억 **खरब**	이천억 **दो खरब**

연습문제 4-2

1. 괄호에 주어진 단어와 시제로 빈칸을 채우시오.

1) **शेखर कमरे** ________________ । (**की सफ़ाई करना**, 현재미완료)

2) **फ़िल्म उत्सव** ________________ । (**का उद्‌घाटन होना**, 현재완료)

3) **मुझे पक्षियों की चहचहाहट** ________________ । (**सुनाई देना**, 현재미완료)

4) **हमने विकास पर बहुत पैसे** ________________ । (**ख़र्च करना**, 과거완료)

5) **मैंने सभा के फ़ैसले** ________________ । (**का समर्थन करना**, 과거완료)

6) **प्रणव ने साइकिल** ________________ । (**की मरम्मत करना**, 현재완료)

7) **होली से नव मौसम** ________________ । (**की शुरुआत होना**, 현재미완료)

8) **सुशीला ने अपनी बहन से** ________________ । (**बातचीत करना**, 단순과거)

9) **शेखर ने बाबू जी को** ________________ । (**प्रणाम करना**, 현재완료)

10) **प्रणव ने अपने गुरु** ________________ । (**को याद करना**, 현재완료)

11) **मेरी बहन तरह तरह की गुड़ियाँ** ________________ । (**इकट्ठा करना**, 현재미완료)

12) **मेरा भाई तरह तरह के गाड़ी खिलौने** ________________ ।
(**इकट्ठा करना**, 현재미완료)

13) **मेरी बहन अपने सपनों को इस तरह** ________________ । (**पूरा करना**, 현재미완료)

14) **मेरा भाई अपने सपनों को इस तरह** ________________ । (**पूरा करना**, 현재미완료)

15) **मेरे भाई ने तड़पते हुए घोड़े को** ________________ । (**ज़िंदा करना**, 현재완료)

16) **मेरी बहन ने तरह तरह की गुड़ियाँ** ________________ । (**इकट्ठा करना**, 현재완료)

17) **मेरे भाई ने तरह तरह के गाड़ी खिलौने** ________________ ।
(**इकट्ठा करना**, 현재완료)

18) **मेरी बहन ने अपने सपनों को इस तरह** ________________ । (**पूरा करना**, 현재완료)

19) **मेरी बहन का सपना इस तरह** ________________ । (**पूरा होना**, 현재완료)

20) **मेरे भाई ने तड़पते हुए घोड़े** ________________ । (**ज़िंदा करना**, 현재완료)

2. 괄호에 주어진 단어의 적합한 형태로 빈칸을 채우시오.

1) सुशीला __________ बेटा और बेटी स्कूल गए हैं। (का)
2) दुकान में __________ सब्ज़ियाँ और फल मिलते हैं। (अच्छा)
3) छोटी बहन बग़ीचे के सामने __________ हुई है। (खड़ा)
4) मालिक़ दीवार की ऊँचाई __________ समझता है। (नीचा)
5) बढ़ई ने दीवार की ऊँचाई __________ समझी है। (ऊँचा)
6) हमने अपने बेटे को __________ बनाया है। (इतना बड़ा)
7) मुझे चाय __________ लगती है। (मीठा)
8) मुझे अपने बच्चे __________ लगते हैं। (थका हुआ)
9) पिताजी सुबह अख़बार पढ़ने __________ हैं। (का आदी)
10) राजकुमार उस लड़की से विवाह करने __________ है। (का इच्छुक)

3. 보기를 참고하여 주어진 질문에 답하시오.

보기

पुलिस स्वतंत्रता दिवस पर पुख़्ता इंतज़ाम करेगी ? (चाहिए, 필요구문)
पुलिस को स्वतंत्रता दिवस पर पुख़्ता इंतज़ाम करना चाहिए।

1) शेखर प्रसाद की कविता याद करेगा ? (चाहिए, 필요구문)

____

2) सरकार अगले साल तक विकास योजना पूरा करेगी ? (चाहिए, 필요구문)

____

3) बच्चा पिताजी की सलाह स्वीकार करना चाहता है ? (चाहना, 현재완료)

____

4) मोहन उर्दू सीखना पसंद करता है ? (पसंद होना, 현재)

____

5) प्रणव साइकिल चला सकता है ? (आना '알다', 현재미완료)

____

보기

बढ़ई सारे पेड़ काटता है। (कटना, ज़रूरी होना)
सारे पेड़ कटने ज़रूरी हैं।

6) बढ़ई ऊँची दीवार ऊँचाई में कम करता है। (कम होना, ज़रूरी होना)

7) बढ़ई दीवार की लंबाई मापता है। (मपना, ज़रूरी होना)

8) बढ़ई सारे दरवाज़े बंद करता है। (बंद होना, ज़रूरी होना)

9) नौकर चाय तैयार करता है। (तैयार होना, ज़रूरी होना)

10) नौकर जल्दी सुबह नाश्ता बनाता है। (बन जाना, ज़रूरी होना)

보기

छोटे भाई का गाड़ी चलाना ठीक है। (लगना, 기동, 단순과거)
छोटा भाई गाड़ी चलाने लगा।

11) छोटे भाई का चिट्ठी लिखना ठीक है। (लगना, 기동, 단순과거)

12) छोटे भाई का विदेश जाना ठीक है। (वाला, 예정, 과거)

13) छोटी बहन का सहेलियों के साथ जाना ठीक है। (वाला, 예정, 과거)

14) बेटे का गेंदबाज़ी करना ठीक है। (पिताजी, अपना, देना 허락, 현재미완료)

15) **बेटी का मुक्केबाज़ी करना ठीक है। (पिताजी, अपना, देना** 허락, 현재미완료)

4. 다음 문장을 해석하시오.

1) **सम्राट अशोक ने कुशीनगर की तीर्थ यात्रा करने के बाद यहाँ स्तूप और मठों का निर्माण करवाया था।**

2) **प्रधानमंत्री ने अपनी बांग्लादेश यात्रा के दौरान वित्तीय सहायता देने का आश्वासन दिया है।**

3) **प्रेमचंद का जन्म सन् 1880 में बनारस के लमही गाँव में हुआ था।**

4) **बंगलुरु के स्टेडियम में होने वाला क्रिकेट मैच दोपहर साढ़े तीन बजे से शुरू होगा।**

5) **डिब्बे में हमारे सहसा कूद जाने से सज्जन की आँखों में विघ्न का असंतोष दिखाई दिया।**

6) **देश को उत्तम वैज्ञानिकों की ज़रूरत है, उत्तम सैनिकों की ज़रूरत है और उत्तम कलाकारों, संगीतकारों एवं खिलाड़ियों की भी ज़रूरत है।**

7) **कुत्ता भी बहुत ग़रीब जानवर है, लेकिन कभी-कभी उसे भी क्रोध आ ही जाता है, किंतु गधे को कभी क्रोध करते नहीं सुना।**

8) **मुझे पढ़ने की चाट लग गई। मैं खाना खाते समय थाली के पास 'सरस्वती', 'चाँद' आदि पत्रिकाएँ रखकर पढ़ने का आदी था।**

9) **आपको छुट्टियों में किसके घर जाना सबसे अच्छा लगता है ?**

10) **कुछ व्यंग्य वाक्यों को ध्यानपूर्वक समझकर इकट्ठा कीजिए।**

부록 5

• 감탄의 표현

부를 때 쓰이는 감탄사 **हे**, **ओह**, **अरे**

हे राम ! '오 신이여!'

अरे भाई ! '어이 형씨!'

즐거움이나 칭찬할 때 쓰이는 감탄사 **वाह**, **वाह-वाह**, **शाबाश**

वाह ! यह बहुत बढ़िया है। '와! 매우 훌륭해요.'

놀라움 나타낼 때 쓰이는 감탄사 **वाह**, **ओहो**, **क्या**, **ऐं**, **अरे**, **राम राम**

ओहो ! तुम भी यहाँ हो। '오! 너도 여기 있구나.'

불쾌함을 나타낼 때 쓰이는 감탄사 **छिः**, **थू**

छिः ! कितना गंदा है। '에이! 참 더럽네.'

슬픔을 나타낼 때 쓰이는 감탄사 **हाय**, **बाप रे बाप**, **आह**

हाय ! मेरा कुत्ता मर गया। '아! 우리 개가 죽었어요.'

의문사 **कितना**, **कैसा** 등의 감탄 표현

यह फूल कितना सुंदर है ! '이 꽃은 얼마나 아름다운가!'

कैसी गुह्य है यह दुनिया ! '어찌 신비로운지 이 세상이!'

제5장

미완료분사와 완료분사

कृदंत

अपूर्ण कृदंत

पूर्ण कृदंत

17과	형용사적 용법	1로 끝나는 수
18과	명사적 용법	2로 끝나는 수
19과	부사적 용법	3으로 끝나는 수
20과	관용적 용법	4로 끝나는 수
연습문제5-1		
부록6	재귀사	
21과	분사의 속성과 제약	5로 끝나는 수
연습문제5-2		
부록7	'~인 것 같다'의 표현	

- 미완료분사와 완료분사는 각각 형용사적, 명사적, 부사적 용법을 가지며 그외에 다른 단어들과 함께 쓰여 관용적 용법을 갖는다.

- 미완료분사는 [동사의 어간 + 미완료접사 **–ता** + (**हुआ**)]로 구성되며, 완료분사는 [동사의 어간 + 완료접사 **–आ** + (**हुआ**)]로 구성된다.

- 미완료분사와 완료분사는 용법에 따라 다른 형태변화를 한다.
  - 형용사적으로 쓰일 때는 **–आ**로 끝나는 형용사처럼 변화한다.
  - 명사적으로 쓰일 때는 **–आ**로 끝나는 남성명사와 **–ई**로 끝나는 여성명사처럼 변화한다.
  - 부사적으로 쓰일 때는 기본적으로 남성사격 형태를 취한다.
  - 관용적으로 쓰일 때에도 형용사적 용법을 갖는 경우를 제외하고는 남성사격 형태를 보인다.

17과 형용사적 용법

- 형용사적 용법을 갖는 분사는 아래와 같은 변화표를 갖는다.

분사유형	남성단수직격	남성기타	여성
미완료분사	–ता (हुआ)	–ते (हुए)	–ती (हुई)
완료분사	–आ (हुआ)	–ए (हुए)	–ई (हुई)

1. 관형적 용법

- 미완료분사는 능동과 진행의 의미를 나타낸다.

चलती हुई रेलगाड़ी से एक शराबी गिर पड़ा।

'움직이는 기차에서 한 술꾼이 떨어졌다.'

हँसते हुए बच्चे को देखकर माँ का दिल पिघल गया।

'웃는 아이를 보고 엄마의 마음이 녹아 버렸다.'

लुढ़कते पत्थर पर काई नहीं जमती।

'구르는 돌에 이끼가 끼지 않는다.'

गिरती हुई दीवार को एक धक्का और दो।

'쓰러지는 벽을 한 번 더 가격해라.'

डर से काँपती हुई औरत रोने लगी।

'두려움으로 떨고 있는 여인이 울기 시작했다.'

❸ 완료분사는 완료와 상태의 의미를 나타낸다.

लोहार ने तपे हुए लोहे को पानी में डालकर ठंडा किया।

'대장장이가 달구어진 쇠를 물에 넣어 식혔다.'

खिले हुए फूलों से मेरा मन लुभाया गया।

'피어난 꽃들로 나의 마음이 매료되었다.'

तीसरी पंक्ति पर बैठी हुई महिला हमारी अध्यापिका है।

'세 번째 줄에 앉아 있는 숙녀가 우리 여선생님이다.'

फ़र्श पर गिरे हुए तमाम काग़ज़ हटा दो।

'바닥에 떨어진 모든 종이를 치워라.'

मुहब्बत से भरे शब्द सुनकर दादी मुस्करा दी।

'사랑으로 가득 찬 말을 듣고 할머니가 미소 지었다.'

❹ 분사절의 주어는 소유격 후치사를 사용하여 표시한다. 소유격 후치사는 분사와 동일하게 성, 수, 격에 따른 어형변화를 한다.

मोदी की कही हुई बात सुनकर सभी लोग हर्षित हुए।

'모디가 말한 이야기를 듣고 모든 사람들이 기뻐했다.'

मेरे दादा की बनाई हुई तस्वीर चित्रकार की जैसी लगती है।

'내 조부가 그린 그림이 화가의 그림처럼 느껴진다.'

❺ 여격주어를 취하는 동사가 분사로 쓰인 경우 그 분사의 여격주어는 그대로 여격 후치사 **को**와 함께 나타나며, 수동분사의 논리주어(행위자)는 수동문의 행위자를 표시하는 후치사 **से** 또는 **द्वारा** 등과 함께 나타난다.

हम्मीर को मिला हुआ पार्सल गुलाब की पँखड़ी से भरा था।

'함미르가 받은 소포는 장미꽃잎으로 차 있었다.'

पुलिस द्वारा गिरफ़्तार किए गए चोर को जेल में बंद किया गया।

'경찰에 의해 체포된 도둑이 감옥에 투옥되었다.'

- 분사구나 절에 내포된 기간이나 장소를 나타내는 부사는 처소격 후치사 또는 소유격 후치사에 의해 표현된다. 시간을 나타내는 부사는 후치사 없이 나타나기도 한다.

मुझे बनारस की/में बनी हुई रेशम की साड़ी बहुत पसंद है।

'나는 바나라스에서 만들어진 비단 사리가 매우 마음에 든다.'

मैंने तुम्हारे पिछले साल (के) भेजे हुए पत्र का भी उत्तर नहीं दिया।

'나는 네가 작년에 보낸 편지도 답장을 안 했다.'

2. 서술적 용법

- 분사는 명사를 수식하는 관형적 용법 외에 보어의 자리에 쓰여 주어나 목적어를 보충 설명하는 서술적 용법을 갖는다. 분사는 서술의 대상이 되는 주어나 목적어에 일치한다.

मेरे कपड़े फटे हुए हैं। '내 옷이 찢어져 있다.'

आपने खिड़की खुली हुई क्यों छोड़ी थी ? '당신은 창문을 왜 열어 놓았는가?'

चौकीदार ने दरवाज़ा खुला हुआ पाकर घंटी बजाई।

'경비가 문이 열려있는 것을 발견하고 종을 울렸다.'

- 지각을 표현하는 여격주어구문에서 서술적으로 쓰인 분사는 의미상 목적어에 일치한다.

उस दिन उसे चाँद मुस्कराता हुआ दिखाई दिया।

'그날 그에게 달이 미소 짓는 것이 보였다.'

उस समय उसे एक लड़की दौड़ती हुई दिखाई दी।
'그때 그에게 한 소녀가 달리고 있는 것이 보였다.'

तुम थकी हुई लग रही हो। '네가 피곤해 보이고 있다.'

आप कुछ थके हुए नज़र आ रहे हैं।
'당신이 좀 피곤해 보이고 있네요.'

आप तो पिए हुए नज़र आते हैं। '당신이 술 취한 것으로 보입니다.'

- 지각동사가 쓰인 능동문에서 분사의 서술 대상인 목적어가 사격인 경우 미완료분사는 남성사격 형태를 취한다.

मैंने एक बिल्ली को रास्ता काटते देखा।
'나는 고양이 한 마리가 길을 건너는 것을 보았다.'

सिकंदर ने अपनी पत्नी को हँसते हुए सुना।
'씨깐다르는 자기 부인이 웃는 것을 들었다.'

मैंने कभी दिनेश को किसी से झगड़ते नहीं देखा।
'나는 한번도 디네시가 누군가와 싸우는 것을 못 보았다.'

आपने मेले-बाज़ार में हाथ से बनी चीज़ों को बिकते देखा होगा।
'당신은 장에서 손으로 만든 물건들이 팔리는 것을 보았을 것이다.'

- 지각동사가 쓰인 구문에서 분사의 서술 대상인 목적어가 사격인 경우 완료분사는 일반적으로 형용사의 경우처럼 비인칭 형태인 남성단수 형태를 취한다.

फ़क़ीर ने कुत्ते को रास्ते में लेटा हुआ पाया। '거지가 개를 길에 누워 있는 것을 발견했다.'

उसने बिल्ली को मरा हुआ समझ लिया है। '그가 고양이를 죽어 있다고 생각했다.'

어 휘 17

काँपना 자동 떨다
काई 여 이끼
गिरफ़्तार 형 체포된
गुलाब 남 장미
घंटी 여 종
चित्रकार 남 화가
जमना 자동 (이끼가) 끼다
तपना 자동 가열되다
धक्का 남 가격, 충격
पंक्ति 여 줄, 열
पँखड़ी 여 꽃잎
पार्सल 남 소포
फ़क़ीर 남 무슬림 성인, 탁발승, 거지
फ़र्श 남 바닥
बजाना 타동 울리다, 치다
भरना 자동 차다 타동 채우다
मुहब्बत 여 사랑, 좋아함
मेला 남 모임, 축제
रेशम 남 비단
लुढ़कना 자동 구르다
लुभाना 타동 매료시키다
लोहार 남 대장장이
शराबी 남 술꾼
हर्षित 형 기쁜

1로 끝나는 수

एक	**ग्यारह**	**इक्कीस**	**इकतीस**	**इकतालीस**
इकावन	**इकसठ**	**इकहत्तर**	**इकासी**	**इकानवे**

18과 명사적 용법

명사적으로 쓰이는 분사의 형태는 **–आ**로 끝나는 남성명사와 **–ई**로 끝나는 여성명사의 변화표를 따른다.

हुआ를 동반하는 경우 (**सोना** '자다')

수	격	미완료분사		완료분사	
		남성	여성	남성	여성
단수	직격	सोता हुआ	सोती हुई	सोया हुआ	सोई हुई
	사격	सोते हुए	सोती हुई	सोए हुए	सोई हुई
복수	직격	सोते हुए	सोती हुइयाँ	सोए हुए	सोई हुइयाँ
	사격	सोते हुओं	सोती हुइयों	सोए हुओं	सोई हुइयों

हुआ를 동반하지 않는 경우 (**सोना** '자다')

수	격	미완료분사		완료분사	
		남성	여성	남성	여성
단수	직격	सोता	सोती	सोया	सोई
	사격	सोते	सोती	सोए	सोई
복수	직격	सोते	सोतियाँ	सोए	सोइयाँ
	사격	सोतों	सोतियों	सोयों	सोइयों

डूबते को तिनके का सहारा। '물에 빠진 자에게 지푸라기의 도움.'

मरता क्या न करता ? '죽어가는 자가 무엇을 아니 하겠는가?'

सोतों को जगाओ। '잠 자고 있는 자들을 깨워라.'

मरे हुओं को देखकर हमें दुःख हुआ। '죽은 자들을 보고 우리는 슬펐다.'

जीतों की प्रशंसा सब जगहों पर की जा रही थी। '승리자들이 온누리에서 칭송되고 있었다.'

पढ़े-लिखों को ऐसा काम करना चाहिए। '배운 자들이 이런 일을 해야 한다.'

어 휘 18

तिनका 남 짚　　**सहारा** 남 도움

2로 끝나는 수

दो	बारह	बाईस	बत्तीस	बयालीस
बावन	बासठ	बहत्तर	बयासी	बानवे

19과 부사적 용법

- 부사적으로 쓰이는 분사는 기본적으로 남성사격 형태를 취한다.

कुत्ते ने भौंकते हुए हमला किया। '개가 짖으면서 공격했다.'

चोर भागते हुए सीढ़ियों से गिर पड़ा। '도둑이 도망가다가 계단에서 떨어져 버렸다.'

तुम यह थैला लिए कहाँ जा रहे हो ? '너는 이 가방을 들고 어디에 가고 있니?'

- 분사는 부사의 자리에서 때로 서술적 형식을 취해 직격의 주어에 일치하기도 한다.

प्रियंका गीत गाती हुई काम कर रही थी। '쁘리양까가 노래를 하면서 일하고 있었다.'

चोर भागता हुआ सीढ़ियों से गिर पड़ा। '도둑이 도망가다가 계단에서 떨어져 버렸다.'

- 분사의 반복으로 반복, 지속, 적극성 등을 나타낸다.

- 반복이나 지속

मैं समझाती-समझाती थक गई हूँ। '내가 이해시키고 이해시키다가 지쳐 버렸다.'

मैंने समझाती-समझाती उसे मना लिया। '내가 이해시키고 이해시켜서 그를 설득했다.'

मियांदाद क्रिकेट खेलते-खेलते पाकिस्तानी बल्लेबाज़ बन गया।
'미얀다드는 크리켓을 하다가 하다가 파키스탄의 타자가 되었다.'

वे लोग घर बैठे-बैठे मोबाइल से पैसे कमाते हैं।
'그 사람들은 집에 앉은 채로 모바일로 돈을 번다.'

सेब डलिया में पड़े-पड़े ख़राब हो गए। '사과들이 바구니에 놓인 채로 썩어 버렸다.'

거의 ~할 뻔하다

बच्ची गिरते-गिरते बची। '여자애가 넘어질 뻔했다.'

डाकू भागते-भागते पकड़ा गया। '강도가 도망가고 가다가 잡혔다.'

우연 또는 필사적인 동작

मियांदाद भागे-भागे हमारे ऑफ़िस आया। '미얀다드가 달리고 달려 우리 사무실에 왔다.'

सब डाक्टर घबराए-घबराए फिर रहे हैं। '모든 의사들이 걱정하고 근심하며 헤매고 있다.'

어 휘 19

ऑफ़िस 남 사무실
घबराना 자동 두려워하다
थैला 남 가방
बल्लेबाज़ 남 타자
भौंकना 자동 짖다
हमला 남 공격

3으로 끝나는 수

तीन	तेरह	तेईस	तैंतीस	तैंतालीस
तिरपन	तिरसठ	तिहत्तर	तिरासी	तिरानवे

20과 관용적 용법

남성사격 형태의 미완료분사가 시간을 나타내는 명사 또는 강조사 **ही**와 함께 쓰여 특정한 시간을 나타내는 구문을 이룬다.

–ते वक़्त / समय '~할 때'

परीक्षा देते वक़्त न बाईं तरफ़ देखना न दाईं तरफ़।

'시험 볼 때 왼쪽도 오른쪽도 보면 안 된다.'

मुनीर के जाते समय ज़ाकिर ख़ुदा हाफ़िज़ कहने नहीं आया।

'무니르가 갈 때 자끼르는 작별인사를 하러 오지 않았다.'

–ते ही '~하자마자'

हामिद के दरवाज़ा खोलते ही वह उठ बैठी।

'하미드가 문을 열자마자 그녀가 (벌떡) 일어났다.'

कपड़े पर कॉफ़ी का दाग़ पड़ते ही मैंने गरम पानी में उसे धो दिया।

'천에 커피 얼룩이 묻자마자 나는 따뜻한 물에 그것을 빨았다.'

분사절의 주어가 사물이거나 의지가 없는 행위자일 경우 소유격 후치사는 쓰이지 않는다.

बादल गरजते ही बारिश होने लगी। '천둥이 치자마자 비가 오기 시작했다.'

चार बजते ही छात्र क्लास से बाहर निकल आए।

'네 시가 되자마자 학생들이 교실 밖으로 나왔다.'

● 시간을 나타내는 명사가 남성사격형태의 완료분사와 함께 쓰여 특정한 시간을 나타낸다.

इतनी रात गए शहर में घूमना ठीक नहीं है।
'이만큼 밤 늦게 도시에서 다니는 것은 적절하지 않다.'

किसान और मछुआ कुछ रात रहे उठते हैं। '농부와 어부는 아직 어두울 때 일어난다.'

तुम इतना दिन चढ़े क्यों सोए हुए हो ? '너는 이만큼 날이 밝았는데 왜 잠자고 있는가?'

तीन साल हुए उसकी शिक्षा पूरी हुई थी। '삼 년 전에 그의 학업이 끝났다.'

पूरे दस दिन हो गए सूरज लापता है। '수라즈가 사라진 지 십 일이 지났다.'

● **हुए**의 경우 선행하는 명사가 단수일 경우에는 **हुआ**가 쓰인다.

एक साल हुआ उसकी शिक्षा पूरी हुई थी। '일 년 전에 그의 학업이 끝났다.'

● 여격수어구문에서 시간의 경과와 관련하여 미완료분사는 일이 지속되어 옴을 그리고 완료분사는 일이 완료되었음을 나타낸다.

मुझे कॉलेज में पढ़ते हुए दो साल हो चुके हैं। '내가 대학에서 공부하면서 2년이 되었다.'

आपको यहाँ आए कितने दिन हो गए हैं ? '당신이 여기 온 지 며칠이 되었나요?'

● 유사한 음이나 의미를 가진 분사들이 첩어를 이루어 관용적 의미를 나타낸다.

बच्ची चीख़ती-चिल्लाती अंदर आ गई। '여자아이가 소리 지르며 안으로 들어왔다.'

पढ़ा-लिखा आदमी तो किताब पसंद करता है। '배운 자는 책을 좋아한다.'

आजकल सिले-सिलाए कपड़े लोकप्रिय हैं। '요즘 기성복이 유행한다.'

सुनी-सुनाई बात के आधार पर निश्चय न करना है। '풍문에 기초해서 결정하면 안 된다.'

संजय की कार टूटी-फूटी है। '산자이의 차는 고물이다.'

⊕ 완료분사 남성사격 형태가 후치사와 함께 쓰여 관용적 의미를 나타낸다.

पढ़े बग़ैर तुम सफल नहीं हो सकते। '공부하지 않고는 네가 성공할 수 없다.'

मुनीर दिनभर बिना खाए काम करता रहा। '무니르가 종일 먹지 않고 계속하여 일했다.'

बिना आम खिलाए कैसे जाने दूँगा तुमको?
'망고를 먹이지 않고 너를 가도록 할 수는 없겠다.'

어휘 20

ख़ुदा 남 신

गरजना 자동 천둥 치다

चीख़ना 자동 소리 지르다

निश्चय 남 결정

बग़ैर 후 없이, 제외하고

लापता 형 사라진, 잃어버린

सिलाना 타동 바느질시키다

हाफ़िज़ 남 보호자

4로 끝나는 수

चार	**चौदह**	**चौबीस**	**चौंतीस**	**चवालीस**
चौवन	**चौंसठ**	**चौहत्तर**	**चौरासी**	**चौरानवे**

연습문제 5-1

1. 보기를 참고하여 초록색의 단어를 머리명사로 하는 명사구로 전환하시오.

보기

लड़की स्कूल जाती है। स्कूल जाती हुई लड़की

1) नदी में पानी बहता है।

2) आजकल ये किताबें ख़ूब बिकती हैं।

3) व्यापारी ने कोरियाई और चीनी सीख लीं।

4) राजा ने एक बड़ा महल बनवाया।

5) बच्चे कुर्सी पर बैठे हैं।

6) लड़के मैदान में खेल रहे हैं।

7) ड्राइवर ने बहुत शराब पी है।

8) मोहन को कार पसंद आई है।

9) नौकर ने दरवाज़ा खोलता है।

10) बच्चा कमरे में सोता है।

2. 보기를 참고하여 분사를 포함하는 하나의 문장으로 바꾸시오.

> **보기**
>
> रेलगाड़ी चलती है।
> रेलगाड़ी पर चढ़ना ख़तरनाक है।
> चलती हुई रेलगाड़ी पर चढ़ना ख़तरनाक है।

1) पहाड़ से पत्थर लुढ़कते हैं।
पत्थरों के कारण यातायात में बाधा बनी हुई है।

2) मछलियाँ तड़पती हैं।
बच्चे ने मछलियाँ नदी में वापस डाल दीं।

3) खिलाड़ी खेलते हैं।
कोच खिलाड़ियों के क्रियाकलापों का निरीक्षण करता है।

4) माँ मुस्कराती है।
बच्ची माँ को गले लगाती है।

5) सुबह से धूप खिली हुई है।
धूप ग़ायब हो गई और अचानक आसमान पर बादल छा गए।

6) राजा ने बड़ा महल बनवाया।
बड़े महल में रानी रहती है।

7) सहेलियों ने डलिया फूलों से भरी है।
राधा डलिया लेकर मंदिर पहुँची।

8) बेमौसम बारिश से फ़सलों को नुक़सान हुआ है।
किसान नुक़सान से प्रभावित हुए हैं।

9) घर में दही जमाया गया है।
दही स्वादिष्ट होता है।

10) मैंने पंद्रह साल पहले गाड़ी ख़रीदी है।
गाड़ी अभी भी ठीक चलती है।

3. 보기를 참고하여 질문에 주어진 구문을 분사구로 활용하여 단문으로 답하시오.

보기

राजकुमारी कैसी नज़र आती है ? (राजकुमारी हँसती है।)
राजकुमारी हँसती हुई नज़र आती है।

1) नदी कैसी नज़र आती है ? (नदी ख़ामोश बहती है।)

2) दीवारें कैसी दिखाई देती हैं ? (दीवारें गिरती हैं।)

3) बर्फ़ कैसी दिखाई देती है ? (बर्फ़ पिघलती है।)

4) लड़के कैसे लगते हैं ? (लड़के फिर झगड़े हैं।)

5) लड़कियाँ कैसी लगती हैं ? (लड़कियाँ घबराई हैं।)

6) किसान ने बिल्ली को क्या करते हुए देखा ?
(बिल्ली अपने मालिक़ के साथ कसरत करती है।)

---

7) किसान ने चोर को क्या करते हुए देखा ?
(चोर पुलिसवाले के सामने काँपता है।)

---

8) किसान ने कुत्ते को क्या करते हुए सुना ? (कुत्ता भौंकता है।)

---

9) किसान ने सेब को कैसा समझा ? (सेब सड़ा है।)

---

10) किसान ने गाड़ी को कैसा पाया ? (गाड़ी टूटी है।)

---

4. 보기를 참고하여 분사절을 포함하는 문장으로 바꾸시오.

보기

जैसे ही सिकंदर ने घंटी बजाई, वैसे ही उसकी पत्नी ने दरवाज़ा खोला।
सिकंदर के घंटी बजाते ही उसकी पत्नी ने दरवाज़ा खोला।

1) जैसे ही मैंने खिड़की खोली, वैसे ही एक गिलहरी अंदर आ गई।

---

2) जैसे ही मियांदाद ने भाषण ख़त्म किया, वैसे ही लोग तालियाँ बजाने लगे।

---

3) जैसे ही चूड़ियाँ बाज़ार में आती हैं, वैसे ही तेज़ी से बिकने लगीं।

---

4) **जैसे ही उपन्यास प्रकाशित हो गया, वैसे ही लेखक को ढेर सारे पत्र मिलने लगे।**

5) **जैसे ही मुसलाधार वर्षा पड़ी, वैसे ही फूलों की पँखड़ियाँ गिर गईं।**

5. 다음 문장을 해석하시오.

1) **बाबूजी ज़ीरा मिलाया नमक और पिसी हुई लाल मिर्च बुरककर खीरे की फाँकें खाते हैं।**

2) **मुँह में भर आए पानी का घूँट गले से उतर गया।**

3) **पिछली शताब्दी में खानपान की बदलती हुई तस्वीर का खाक़ा खींचिए।**

4) **क्या चीज़ें आपके घर में पकती हैं और क्या चीज़ें बाज़ार में बनी-बनाई आती हैं ?**

5) **उस गाँव में सभी स्त्रियाँ उस मनिहार की बनाई हुई चूड़ियाँ पहनती ही थीं।**

부록 6

• 재귀사

힌디어의 재귀사들은 의미상의 주어만을 지시한다. '자신'의 의미를 갖는 재귀대명사로 **आप**, **स्वयं**, **ख़ुद**, **अपने** (**आप**) 등이 쓰이며 **को**, **से**, **में**, **पर** 등의 후치사들과 함께 쓰이나 행위격 **ने**와는 함께 쓰이지 않는다. 이 재귀사들은 동시에 부사로도 기능한다. 재귀사 중에서 **आप**은 사용빈도가 적다.

मोदी आप (ही) यहाँ आया था।

'모디 자신이 이곳에 왔었다/모디가 스스로 왔었다.'

किसान ने स्वयं काम किया। '농부 자신이 일을 했다/농부가 스스로 일을 했다.'

हामिद अपने (आप) को देखा। '하미드가 자신을 보았다.'

हामिद अपने आप आया। '하미드가 스스로 왔다.'

재귀형용사 **अपना** '자신의'는 **आ**로 끝나는 형용사처럼 형태변화한다. 문장 속에서 재귀사는 항상 의미상 주어를 지시하는 반면 대명사는 의미상 주어가 아닌 삼자를 지시한다.

हामिद अपने घर गया। '하미드가 자신의 집으로 갔다.'

हामिद उसके घर गया। '하미드가 (자신의 집이 아닌) 그의 집으로 갔다.'

अपना는 소유격 형태의 뒤에 쓰여 귀속을 강조하는데 쓰이기도 한다.

यह मेरा अपना बटुआ है। '이것은 나 자신의 지갑이다.'

21과 분사의 속성과 제약

- 힌디어에서 분사가 수식할 수 있는 머리명사는 그 대상이 국한되어 있다. 구문을 기준으로 보면 기본적으로 문장의 주어 또는 목적어만이 분사의 수식을 받는 머리명사가 될 수 있다.

- 자동사구문의 구성성분 중에서 주어만이 분사의 머리명사가 될 수 있다.

छात्र स्कूल जाता है। '학생이 학교에 간다.'

स्कूल जाता हुआ छात्र। '학교에 가는 학생.'

* **छात्र का जाता हुआ स्कूल।** '학생이 가는 학교.'

औरत भूत से मिली। '여인이 귀신과 만났다.'

भूत से मिली हुई औरत। '귀신을 만난 여인.'

* **औरत का मिला हुआ भूत।** '여인이 만난 귀신.'

- 타동사구문의 구성성분 중에서 주어는 미완료분사의 머리명사가 될 수 있으며 목적어는 완료분사의 머리명사가 될 수 있다.

मिस्तरी संदूक़ बनाता है। '기술공이 상자를 만든다.'

संदूक़ बनाता हुआ मिस्तरी। '상자를 만드는 기술공.'

* **मिस्तरी का बनाता हुआ संदूक़।** '기술공이 만드는 상자.'

मिस्तरी ने संदूक़ बनाया। '기술공이 상자를 만들었다.'

मिस्तरी का बनाया हुआ संदूक़। '기술공이 만든 상자.'

* **संदूक़ बनाया हुआ मिस्तरी।** '상자를 만든 기술공.'

• 여격주어구문의 구성성분 중에서 의미상의 목적어만이 분사의 머리명사가 될 수 있다.

मोहन को चिट्ठी मिली । '모한이 편지를 받았다.'

मोहन को मिली चिट्ठी । '모한이 받은 편지.'

* **चिट्ठी मिला हुआ मोहन ।** '편지를 받은 모한.'

• 능동과 피동의 개념은 올바른 분사구문을 구성하는데 있어 중요한 요소이다. 미완료분사의 능동성과 완료분사의 피동성은 동사가 취할 수 있는 분사의 형식과 분사가 수식할 수 있는 머리명사를 한정한다.

• 미완료분사는 능동의 동사와 잘 어울리며 완료분사는 피동의 동사와 잘 어울린다.

दौड़ता हुआ लड़का । '달리는 소년'

* **दौड़ा हुआ लड़का ।** '달린 소년'

कूदता हुआ लड़का । '점프하는 소년'

* **कूदा हुआ लड़का ।** '점프한 소년'

खुला हुआ दरवाज़ा । '열린 문.'

* **खुलता हुआ दरवाज़ा ।** '열리는 문.'

धुले हुए कपड़े । '세탁된 옷.'

* **धुलते हुए कपड़े ।** '세탁되는 옷.'

미완료분사는 능동적 행위자를 자연스럽게 수식하며 완료분사는 수동자 또는 행위의 대상을 자연스럽게 수식한다.

किताब लिखता हुआ लेखक। '책을 쓰는 작가.'

* किताब लिखा हुआ लेखक। '책을 쓴 작가.'

लेखक की लिखी हुई किताब। '작가가 쓴 책.'

* लेखक की लिखती हुई किताब। '작가가 쓰는 책.'

여격주어구문의 의미상 목적어는 능동성을 지니고 있지 않으며 따라서 완료분사와 잘 어울린다.

राम को पसंद आया हुआ सेब। '람에게 맘에 든 사과.'

* राम को पसंद आता हुआ सेब। '람에게 맘에 드는 사과.'

मोहन को मिली हर चिट्ठी में तो माँ की मुहब्बत थी।
'모한이 받은 편지마다 엄마의 사랑이 있었다.'

* मोहन को मिलती हर चिट्ठी में तो माँ की मुहब्बत थी।
'모한이 받는 편지마다 엄마의 사랑이 있었다.'

पहनना '입다', **सीखना** '배우다' 등과 같은 동사들의 주어는 동사행위의 작용자이면서 동시에 그 결과의 영향을 받는다. 이런 주어들은 미완료분사뿐만 아니라 완료분사와도 자연스럽게 어울린다.

हमारी कंपनी में हिन्दी सीखते हुए कर्मकार बहुत हैं।
'우리 회사에 힌디어를 배우는 일꾼이 많다.'

हमारी कंपनी में हिन्दी सीखे हुए कर्मकार बहुत हैं।
'우리 회사에 힌디어를 배운 일꾼이 많다.'

लिपस्टिक लगाई हुई लड़की को देखो। '립스틱을 바른 소녀를 보아라.'

कोरियाई पढ़ा हुआ हिंदुस्तानी हमारे गाँव में रहता है।
'한국어를 배운 인도인이 우리 마을에 산다.'

शराब पिए हुए ड्राइवर को सख़्त सज़ा दी गई।
'술을 마신 운전자가 심한 처벌을 받았다.'

धोखेबाज़ पर ग़ुस्से में आया हुआ सज्जन ज़ोर से चिल्लाया।
'사기꾼한테 화가 난 신사가 크게 소리질렀다.'

- 역으로 위와 같은 동사들의 목적어는 미완료분사와 완료분사 모두와 어울리지 못한다.

* **राम की सीखती हुई हिन्दी।** '람이 배우는 힌디어.'

* **राम की सीखी हुई हिन्दी।** '람이 배운 힌디어.'

- 미완료분사는 능동적인 성격을 나타내며 따라서 피동사와 잘 어울리지 않거나 수동자를 수식하지 않는다. 그러나 문맥상 머리명사가 일 발생의 일차적 책임이 있는 것으로 이해되는 경우 피동사는 미완료분사와 어울려 머리명사를 수식할 수 있다.

- 문맥상 머리명사에 일차적 책임이 부여된 경우

अभी धुले हुए कपड़े। '지금 세탁된 옷.'

* **अभी धुलते हुए कपड़े।** '지금 세탁되는 옷.'

मशीन में धुलते हुए कपड़े। '세탁기에 세탁되는 옷.'

* **खुलता हुआ दरवाज़ा।** '열리는 문.'

जल्दी-जल्दी खुलता हुआ दरवाज़ा। '빨리 빨리 열리는 문.'

*** सूखते हुए कपड़े।** '마르는 옷.'

जल्दी-जल्दी सूखते हुए कपड़े। '빨리 빨리 마르는 옷.'

● 머리명사 자체가 일차적 책임이 있는 것으로 이해되는 경우

आजकल ख़ूब बिकती हुई किताब। '요즘 잘 팔리는 책.'

ज़मीन पर पड़ती हुई बर्फ़। '땅에 떨어지는 눈.'

पेड़ से ज़मीन पर पड़ते हुए पत्ते। '나무에서 땅에 떨어지는 나뭇잎들.'

*** ज़मीन पर पड़ती हुई किताब।** '땅에 떨어지는 책.'

● 완료분사는 피동적인 성격을 나타내며 따라서 능동사와 잘 어울리지 않거나 행위자를 수식하지 않는다. 그러나 문맥상 완료상의 특성인 상태의 의미나 완료의 의미가 피동의 의미보다 우선시되는 경우 완료분사는 능동사와 어울려 행위자를 수식할 수 있다.

● **बैठना** '앉다' 등과 같은 결과성동사가 완료분사를 취하여 상태의 의미를 나타내는 경우

बैठा हुआ बच्चा। '앉아 있는 아이.'

सोई हुई बच्ची। '잠들어 있는 여자아이.'

लेटा हुआ आदमी। '누워 있는 사람.'

*** लेटता हुआ आदमी।** '눕고 있는 사람.'

● 문맥상 전일성(全一性)으로서의 완료상이 부각되는 경우

एक मील दौड़ा हुआ लड़का। '일 마일을 달린 소년.'

छत पर से कूदा हुआ लड़का। '지붕 위에서 점프한 소년.'

सारी दुनिया देखा हुआ आदमी। '온 세상을 본 사람.'

* खेल देखा हुआ आदमी। '경기를 본 사람.'

* मालिक देखा हुआ कुत्ता। '주인을 본 개.'

어 휘 21

कर्मकार 남 일꾼	संदूक़ 남 상자
धोखेबाज़ 남 사기꾼	सख़्त 형 심한, 엄격한
मिस्तरी 남 기술공	सज़ा 여 처벌

5로 끝나는 수

पाँच	पंद्रह	पच्चीस	पैंतीस	पैंतालीस
पचपन	पैंसठ	पचहत्तर	पचासी	पचानवे

연습문제 5-2

1. 보기를 참고하여 머리명사와 분사를 활용하여 질문에 답하시오.

보기

तुम क्या देख रहे हो ? (बच्चा, मैदान में, दौड़ना)
मैं मैदान में दौड़ता हुआ बच्चा देख रहा हूँ।

1) तुम क्या देख रहे हो ? (चिड़िया, आकाश में उड़ना)

2) तुम क्या देख रहे हो ? (कुत्ता, बिल्ली पर भौंकना)

3) तुम क्या देख रहे हो ? (लोग, आपस में झगड़ना)

4) तुम क्या देख रहे हो ? (दरवाज़ा, खुलना)

5) तुम क्या देख रहे हो ? (काग़ज़, फ़र्श पर, गिरना)

보기

तुम किससे बात करोगे ? (मिस्तरी, संदूक़, बनाना)
मैं संदूक़ बनाते हुए मिस्तरी से बात करूँगा।

6) तुम किससे बात करोगे ? (चित्रकार, तस्वीर, बनाना)

7) तुम किससे बात करोगे ? (लेखक, उपन्यास, लिखना)

8) तुम किससे बात करोगे ? (भिक्षु, ध्यान, करना)

9) तुम किससे बात करोगे ? (बच्चा, किताब, पढ़ना)

10) तुम किससे बात करोगे ? (दुकानदार, दूध, बेचना)

보기

तुम्हें क्या पसंद आता है ? (अपनी माँ, खाना, बनाना)
मुझे अपनी माँ का बनाया हुआ खाना पसंद आता है।

11) तुम्हें क्या पसंद आता है ? (अपनी माँ, दही, जमाना)

12) तुम्हें क्या पसंद आता है ? (अपनी बहन, तस्वीर, खींचना)

13) तुम्हें क्या पसंद आता है ? (अपना बाप, चाय, बनाना)

14) तुम्हें क्या पसंद आता है ? (अपना बाप, खिलौना, देना)

15) तुम्हें क्या पसंद आता है ? (अपना भाई, गेंद, ख़रीदना)

2. 주어진 문장을 분사구문을 동반한 단문으로 바꾸시오.

1) आजकल विद्यार्थी हिन्दी सीखते हैं।
विद्यार्थी ज़्यादा हैं।

2) कारीगर ने नक़्क़ाशी सीखी है।
कारीगर कम मिलता है।

3) अभी बच्चे मैदान में खेलते हैं।
उन बच्चों में से तीन मेरे भतीजे हैं।

4) महिलाओं ने साड़ी पहनी है।
महिलाएँ रास्ते पर बहुत दिखाई देती हैं।

5) मैंने एक लोमड़ी को देखा।
एक लोमड़ी रास्ता काटती है।

6) आपने चीज़ों को देखा होगा।
बाज़ार में हाथ से बनी चीज़ें बिकती हैं।

7) फ़क़ीर ने भेड़िये को पाया।
भेड़िया रास्ते में लेटा हुआ है।

8) मुझे साधु दिखाई दिया।
साधु समाधि लेता है।

9) **मुझे आप नज़र आ रहे हैं।**

आप कुछ थके हुए हैं।

10) **मैं दो साल पहले कॉलेज में पढ़ने लगा।**

मैं अब भी पढ़ रहा हैं।

3. 다음을 힌디어로 작문하시오.

1) 나는 당신이 만든 옷이 맘에 든다.

2) 우리 동네에는 조각을 익힌 공예가가 산다.

3) 당신이 보낸 편지에 사랑이 가득 차 있네요.

4) 화가 난 친구가 크게 소리를 질렀다.

5) 이 화가가 그린 그림을 어디에서 구할 수 있을까요?

부록 7

- '~인 것 같다'의 표현

'~인 것 같다'의 의미를 나타내는 표현은 여격주어구문의 형식을 갖는다.

को (यह/ऐसा) लगता है कि···

अगर आपको लगता है कि आपका खाता हैक कर लिया गया है ··· ।
'만약 당신의 계좌가 해킹 당한 것 같다면……'

को दिखता है कि···

मुझे दिखता है कि अमरीकी जनता डोनल्ड ट्रंप को राष्ट्रपति चुनेगी ।
'미국인이 도날드 트럼프를 대통령으로 뽑을 것으로 보인다.'

को जान पड़ता है कि···

मुझे जान पड़ता है कि इस चुनावी नतीजे से लाखों लोगों में बेचैनी होगी ।
'이 선거의 결과로 많은 사람들이 불안해 할 것 같다.'

को प्रतीत होता है कि···

मुझे प्रतीत होता है कि इस बार की लड़ाई में दस सैनिक मर गए ।
'이번 전투에서 군인 열 명이 죽은 것 같다.'

को मालूम होता है कि···

मुझे मालूम होता है कि वे आपस में लड़े हैं । '그들이 서로 싸운 것 같다.'

제6장

부정사

तुमर्थ

क्रियार्थक संज्ञा

22과	부정사의 명사적 기능	6으로 끝나는 수
23과	부정사절의 형식	7로 끝나는 수
24과	부정사의 관용적 용법	8로 끝나는 수
연습문제6		
부록8	부정어 **नहीं**, **न**, **मत**의 용법	

- 부정사는 성과 수 그리고 격에 따라 세 가지 형태로 나타난다.

남성 직격	남성 복수/ 남성사격	여성
करना	**करने**	**करनी**
होना	**होने**	**होनी**

- 부정사는 문장에서 명사의 역할을 하면서 동사의 성질도 갖는다. 이에 따라 부정사는 문장에서 명사처럼 주어나 목적어 또는 보어로 쓰이며 후치사와 함께 쓰여 형용사나 부사의 역할을 하기도 하고 동사처럼 동작이나 상태를 나타내면서 목적어나 보어 또는 수식어를 취하기도 한다.

- 부정사의 일치는 14과를 참조한다.

22과 부정사의 명사적 기능

- 부정사는 문장에서 주어로 쓰인다.

हर रोज़ दूध पीना स्वास्थ्य के लिए अच्छा है।
'매일 우유를 마시는 것이 건강을 위해 좋다.'

इस रास्ते पर गाड़ी चलाना मना है।
'이 길에서 차를 운전하는 것은 안 된다.'

- 부정사는 **चाहना** '원하다', **छोड़ना** '버리다' 등과 같은 동사의 목적어로 쓰인다.

अभिनेत्री ने स्मार्ट फ़ोन ख़रीदना चाहा।
'여배우가 스마트 폰을 사기를 원했다.'

अभिनेत्री स्मार्ट फ़ोन ख़रीदना चाहती है।
'여배우가 스마트 폰을 사기를 원한다.'

शायर ने कविता लिखनी छोड़ दी। '시인이 시 쓰기를 포기했다.'

शायर कविता लिखना छोड़ देता है। '시인이 시 쓰기를 포기한다.'

उपन्यासकार ने उपन्यास लिखना पूरा किया। '소설가가 소설 쓰기를 완성했다.'

उपन्यासकार उपन्यास लिखना पूरा करता है। '소설가가 소설 쓰기를 완성한다.'

부정사는 후치사의 목적어로 쓰인다. 이 경우 부정사는 사격을 취한다.

जातिवाद ख़त्म होने से ही देश का विकास संभव है।

'민족주의가 끝남으로써 국가의 발전이 가능하다.'

हालत सामान्य होने में लंबा वक़्त लगेगा।

'형편이 정상화되는데 긴 시간이 걸릴 것이다.'

부정사는 문장에서 보어로 쓰인다.

मेरी योजना तो प्रसिद्ध रसोइया बनना है।

'나의 계획은 유명한 요리사가 되는 것이다.'

मोदी का लक्ष्य भारत को दुनिया में विनिर्माण के प्रमुख केंद्र के रूप में स्थापित करना है।

'모디의 목적은 인도를 세상에서 제조업의 일차적 중심지로 세우는 것이다.'

어휘 22

अभिनेत्री 여 여배우	**लक्ष्य** 남 목적
उपन्यास 남 소설	**विनिर्माण** 남 제조, 제조업
उपन्यासकार 남 소설가	**शायर** 남 시인
जातिवाद 남 민족주의	**सामान्य** 형 일반의, 평범한
प्रमुख 형 중요한	**स्थापित** 형 설립된
प्रसिद्ध 형 유명한	**स्वास्थ्य** 남 건강
रसोइया 남 요리사	**हालत** 여 형편, 상태

6으로 끝나는 수

छह	सोलह	छब्बीस	छत्तीस	छियालीस
छप्पन	छियासठ	छिहत्तर	छियासी	छियानवे

23과 부정사절의 형식

- 부정사절의 주어는 일반적으로 소유격 후치사를 취한다.

घोड़ों का आना-जाना सड़क पर धूल उड़ने का कारण है।

'말들이 오고 가는 것이 길에 먼지가 일어나는 원인이다.'

शंकर का समय पर न आना मुझे बहुत नापसंद है।

'샹까르가 제 시간에 안 오는/온 것이 나는 매우 불쾌하다.'

- 부정사절에 상응하는 시제절이 보다 자주 쓰인다.

मुझे (यह) बहुत नापसंद है कि शंकर समय पर नहीं आया।

'샹까르가 제 시간에 안 온 것이 나는 매우 불쾌하다.'

- 부정사가 사격을 취하는 경우 부정사절의 주어에 붙는 소유격 후치사도 사격을 취한다.

घोड़ों के आने-जाने से सड़क पर धूल उड़ती है।

'차들이 오고 가는 것으로 길에 먼지가 일어난다.'

- 부정사절의 주어가 의지를 가진 행위자가 아닌 경우 소유격 후치사가 쓰이지 않는다.

बारिश होने से बाग़ीचों को नुक़सान हो सकता है।

'비가 옴으로써 정원들에 손실이 있을 수 있다.'

तूफ़ान आने से पहले लोग इमारत के अंदर गए।

'태풍이 오기 전에 사람들이 건물로 들어갔다.'

어 휘 23

तूफ़ान 남 폭풍
धूल 여 먼지
नुक़सान 남 손실, 피해
बाग़ीचा 남 정원

7로 끝나는 수

सात	**सत्रह**	**सत्ताईस**	**सैंतीस**	**सैंतालीस**
सत्तावन	**सड़सठ**	**सतहत्तर**	**सत्तासी**	**सत्तानवे**

24과 부정사의 관용적 용법

부정사는 후치사 등과 함께 쓰여 후치사구, 부사구 등을 이루며 동사와 함께 쓰여 상이나 허락 등을 나타내는 동사구를 이루기도 한다.

–ने का '~하는'

हमें खाने की चीज़ चाहिए थी। '우리는 먹을 것이 필요했다.'

वह चीज़ खाने की नहीं है। '그 물건은 먹는 것이 아니다.'

हम लोग अमीर बनने की कोशिशें भी करते थे। '우리가 부자가 되는 노력들도 했었다.'

मद्रास उच्च न्यायालय में तमिल भाषा को अदालती कामकाज की भाषा बनाए जाने की माँग की गई।
'마드라스 고등법원에 타밀어가 법정용어로 제정되는 것이 요청되었다.'

–ने वाला는 형용사로서 '~하는'의 의미를 갖거나 행위자 또는 가까운 미래를 나타낸다.

आज पुस्तक-मेले में भाग लेने वाले आदमी कितने होंगे ?
'오늘 책 박람회에 참가하는 사람은 몇 명일까요?'

शिल्प का कार्य करने वाले को शिल्पकार कहलाया जाता है।
'공예의 일을 하는 사람은 공예가라고 불린다.'

किश्ती भँवर में डूबने वाली थी। '배가 소용돌이 속으로 빠지려 했다.'

–ने को है '~할 예정이다'

इस लड़की की शादी होने को है। '이 소녀의 결혼이 있을 것이다.'

कहा जाता है कि हड़ताल होने को है। '파업이 있을 것이라고들 말한다.'

–ने (के) लायक़/योग्य '~할 만한', '~할 능력이 있는'

यह फ़िल्म तो सिफ़ारिश करने लायक़ है। '이 영화는 추천할 만하다.'

आप तो राष्ट्रपति बनने के योग्य हैं। '당신은 대통령이 될 만합니다.'

부정사가 **कहना** '말하다', **माँगना** '요청하다' 등과 같은 동사의 목적어로 쓰이는 경우에는 후치사 **को**를 동반한다.

प्रवक्ता ने प्रियंका से अमेरिकी राष्ट्रपति के साथ व्हाइट हाउस में डिनर करने को कहा।
'대변인은 쁘리양까에게 미국 대통령과 함께 백악관에서 저녁 식사할 것을 말했다.'

नागरिकों ने नगरपति से रास्ता चौड़ा करवाने को माँगा।
'시민들은 시장에게 길을 넓혀줄 것을 요청했다.'

–ने + 후치사 **पर, में, से**는 시간, 경우, 원인 등을 나타낸다.

उसके आने पर हम ख़ुश हो गये। '그가 왔을 때 우리는 기뻤다.'

ऐसी चीज़ देखने में अच्छी है। '이런 물건이 보기에 좋다.'

तब तक यहाँ रहने से तुमको क्या फ़ायदा है ?
'그때까지 여기 머물러서 너에게 무슨 이득이 있는가?'

बांग्लादेश में बिजली गिरने से 50 से ज़्यादा किसानों की मौत हो गई है।
'방글라데시에서 번개가 떨어져 50명 이상의 농부가 사망했다.'

घर छोड़ने से पहले दरवाज़े में ताला लगा दें। '집을 떠나기 전에 문에 자물쇠를 걸어라.'

➕ **–ने + 후치사 को / के लिए**는 목적을 나타내며 **को**와 **के लिए**는 이동동사 앞에서 생략되기도 한다.

मैं उससे विवाह करने को राज़ी हूँ। '나는 기꺼이 그와 결혼하고자 한다.'

मैं सब लोगों की सेवा करने के लिए तैयार हूँ।
'나는 모든 사람들을 봉사할 준비가 되어 있다.'

मैं आपसे मिलने आया हूँ। '내가 당신을 만나러 왔습니다.'

हम राजीव गांधी क्रिकेट स्टेडियम में खेले जा रहे लीग का 42वाँ मैच देखने जाएँगे।
'우리는 라지브 간디 크리켓 스타디움에서 벌어지는 리그의 42번째 시합을 보러 갈 것이다.'

➕ **–ने देना** '허락하다'

गुरु ने छात्रों को शराब पीने दी। '스승은 학생들에게 술 마시는 것을 허락했다.'

सुरक्षाकर्मी ने एक छात्रा को मेट्रो में मुस्लिम महिलाओं का मज़हबी पोशाक हिजाब पहनने नहीं दिया।
'안전요원은 한 여학생에게 전철에서 무슬림 여성들의 종교복인 히잡을 입는 것을 허락하지 않았다.'

➕ **–ने पाना** '(겨우) ~할 수 있다', **पाना** 조동사는 사격의 부정사 또는 동사어간과 결합한다.

वह लड़की समय पर यहाँ नहीं आने पाई।
'그 소녀가 제 시간에 이곳에 도저히 올 수 없었다.'

वह लड़की समय पर यहाँ नहीं आ पाई।
'그 소녀가 제 시간에 이곳에 도저히 올 수 없었다.'

एयर इंडिया के विमान में घुसे चूहे को एयरपोर्ट स्टाफ चार दिन बाद भी नहीं निकालने पा रहा है।

'에어인디아 항공기에 들어온 쥐를 공항 직원은 나흘 지나도록 쫓아내지 못하고 있다.'

पाइपों के निर्माण के 6 वर्ष बीत जाने के बाद भी बस्तीवासियों को जलदाय विभाग पानी की आपूर्ति सुचारू नहीं कराने पाया।

'파이프 공사가 6년이 지난 후에도 거주민들에게 수도국은 물 공급을 원활하게 하지 못했다.'

-ने लगना '시작하다'

छत्र ले लो, बारिश होने लगी है। '우산을 챙겨라, 비가 오기 시작했다.'

मोहन अपने दोस्त के साथ उसकी प्रेमिका को भी पसंद करने लगा है।

'모한이 자기 친구와 더불어 그의 연인도 좋아하기 시작했다.'

여격주어구문에서 의무, 예정, 필연 등을 나타내는데 쓰인다.

पुराने समय में आर्य को वैदिक धर्म की शरण लेनी थी।

'옛날에 아리아인은 베다 종교에 의탁해야 했다.'

सीता को राम से शादी करनी पड़ी। '씨따는 람과 결혼해야만 했다.'

명령법에서 쓰여 순차적으로 후에 할 일에 대한 지시, 경고, 사적인 요청 등을 나타낸다.

भारत जाकर सिंह जी से मिलना। '인도에 가서 신하 씨를 만나시오.'

यह काम परसों तक पूरा करना। '이 일을 모레까지 완성하시오.'

कमरे के अंदर धूम्रपान न करना। '방 안에서 흡연을 하지 마시오.'

एक और चपाती ले आना। '짜빠띠를 한 장 더 가져 오게.'

어 휘 24

अदालत 여 법원
अदालती 형 법원의
आपूर्ति 여 공급
कामकाज 남 직업, 일
किश्ती 여 배
घुसना 자동 들어가다, 침입하다
चपाती 여 얇은 빵
चौड़ा 형 넓은
जलदाय 남 물 공급
धूम्रपान 남 흡연
नगरपति 남 시장
नागरिक 남 시민
न्यायालय 남 법원
पाइप 남 파이프
पोशाक 남 복장
प्रवक्ता 남 대변인
प्रेमिका 여 연인
फ़ायदा 남 이득
बस्तीवासी 남 거주민
भँवर 남 소용돌이
मज़हबी 형 종교의
माँग 여 요청
मेला 남 집회, 축제
राज़ी 형 동의한, 만족한
वैदिक 형 베다의
शरण 여 피난처, 보호
शिल्प 남 기능, 공예
शिल्पकार 남 공예가
सिफ़ारिश 여 추천
सेवा 여 봉사
सुचारू 형 만족스런, 수월한
सुरक्षाकर्मी 남 안전요원
हड़ताल 여 파업
हिजाब 남 히잡

8로 끝나는 수

आठ	**अठारह**	**अट्ठाईस**	**अड़तीस**	**अड़तालीस**
अट्ठावन	**अड़सठ**	**अठहत्तर**	**अट्ठासी**	**अट्ठानवे**

연습문제 6

1. 주어진 문장을 부정사를 포함한 문장으로 바꾸시오.

보기

मैं चाहता हूँ कि अच्छा इनसान बनूँ। अच्छा इनसान बनना ज़रूरी है।

1) मैं चाहता हूँ कि नियमित रूप से व्यायाम करूँ।

2) मैं चाहता हूँ कि सोने से पहले गरम दूध पिऊँ।

3) मैं चाहता हूँ कि सुंदर कविता लिखूँ।

4) मैं चाहता हूँ कि छुट्टियों में सपरिवार शिमला जाऊँ।

5) मैं चाहता हूँ कि राजनयिक बनूँ।

보기

शंकर अपनी पत्नी के साथ ताजमहल देखता है।
शंकर अपनी पत्नी के साथ ताजमहल देखना पसंद करता है।

6) शंकर गाड़ी चलाता है।

7) शीला हाथों में मेहँदी लगाती है।

8) शंकर हिंदी उपन्यास का अनुवाद करता है।

9) शीला पेड़ के नीचे बैठ कर कविता पढ़ती है।

10) शंकर और शीला सप्ताहांत में फ़िल्म देखते हैं।

보기

आप कब आ रहे हैं ?
आपको कब आना है ?

11) आप उच्च न्यायालय के न्यायाधीश से कब मिल रहे हैं ?

12) आप राष्ट्रपति के साथ डिनर कब कर रहे हैं ?

13) आप अपना कहानी-संग्रह कब प्रकाशित कर रहे हैं ?

14) आप भारत क्रिकेट टीम के साथ मैच कब खेल रहे हैं ?

15) आप भारत में कारख़ाना कब स्थापित कर रहे हैं ?

보기

सुधीर से कहिए कि जल्दी इधर आए।
सुधीर से जल्दी इधर आने को कहिए।

16) प्रियंका से कहिए कि परसों तक काम पूरा करे।

17) नागरिकों से कहिए कि शांति बनाए रखें।

18) सुरक्षाकर्मी से कहिए कि खोए हुए बच्चे की खोज करे।

19) पुलिस से कहिए कि स्वतंत्र दिवस पर पुख़्ता इंतज़ाम करे।

20) विद्यार्थियों से कहिए कि अपने सपनों को साकार करें।

보기

यह साबुन कपड़े धोने के काम आता है।
यह कपड़े धोने का साबुन है।

21) यह चाक़ू सेब छीलने के काम आता है।

22) यह क़लम चित्र बनाने के काम आती है।

23) यह कुल्हाड़ी पेड़ काटने के काम आती है।

24) यह छाता धूप से रक्षित करने के काम आता है।

25) यह कीटनाशक मच्छरों को भगाने के काम आता है।

보기

माताजी ने मुझे गाड़ी चलाने की अनुमति दी।
माताजी ने मुझे गाड़ी चलाने दी।

26) पिताजी ने हमें विदेश यात्रा करने की अनुमति दी।

27) सुरक्षाकर्मी ने हमें अंदर जाने की अनुमति दी।

28) रक्षामंत्री ने सैनिक को लड़ाकू विमान चलाने की अनुमति दी।

29) वित्तमंत्री ने विदेश कंपनियों को निवेश करने की अनुमति दी।

30) वन विभाग ने वन भूमि पर सड़क बनाने की अनुमति दी।

2. 다음을 부정사를 써서 힌디어로 작문하시오.

1) 나는 따밀나두에 가고 싶습니다.

2) 나는 따밀나두에 가서 뽕갈 축제를 보고 싶습니다.

3) 너는 뽕갈 축제를 보았어야 했다.

4) 그는 모한이 뽕갈 축제를 보도록 허락해 주었다.

5) 그는 5,000명의 사람들에게 먹을 것을 주었었다.

6) 이 책상은 30cm 더 커야 한다.

7) 이 나무는 이 자리에 있어야 한다.

8) 비가 막 오려고 합니다.

9) 나무가 막 쓰러지려고 합니다.

10) 자네는 시장에서 오는 길에 내 친구에게 이 돈을 건네 주게.

부록 8

• 부정어 **नहीं, न, मत**의 용법

नहीं

- 부정어 **नहीं**은 직설법 문장에서 일반적으로 본동사 앞에 사용된다.

छात्र क्लास में नहीं हैं। '학생들이 교실에 없다.'

मैं चाय नहीं पिऊँगा। '나는 차를 마시지 않을 것이다.'

- 현재미완료 문장에서 시제표지 **है**는 부정어가 쓰이는 경우 생략된다.

हम आज स्कूल नहीं जाते। '오늘 우리는 학교에 가지 않는다.'

- 직설법이 아닌 문장에서 부정을 강조하고자 할 경우 **न** 대신에 **नहीं**이 쓰이기도 한다.

यदि हम नहीं जाता, तो दिक़्क़त मिलती।
'만일 우리가 가지 않는다면 어려움이 닥칠 텐데.'

आपने अभी तक वह काम नहीं किया होगा।
'당신은 지금까지 그 일을 안 했을 것이다.'

न

- 부정어 **न**는 모든 유형의 문장에서 가능하지만 주로 가상법과 명령법 문장에서 잘 어울린다.

मैं चाहता हूँ कि वह देर से न आए। '나는 그가 늦게 안 오길 원한다.'

उनकी उन्नति न रुके। '그의 진전이 멈추지 않기를.'

उसके ख़िलाफ़ कोई न बोलता हो। '그것에 반대하여 아무도 말하지 않을지 모른다.'

मेरे पास पैसा न होता तो तुम्हारी मदद न कर सकता।
'내가 돈이 없었더라면 너를 도와줄 수 없었을 텐데.'

इधर न आइए। '이쪽으로 오지 마세요.'

- 부정사나 분사 앞에서 쓰인다.

वर्षा न होने के कारण खेत सूख गए।
'비가 오지 않아 전답이 말라버렸다.'

मरीज़ों की देखभाल न करते हुए नर्स ने निजी काम ही किया।
'환자들을 돌보지 않고 간호사가 사적인 일만을 했다.'

- 확인이나 동의를 구하는 부가의문문에서 쓰인다.

आप कल आएँगे न ? '당신 내일 오실 거지요?'

आप चलिए न ? '가시지 않겠어요?'

- '~도 아니고 ~도 아닌'의 의미를 갖는 접속사로 사용된다.

न कोई सोया, न खाया। '아무도 잠을 안 잤고 먹지 않았다.'

मत

- 부정어 **मत**는 명령문에서 사용된다. 부정어 **न**는 **मत**에 비해 공손을 나타내는 부드러운 표현이다.

तू मत आ। '너는 오지 마.'

तुम मत आओ। '너는 오지 마라.'

मत थूको। '침 뱉지 마라.'

तुम न आओ। '자네는 오지 말게.'

제7장

수동태

कर्मवाच्य

25과	수동분사구문의 형식과 제약	9로 끝나는 수
26과	수동분사구문의 기타 용법	10으로 끝나는 수
연습문제7		
부록9	수동의 기타 표현 형식	

- 힌디어에서 능동문이 아닌 구문은 세 유형으로서 수동분사구문, 피동사구문, 그리고 여격주어구문이 있다. 수동태는 수동분사구문을 의미하며 행위자의 의지에 의해 동사행위가 일어난다는 점에서 행위자의 의지가 결여된 피동사구문이나 여격주어구문과 구분된다.

- 수동분사구문의 형식

- 동사가 목적어에 일치하는 경우

[행위자 + **से/द्वारा**] + [직격의 의미상 목적어] + [수동분사 + **जाना**]

- 동사가 비인칭 형태를 취하는 경우

[행위자 + **से/द्वारा**] + [의미상 목적어 + **को**] + [수동분사 + **जाना**]

- 무능력구문과 수동태 부정문의 비교

- 무능력구문

[행위자 + **से**] ~ [**नहीं**] + [수동분사 + **जाना**]

[행위자 + **से**] ~ [**नहीं**] + [피동사]

- 수동태 부정문

[행위자 + **द्वारा**] ~ [**नहीं**] + [수동분사 + **जाना**]

25과 수동분사구문의 형식과 제약

1. 수동분사구: [수동분사 + जाना 조동사]

- 수동분사는 완료분사와 그 형대가 동일하며 **जाना** 조동사는 시제, 상, 서법의 표현과 관련되어 형태변화한다. 수동자는 직격의 주어로 나타나거나 목적격 후치사와 함께 나타난다. 전자의 경우 수동분사구는 직격의 주어에 일치하며 후자의 경우에는 비인칭 형태를 취한다.

चिट्ठी भेजी जाएगी। '편지가 보내질 것이다.'

चिट्ठी को भेजा जाएगा। '그 편지가 보내질 것이다.'

छोटे भाई को किताब दी गई। '남동생에게 책이 주어졌다.'

उसे मौत की सज़ा सुना दी गई है। '그에게 사형이 언도되었다.'

तारक को पत्रिका का मुख्य संपादक बनाया गया।
'따락이 잡지의 편집장으로 추대되었다.'

अँधेरे में पेड़ को आदमी समझा गया। '어둠 속에서 나무가 사람으로 여겨졌다.'

- [본동사 + 의미조동사]의 복합동사들도 수동분사구를 이룬다. 이 경우 의미조동사가 수동분사 형태를 취한다.

पत्र डाक से भेज दिया जाएगा। '편지가 우편으로 보내 주어질 것이다.'

अगर चिट्ठियाँ भेज दी गई होतीं, तो आज यह परेशानी न होती।
'만약 편지들이 발송되었더라면, 오늘 이 근심이 없었을 텐데.'

- **लाना**의 의미를 갖는 **ले जाना** 또는 **ले आना** 도 수동분사 형식을 취할 수 있다.

हम उस कमरे में ले जाए गए जहाँ बच्चे सो रहे थे।
'우리가 그 방에 안내되었는데 그곳에서 아이들이 자고 있었다.'

मरीज़ को ऑपरेशन के बाद कमरे में वापस ले आया गया।
'환자가 수술 후에 병실에 되돌아왔다.'

- 수동분사구가 둘 이상 연속될 경우 선행하는 **जाना** 조동사는 생략될 수 있다.

चिट्ठी लिखी और भेजी गई है। '편지가 작성되고 발송되었다.'

सारा शरीर अनवरत व्यायाम से तपाया और कसा गया है।
'온 몸이 지속적인 운동으로 달구어지고 단단해졌다.'

- 수동분사구가 명사를 수식하는 관형어로 사용될 경우 수동분사와 **जाना** 조동사는 머리명사의 성, 수, 격에 일치한다.

दिया गया काम पूरा हो गया। '주어진 일이 완성되었다.'

वे प्रधान मंत्री द्वारा दिए गए भोज में शामिल हुए।
'그들이 총리에 의해 베풀어진 연회에 참석하였다.'

हमें कलयुग के बारे में की गई भविष्यवाणी सुनकर आश्चर्य हो गया।
'우리가 종말에 대하여 언급된 예언을 듣고서 놀랐다.'

- 수동분사구가 부정사로서 **वाला**와 결합할 때 수동분사는 **वाला**의 성, 수, 격에 일치하고 **जाना** 조동사는 항상 **जाने** 형태를 취한다.

शास्त्रों पर किया जाने वाला ख़र्च भी सोचना पड़ा।
'경서들에 적용되는 지출도 생각해야만 했다.'

शास्त्रों पर किए जाने वाले ख़र्च पर भी विचार करना पड़ा।
'경서들에 적용되는 지출도 고려해야만 했다.'

शास्त्रों पर ख़र्च की जाने वाली रक़म अपेक्षाकृत ज़्यादा है।
'경서들에 지출하여지는 총액이 비교적 많다.'

수동분사구가 부정사로서 후치사와 함께 쓰일 때 수동분사와 **जाना** 조동사는 항상 남성단수사격 형태를 취한다.

क्या किया जाना चाहिए ? '무엇이 행해져야만 하는가?'

सामान जल्दी लाए जाने से काम हो जाएगा।
'물건이 빨리 가져와짐으로써 일이 될 것이다.'

यमुना विहार में परीक्षा में फ़ेल किए जाने से नाराज़ कुछ छात्राओं ने स्कूल में हंगामा किया है।
'야무나 비하르에서 시험에 실격 당함으로써 화난 일부 여학생들이 학교에서 소란을 피웠다.'

चिट्ठी भेजे जाने से सब कुछ ठीक हो जाएगा।
'편지가 발송됨으로써 모든 것이 잘 될 것이다.'

2. 행위자의 표현

많은 경우에 수동문에서 행위자는 언급되지 않는다.

सड़क पर एक आदमी मारा गया। '한 사람이 길에서 사망하였다.'

भारत में दीवाली धूमधाम से मनाई जाती है। '인도에서 디왈리는 화려하게 경축된다.'

हमारे यहाँ दहेज़ में पहले पैसा नहीं दिया जाता था।
'우리 집안에서는 지참금으로 이전에는 돈이 주어지진 않았었다.'

행위자에 붙는 대표적인 후치사는 **से**, **(के) द्वारा**이며 이외에 **के हाथ**, **के हाथों**, **की ओर से**, **की तरफ़ से**, **के ज़रिए**, **की मारफ़त** 등도 사용된다.

मुझसे काम किया गया। '나에 의해서 일이 행해졌다.'

मुझसे गोपाल को पैसे दिए गए। '나에 의해서 고빨에게 돈이 주어졌다.'

राष्ट्रीय मानवाधिकार आयोग के द्वारा रेलवे बोर्ड के अध्यक्ष को विज्ञप्ति जारी की गई।
'국가인권위원회에 의해서 철도청장에게 통지문이 발행되었다.'

ज़िला प्रशासन के द्वारा बाढ़ से प्रभावित क्षेत्रों में खाने-पीने का सामान बाँटा जा रहा है।
'군청에 의해서 홍수로 피해를 입은 지역들에 식량이 배급되고 있다.'

सभापति के द्वारा सम्मेलन का उद्घाटन किया गया। '의장에 의해 대회가 개막되었다.'

राम के हाथ शत्रु मारा गया। '람의 손에 적이 살해되었다.'

दिल्ली के नागरिकों की ओर से वीरों का भव्य स्वागत किया गया।
'델리의 시민들로부터 영웅들이 성대한 환영을 받았다.'

मुख्य मंत्री की ओर से मंत्रीमंडल की बैठक बुलाई गई।
'주의 총리로부터 내각 회의가 소집되었다.'

विभिन्न द्विपक्षीय मुद्दों पर राजदूतों की मारफ़त बातचीत की गई।
'양자간의 다양한 사안들에 대해 대사들을 통해 논의되었다.'

행위자를 나타내는 후치사들 중에서 **(के) द्वारा**는 특별히 공적인 문맥에서 자주 사용된다.

हमारी संस्था द्वारा प्रकाशित की गई पुस्तकें बहुत लोकप्रिय हो रही हैं।
'우리 연구소에 의해 출간된 책들이 매우 유행하고 있다.'

इस अस्पताल का शिलान्यास भारत के प्रधानमंत्री द्वारा किया गया है।
'이 병원의 주춧돌은 인도 수상에 의해 놓였다.'

पुलिस द्वारा गोली चलाई गई। '경찰에 의해 총알이 발사되었다.'

सरकार द्वारा तूफ़ान पीड़ितों के लिए विशेष प्रयत्न किए गए।
'정부에 의해 태풍 피해자들을 위한 특별한 노력들이 취해졌다.'

3. 수동태의 형식적 제약

- 수동분사구는 **कर** 분사와 결합하지 못 하기 때문에 [타동사 어간 + **कर**]의 형식이 이를 대체한다. 가령 '잡혀서'라는 의미를 표현하기 위해 **पकड़ा जाकर** 대신에 **पकड़कर**가 사용된다.

चोर को पकड़कर जेल में बंद कर दिया गया। '도둑이 잡혀서 감옥에 투옥되었다.'

एलौरा में पहाड़ को काटकर अनेक गुफाएँ बनाई गई हैं।
'엘로라에서 산이 깎여 많은 굴이 만들어졌다.'

- 일이 자연의 힘에 의해 발생한 경우 자연의 힘은 후치사 **से**와 함께 쓰이며 동사구는 수동분사 대신 피동사가 쓰인다.

हवा से परदा हिल गया। '바람에 커튼이 흔들렸다.'

धूप से घी पिघल गया। '햇볕으로 버터가 녹아버렸다.'

☞ धूप में घी पिघल गया। '햇볕에서 버터가 녹아버렸다.'

어 휘 25

अँधेरा 남 어둠 형 어두운
अध्यक्ष 남 장
अनवरत 형 부단한
अपेक्षाकृत 부 상대적으로, 비교적
आश्चर्य 남 경이, 놀라움
उद्घाटन 남 개막
कलयुग 남 종말
कसना 타동 조이다
गुफा 여 동굴
ज़रिया 남 수단, 매개
डाक 여 우편
तपाना 타동 달구다
तूफ़ान 남 태풍
दहेज़ 남 지참금
धूमधाम 여 화려, 요란
परदा 남 커튼
परेशानी 여 근심
प्रयत्न 남 노력
प्रशासन 남 관청
बोर्ड 남 이사회, 부처
भविष्यवाणी 여 예언
भव्य 형 성대한
भोज 남 연회, 잔치
मंत्रीमंडल 남 내각
मानवाधिकार 남 인권
मारफ़त 여 매개, 수단
रक़म 여 합계, 총액
लोकप्रिय 형 인기 있는
विज्ञप्ति 여 통지문
व्यायाम 남 운동
शरीर 남 몸, 신체
शामिल 형 참석한, 포함된
शास्त्र 남 경서(經書)
शिलान्यास 남 주춧돌 놓기
संपादक 남 편집자
सज़ा 여 처벌
सभापति 남 의장
सम्मेलन 남 대회
हंगामा 남 소란, 소동

9로 끝나는 수

नौ	**उन्नीस**	**उनतीस**	**उनतालीस**	**उनचास**
उनसठ	**उनहत्तर**	**उनासी**	**नवासी**	**निन्यानवे**

26과 수동분사구문의 기타 용법

1. 무능력의 표현

- [행위자 + **से**]와 부정이 **नहीं**이 함께 수동문에서 쓰여 행위자의 무능력을 표현한다. 이 구문의 형식은 타동사뿐만 아니라 자동사도 취한다. 자동사가 쓰인 경우 동사는 비인칭 형태를 취한다.

मुझसे जाया नहीं जाता। '나는 갈 수 없다.'

मुझसे लेटा नहीं जाता। '나는 누울 수 없다.'

- 타동사가 쓰인 경우의 동사 일치는 수동분사구문의 경우와 동일하다.

मुझसे पेड़ काटे नहीं गए। '나는 나무들을 자를 수 없었다.'

मुझसे इन पेड़ों को काटा नहीं गया। '나는 이 나무들을 자를 수 없었다.'

लड़कियों से ज़ख़्मी आदमियों को नहीं देखा गया। '소녀들은 부상자들을 차마 볼 수 없었다.'

- 행위자가 불특정한 대상인 경우 생략되며 이 경우에도 무능력의 표현이 가능하다.

वहाँ गरमी में कमरे के अंदर रहा नहीं जाता। '그곳에서 더위에 방 안에 머물 수 없다.'

गरमी में खाना बिलकुल खाया नहीं जाता। '더울 때는 음식이 전혀 먹히지 않는다.'

• 무능력의 표현은 수동분사구문 외에 피동사구문에서도 가능하다.

मुझसे आलू की सब्ज़ी उतनी अच्छी नहीं बनती।
'나는 감자 야채요리를 그만큼 잘 만들 수 없다.'

• 수동문을 무능력구문이 아닌 부정문으로 만들고자 할 때는 행위자에 붙는 후치사를 **से** 대신에 (**के**) **द्वारा** 등 다른 후치사를 사용한다.

मेरे द्वारा पेड़ काटा नहीं गया। '나에 의해 나무가 잘린 것이 아니다.'

छोटे भाई के द्वारा पुस्तक नहीं पढ़ी गई। '남동생에 의해서 책이 읽혀지지 않았다.'

2. 지시나 조건 등의 표현

• 자동사를 포함한 모든 동사는 수동분사의 형식을 빌어 완곡한 지시나 조건 등을 나타낼 수 있다.

चलो, सोया जाए। '자, 주무시지요.'

काम शुरू किया जाए। '일이 시작되었으면 합니다.'

सच पूछा जाए, तो आपकी मेहनत बेकार जा रही है।
'사실을 물으신다면, 당신의 노력이 무산되고 있다.'

• 어떤 일에 대한 시정 사항을 표현하는 데 쓰이기도 한다.

ऐसे नहीं बोला जाता। '이렇게 말하면 못쓴다.'

इस तरह नहीं काटा जाता। '이렇게 자르는 게 아니야.'

ये चीज़ें इस तरह नहीं रखी जातीं। '이것들이 이렇게 놓여지면 안되지.'

어 휘 26

ज़ख़्मी 형 부상당한 **बेकार** 형 소용없는

10으로 끝나는 수

दस	**बीस**	**तीस**	**चालीस**	**पचास**
साठ	**सत्तर**	**अस्सी**	**नब्बे**	**सौ**

연습문제 7

1. 주어진 수동분사구문을 능동문으로 바꾸시오.

보기

रमेश से किताब पढ़ी गई। रमेश ने किताब पढ़ी।

1) रमेश से किताब पढ़ी जाती है।

2) रमेश से किताब पढ़ी जा रही है।

3) रमेश से किताब पढ़ी गई है।

4) रमेश से किताब पढ़ी जाती थी।

5) रमेश से किताब पढ़ी जा रही थी।

6) रमेश से किताब पढ़ी गई थी।

7) रमेश से किताब पढ़ी जाएगी।

8) रमेश से किताब पढ़ी जाती होगी।

9) रमेश से किताब पढ़ी जा रही होगी।

10) रमेश से किताब पढ़ी गई होगी।

2. 주어진 능동문을 수동분사구문으로 바꾸시오.

보기

मैंने पत्र भेजा है।
(मुझसे) पत्र भेजा गया है।

1) तारक ने विगत वर्षों में अनेक पत्रिकाएँ ख़रीदी हैं।

2) मैंने कई पेड़ों को काटा है।

3) ज़िला प्रशासन ने पीड़ितों को खाने का सामान बाँटा है।

4) नानीजी ने मुझे अनेक कथाएँ सुनाई हैं।

5) मैंने अँधेरे में सड़क पर पड़ी रस्सी को साँप समझा है।

6) भरत ने राम को याद किया।

7) उन्होंने घर में आए सभी अतिथियों का स्वागत किया है।

8) हिन्दी विभाग ने हिन्दी शब्दकोश प्रकाशित किया है।

9) मैंने बुरी आदत छोड़ दी है।

10) लोगों ने उन्हें दोषी मान लिया है।

3. 주어진 능동문을 무능력구문으로 바꾸시오.

보기

बच्ची ज़ख़्मी आदमी को नहीं देख सकती।
बच्ची से ज़ख़्मी आदमी को नहीं देखा जाता।

1) बच्चा कड़वी दवाई नहीं खा सकता।

2) लड़की कपड़े नहीं सी सकती।

3) लड़का गरमी में व्यायाम नहीं कर सकता।

4) माताजी आलू की सब्ज़ी उतनी अच्छी नहीं बना सकतीं।

5) पिताजी गाड़ी उतनी अच्छी नहीं चला सकते।

보기

मैं नहीं सो पाता।
मुझसे नहीं सोया जाता।

6) बच्ची नहीं लेट पाती।

7) दादीजी गरमी में एयरकंडिशनर के बिना नहीं रह पातीं।

8) लड़की धूप में नहीं बैठ पाती।

9) दादाजी नहीं उठ पाते।

____

10) लड़के खड़े नहीं हो पाते

____

4. 괄호에 주어진 동사를 문맥에 맞게 수동분사구의 형태로 바꾸시오.

1) ________ काम पूरा हो गया। (देना)
2) ________ काम पर फिर सोचना पड़ा। (करना)
3) ________ बात पर फिर सोचना चाहिए। (कहना)
4) फ़ेल ________ छात्राएँ नाराज़ हुईं। (करना)
5) ________ प्रश्न का उत्तर दो। (पूछना, वाला)
6) हिंदी भारत में सबसे ज़्यादा ________ भाषा है। (बोलना, वाला)
7) बच्चों से पसंद ________ खेल क्या है? (करना, वाला)
8) बताओ, मुझसे क्या ________ से काम ठीक हो जाएगा। (करना)
9) बैठक ________ से पहले वे दो मुख्य मंत्री उस मुद्दे पर चर्चा कर चुके थे। (बुलाना)
10) उसे विदेश ________ की तैयारी की जाती है। (भेजना)

5. 다음 문장을 해석하시오.

1) **मुझसे चेन्नई जाने को कहा गया है।**

2) **समस्त कर्मचारियों को काम करने का आदेश दिया गया है।**

3) **14 सितंबर को पूरे देश में हिंदी दिवस मनाया जाता है।**

4) **दीवाली अक्सर अक्तूबर या नवंबर में मनाई जाती है। इस मौक़े पर ख़ास पकवान बनाए जाते हैं। दोस्तों और रिश्तेदारों को दावतें दी जाती हैं।**

5) **प्रारंभिक शिक्षक विभाग की ओर से शिक्षकों की भर्ती के लिए विज्ञप्ति जारी कर दी गई है।**

부록 9

• 수동의 기타 표현 형식

• [부정사 사격 + **में आना**] 구문은 수동의 의미를 표현한다.

यह बात कहीं मेरे सुनने में नहीं आई है।
'이 이야기는 도대체 나의 귀에 들린 바가 없다.'

महापुरुष के पास शांति और समाधान हर वक़्त देखने में आता है।
'위인에게는 평온함와 평정함이 언제나 보인다.'

सच्ची मित्रता के अनेक उदाहरण हमारे देखने में आते हैं।
'진실한 우정의 많은 예들이 우리에게 보여진다.'

• **करना** '하다'의 상대어로서 **होना** '되다'는 상대적으로 수동의미를 표현한다.

मुझसे क्या अपराध हुआ ? '나에 의해 무슨 위법이 저질러졌는가?'

कार की मरम्मत हुई। '사동차가 수리되었다.'

• **बनना** 동사는 [**बन पड़ना**], [**–ते नहीं बनना**] 등의 형식으로 수동이나 무능력의 표현에 쓰인다.

मुझसे जो बन पड़ा, करूँगा। '나에 의해 되는 것은 할 것이다.'

तुमसे कुछ नहीं बन पड़ेगा। '너에 의해 아무것도 되지 않을 것이다.'

मुझसे वहाँ जाते नहीं बनता। '나는 그곳에 갈 수 없다.'

제8장

파생동사

मूलक्रिया

अकर्मक　　सकर्मक

व्युत्पन्न अकर्मक

प्रेरणार्थक

27과	피동사
28과	사동사
연습문제8	
부록10	**भला, भले, भले ही**

- 파생동사에는 피동사와 사동사가 있다.

- 피동사는 타동사에서 파생되며 대부분의 피동사들은 ① 타동사 어간의 단모음화를 통해 얻어진다. 그 외에 드물게 ② 타동사 어간의 장모음을 [단모음 + **ल**]로 대체, ③ 불변화 또는 ④ 불규칙변화를 통해 피동사가 파생되기도 한다.

- 사동사는 직접사동사와 간접사동사로 구분된다. 이 두 범주의 사동사들은 단모음화, 장모음을 [단모음 +**ल**]로 대체, 또는 불변화나 불규칙변화 등을 통해 얻어진 어간에 직접사동접사 –**आ** 또는 간접사동접사 –**वा**를 첨가하여 생성된다.

- 주동문의 주어는 사동문에서 피사동주에 해당하며 목적어, 간접목적어, 도구격 등으로 나타난다. 피사동주는 직접사동문에서 목적어나 간접목적어로 나타나며 간접사동문에서는 도구격 후치사와 함께 나타난다.

27과 피동사

1. 피동사의 파생유형과 규칙

유형	기본동사(타동사)	피동사	규칙
1	**देखना**	**दिखना**	어간의 단모음화
2	**धोना**	**धुलना**	어간의 장모음을 [단모음 + **ल**]로 대체
3	**बदलना**	**बदलना**	어간의 불변화
4	**तोड़ना**	**टूटना**	어간의 불규칙변화

어간의 단모음화: 기본동사의 어간이 둘 이상의 음절로 구성되어 있고 어간의 음절 중에 장모음이 있는 경우 그 장모음은 파생과정에서 단모음으로 변한다. 단모음화는 구나(**गुण**)와 브릿디(**वृद्धि**)를 포함하는 장모음들이 같은 발음 위치의 단모음으로 변하는 것을 의미한다. 전설모음 **ई**, **ए**, **ऐ**는 **इ**로, 중설모음 **आ**는 **अ**로, 그리고 후설모음 **ऊ**, **ओ**, **औ**는 **उ**로 변한다.

모음의 종류	장모음	단모음
전설모음	**ई, ए, ऐ**	**इ**
중설모음	**आ**	**अ**
후설모음	**ऊ, ओ, औ**	**उ**

⊕ 어간의 장모음을 [단모음 + **ल**]로 대체: 기본동사의 어간이 단일한 음절로 이루어진 경우 파생과정에서 어간의 장모음은 단모음으로 변하고 이어서 **ल**가 추가된다.

2. 유형별 분류

유형1. 어간의 단모음화를 통한 피동사 파생

타동사		피동사	
काटना	자르다	**कटना**	잘리다
टालना	미루다	**टलना**	미루어지다
पालना	기르다	**पलना**	길러지다
संभालना	돌보다, 살피다	**संभलना**	후원받다
बनाना	만들다	**बनना**	되다
बाँटना	나누다	**बँटना**	나누어지다
बाँधना	묶다	**बँधना**	묶이다
लादना	싣다	**लदना**	실리다
जीतना	이기다	**जितना**	지다
पीसना	분쇄하다	**पिसना**	분쇄되다
पीटना	때리다	**पिटना**	맞다
लूटना	약탈하다	**लुटना**	약탈되다
घेरना	에워싸다	**घिरना**	에워싸이다

타동사		피동사	
देखना	보다	दिखना	보이다
खोलना	열다	खुलना	열리다
जोतना	(밭을) 갈다	जुतना	갈리다
रोकना	막다, 세우다	रुकना	멈추다, 정지되다

유형2. 어간의 장모음을 [단모음 + ल]로 대체하는 피동사 파생

타동사		피동사	
धोना	씻다	धुलना	세척/세탁되다
सीना	바느질하다	सिलना	바느질되다

유형3. 어간의 변화 없이 피동사 파생

타동사		피동사	
बदलना	바꾸다	बदलना	바뀌다, 변화되다
भरना	채우다	भरना	차다, 채워지다
भूलना	잊다	भूलना	잊혀지다

유형4. 불규칙변화를 통한 피동사 파생

타동사		피동사	
छोड़ना	버리다	**छूटना**	떠나다
जोड़ना	연결하다	**जुटना**	연결되다
तोड़ना	부수다	**टूटना**	부서지다
फाड़ना	찢다	**फटना**	찢어지다
फोड़ना	터트리다	**फूटना**	터지다
बेचना	팔다	**बिकना**	팔리다

3. 피동사 구문

- 힌디어는 수동분사 구문과 피동사 구문이 모두 발달되어 있다. 두 구문은 행위자의 의지의 유무를 기준으로 그 용법이 구분된다. 동사 사건과 관련하여 수동분사 구문은 행위자의 의지를 전제하는 반면 피동사 구문은 행위자의 의지를 배제한다.

मोहन से गिलास टूट गया। '모한으로 인해 유리잔이 깨졌다.'

मोहन से गिलास ग़लती से टूट गया। '모한으로 인해 실수로 유리잔이 깨졌다.'

मोहन से गिलास तोड़ा गया। '모한에 의해 유리잔이 깨트려졌다.'

मोहन से गिलास जानबूझकर तोड़ा गया। '모한에 의해 고의로 유리잔이 깨트려졌다.'

- 피동사 구문도 수동분사 구문의 경우처럼 [행위자 + **से** ~ **नहीं**]의 형식을 통해 무능력을 표현하기도 한다.

बच्चे से दरवाज़ा नहीं खुलता। '아이로는 문이 열리지 않는다.'

मुझसे इस पेड़ की शाखा नहीं टूटी। '나로서는 이 나뭇가지가 꺾이지 않았다.'

- 피동사 구문은 때로 문맥에 따라 자발성을 표현하기도 한다.

दरवाज़ा (अपने आप) खुल रहा है। '문이 (저절로) 열리고 있다.'

यह पुस्तक (अपने आप) ख़ूब बिक जाएगी। '이 책은 (스스로) 잘 팔릴 것이다.'

어휘 27

गिलास 남 유리잔

जानबूझकर 부 고의로

शाखा 여 나뭇가지

28과 사동사

1. 사동사의 파생유형과 규칙

유형	기본동사	직접사동사	간접사동사	규칙
1	**बदलना**	**बदलाना**	**बदलवाना**	사동접사만 추가
2	**देखना**	**दिखाना**	**दिखवाना**	어간의 단모음화 + 사동접사 추가
3	**धोना**	**धुलाना**	**धुलवाना**	어간의 장모음을 [단모음+**ल**]로 대체 + 사동접사 추가
4	**बेचना**	**बिकाना**	**बिकवाना**	어간의 불규칙변화

2. 유형별 분류

유형1. 어간의 변화 없이 사동접사만 추가하여 사동사 파생

가. 어간에 장모음이 없는 경우

기본동사(자동사/타동사)		직접사동사	간접사동사
हँसना	웃다	**हँसाना**	**हँसवाना**
जलना	타다	**जलाना**	**जलवाना**
गिरना	떨어지다	**गिराना**	**गिरवाना**
चुकना	끝나다	**चुकाना**	**चुकवाना**
समझना	이해하다	**समझाना**	**समझवाना**

이 유형에 속하는 자동사로는 **चढ़ना** '오르다', **चलना** '움직이다', **चमकना** '빛나다', **टहलना** '산책하다', **ठहरना** '머무르다', **डरना** '두려워하다', **पकना** '익다', **बढ़ना** '나아가다', **लड़ना** '싸우다', **हटना** '물러나다', **मिलना** '만나다', **उठना** '일어나다', **उड़ना** '날다' 등이 있다. 타동사로는 **करना** '하다', **रखना** '두다', **लिखना** '쓰다' 등이 있다.
한편 **बिखरना** '흩어지다', **उबलना** '끓다', **निकलना** '나오다', **उतरना** '내려가다'는 직접사동사로 **बिखराना**, **उबलाना**, **निकलाना**, **उतराना**와 더불어 **बिखेरना**, **उबालना**, **निकालना**, **उतारना**도 자주 쓰인다.

나. 예외적으로 장모음의 어간이 변하지 않는 경우

기본동사(자동사/타동사)		직접사동사	간접사동사
तैरना	헤엄치다	तैराना	तैरवाना
फैलना	퍼지다	फैलाना	फैलवाना
दौड़ना	달리다	दौड़ाना	दौड़वाना

유형2. 어간의 단모음화와 사동접사 추가로 사동사 파생

기본동사(자동사/타동사)		직접사동사	간접사동사
बाँटना	나누다	बँटाना	बँटवाना
काटना	자르다	कटाना	कटवाना
सीखना	배우다	सिखाना	सिखवाना
डूबना	(물에) 빠지다	डुबाना/डुबोना	डुबवाना
देखना	보다	दिखाना	दिखवाना
बैठना	앉다	बिठाना/बैठाना	बिठवाना
तोड़ना	부수다	तुड़ाना	तुड़वाना

이 유형에 속하는 자동사로는 **जागना** '깨다', **नाचना** '춤추다', **भागना** '도망가다', **बीतना** '(시간이) 지나다', **भीगना** '젖다', **घूमना** '돌아다니다', **लेटना** '눕다' 등이 있다.

타동사로는 **टालना** '미루다', **पालना** '기르다', **फाड़ना** '찢다', **बाँधना** '묶다', **लादना** '싣다', **जीतना** '이기다', **पीसना** '분쇄하다', **पीटना** '때리다', **लूटना** '약탈하다', **घेरना** '에워싸다', **छोड़ना** '버리다', **जोड़ना** '연결하다', **जोतना** '(밭을) 갈다', **फोड़ना** '터트리다', **बोलना** '말하다', **रोकना** '세우다' 등이 있다.

बैठना의 사동사 **बिठाना**, **भीगना** 의 사동사 **भिगाना**, 그리고 **डूबना** 의 사동사 **डुबाना**는 각각 **बैठाना**, **भिगोना**, 그리고 **डुबोना**의 형태로도 쓰인다.

유형3. 어간의 장모음을 [단모음+ल]로 대체한 후 사동접사 추가하여 사동사 파생

기본동사(자동사/타동사)		직접사동사	간접사동사
जीना	살다	जिलाना	जिलवाना
रोना	울다	रुलाना	रुलवाना
सोना	잠자다	सुलाना	सुलवाना
पीना	마시다	पिलाना	पिलवाना
सीना	바느질하다	सिलाना	सिलवाना
छूना	건드리다	छुलाना/छुआना	छुलवाना
देना	주다	दिलाना	दिलवाना
धोना	씻다	धुलाना	धुलवाना
नहाना*	목욕하다	नहलाना	नहलवाना

* **नहाना**는 단일한 음절의 어간이 아님에도 예외적으로 이 유형에 속한다.

유형4. 어간의 불규칙변화와 사동접사 추가로 사동사 파생

기본동사(자동사/타동사)		직접사동사	간접사동사
बेचना	팔다	**बिकाना**	**बिकवाना**
खाना	먹다	**खिलाना**	**खिलवाना**

3. 사동사 구문

사동사 구문은 직접사동문과 간접사동문으로 구분된다. 직접사동문은 사동사건을 주어가 직접 유발한 경우에 사용되며 간접사동문은 피사동주를 통하여 사건이 유발된 경우에 사용된다.

가. 직접사동문

- 직접사동문은 자동문 또는 타동문의 사건을 주어가 직접 참여하여 유발함을 특징으로 한다. 수동문의 수어는 직접사동문에서 피사동수에 해당하며 목적어나 간접목적어로 나타난다.

आज मैं बहुत सवेरे उठा। '오늘 내가 이른 아침에 일어났다.'

आज माताजी ने मुझे बहुत सवेरे उठाया। '오늘 어머니가 나를 이른 아침에 깨우셨다.'

मुझे कल रास्ते पर इत्तफ़ाक़ से आरिफ़ साहिब मिले।
'내가 어제 길에서 우연히 아리프 씨를 만났다.'

मुझे कल ऑफ़िस में आरिफ़ साहिब से मिलाइए।
'나를 내일 사무실에서 아리프 씨와 만나게 해 주세요.'

बारिश के बाद धूप में गीली ज़मीन सूख गई। '비가 온 뒤 햇볕에 젖은 땅이 말랐다.'

बारिश के बाद धूप गीली ज़मीन को सुखा देती है।

'비가 온 뒤 햇볕이 젖은 땅을 마르게 했다.'

पुलिस वालों ने भीड़ को भगाया। कुछ भागे, मगर कुछ लड़ने लगे।

'경찰이 군중을 쫓았다. 일부는 도망갔으나 일부는 싸우기 시작했다.'

किसी ने मंजूषा डुबाई हो, अब तो डूब ही गई।

'누군가 상자를 물에 빠뜨린 듯하고 지금은 물에 빠져버렸다.'

बच्चे ने दूध पिया। '아이가 우유를 마셨다.'

माँ ने बच्चे को दूध पिलाया। '엄마가 아이에게 우유를 먹였다.'

उस्ताद ने छात्रों को उर्दू सिखाई और छात्रों ने उर्दू सीखी।

'선생님은 학생들에게 우르두어를 가르쳤고 학생들은 우르두를 배웠다.'

나. 간접사동문

- 간접사동문에서는 주어가 사동의 사건을 직접 유발하는 것이 아니라 명령이나 지시 등을 통해 피사동주로 하여금 사건을 유발하게 한다. 주동문의 주어는 간접사동문에서 피사동주에 해당하며 도구격 후치사와 함께 나타난다.

बच्चे ने क्लास को कहानी सुनाई।

'아이가 학급학생들에게 이야기를 들려주었다.' (직접사동문)

उस्ताद ने बच्चे से क्लास को कहानी सुनवाई।

'선생님이 아이로 하여금 학급학생들에게 이야기를 들려주게 했다.' (간접사동문)

सिराज ने हमें पुराना क़िला दिखाया।

'씨라즈가 우리에게 고성을 보여주었다.' (직접사동문)

आरिफ़ साहिब ने सिराज से हमें पुराना क़िला दिखवाया।

'아리프 씨가 씨라즈로 하여금 우리에게 고성을 보여주게 했다.' (간접사동문)

बादशाह ने मज़दूरों से क़िला बनवाया। '왕이 일꾼들을 시켜 성을 지었다.'

हम बग़ीचा माली से साफ़ करवाते हैं। '우리가 정원을 정원사를 시켜 깨끗하게 한다.'

मैं यह ख़त मोहन के हाथ भिजवाऊँगी।
'내가 이 편지를 모한을 통해 발송시켜 주겠다.'

नगरपति ने अपने बेटे को हिरासत से छुड़वाया।
'시장이 자기 아들을 구치소에서 풀려나게 했다.'

माँगने वाले को चौकीदार के हाथ एक डॉलर दिलवाओ।
'구걸자에게 경비를 시켜 일 달러를 전해주시오.'

⊕ 간접사동문은 상대방을 존중하여 일을 시키거나 간청할 때 자주 사용된다.

ये चार जोड़े सिलवाइए। '이 네 벌의 옷을 바느질해 주세요.'

ज़रा यह काम जल्दी करवाइए। '이 일을 좀 빨리 처리해 주세요.'

मेहमानों को बिठवा दीजिए। '손님들을 착석시켜 주세요.'

어휘 28

ऑफ़िस 남 사무실
इत्तफ़ाक़ 남 우연
उस्ताद 남 교사
ख़त 남 편지
गीला 형 젖은
चौकीदार 남 경비
ज़रा 형 약간의 부 약간, 제발
जोड़ा 남 쌍, 벌, 짝
धूप 여 햇빛
नगरपति 남 시장
बग़ीचा 남 작은 정원
बादशाह 남 황제, 왕
मंजूषा 여 작은 상자
मज़दूर 남 일꾼
मेहमान 남 손님
हिरासत 여 구치, 감호

연습문제 8

1. 빈칸에 알맞은 동사를 골라 활용하여 넣으시오.

보기

सिराज पुराना क़िला देखता है। (देखना, दिखना)

1) मेरे घर के आँगन में कुत्ते ________________। (पालना, पलना)
2) रक्षाबंधन के अवसर पर बहनें अपने भाई की कलाइयों पर राखी ____________। (बाँधना, बँधना)
3) आकाश में काली घटा ________________। (घेरना, घिरना)
4) उस्ताद कुछ निकालने के लिए मंजूषा ________________। (खोलना, खुलना)
5) आरिफ़ साहिब खाना खाकर हाथ ________________। (धोना, धुलना)
6) मेरे कपड़े इस दर्ज़ी के यहाँ ________________। (सीना, सिलना)
7) लड़का बाल्टी में पानी ________________। (भरना, भरना)
8) चिकनाई लगाने के बावजूद होंठ ________________। (फाड़ना, फटना)
9) रेलगाड़ी स्टेशन से ________________। (छोड़ना, छूटना)
10) सब्ज़ीवाला आलू, गोभी, घीया आदि ________________। (बेचना, बिकना)

2. 주어진 기본 동사의 직접사동사 및 간접사동사를 쓰시오.

1) चढ़ना, ________________, ________________
2) करना, ________________, ________________
3) रखना, ________________, ________________
4) जागना, ________________, ________________
5) टालना, ________________, ________________
6) पीना, ________________, ________________

7) **छूना**, ____________, ____________

8) **रोना**, ____________, ____________

9) **बेचना**, ____________, ____________

10) **डूबना**, ____________, ____________

3. 보기를 참고하여 주어진 문장을 파생동사를 활용하여 바꾸시오.

보기

बच्चा कुत्ते को रोटी खिला रहा है।
कुत्ता रोटी खा रहा है।

1) **बच्ची गिलहरी को दूध पिला रही है।**

____

2) **बाप बच्ची को तस्वीर दिखा रहा है।**

____

3) **माँ बच्चे को गाना सुना रही है।**

____

4) **अध्यापिका छात्र को कविता पढ़ा रही है।**

____

5) **नाना लेखक को अपनी जीवनी लिखा रहा है।**

____

6) **माँ शिशु को सुला रही है।**

____

7) **बाप बच्ची को हँसा रहा है।**

____

8) **गुंडा लड़के को रुला रहा है।**

____

9) मामा कार चला रहा है।

10) बच्चा पतंग उड़ा रहा है।

4. 보기를 참고하여 간접사동문으로 바꾸시오.

보기

माताजी ने मुझसे कहा कि छोटी बहन को जगाओ।
माताजी ने मुझसे छोटी बहन को जगवाया।

1) पिताजी ने मुझसे कहा कि छोटे भाई को गाना सिखाओ।

2) माताजी ने मुझसे कहा कि कपड़े गरम पानी में भिगाओ।

3) बाप ने मुझसे कहा कि बच्चों को बाग़ीचा दिखाओ।

4) माँ ने मुझसे कहा कि मेहमान को बिठाओ।

5) बड़ी बहन ने मुझसे कहा कि रोती हुई भानजी को हँसाओ।

6) बड़े भाई ने मुझसे कहा कि पेड़ की शाखा को तोड़ो।

7) दादाजी ने मुझसे कहा कि बच्चों को कहानी सुनाओ।

8) दादीजी ने मुझसे कहा कि बच्ची को नहलाओ।

9) **पति ने मुझसे कहा कि बच्चों को मैदान में दौड़ाओ।**

10) **पत्नी ने मुझसे कहा कि बिल चुकाओ।**

5. 다음 두 문장을 비교해 설명하시오.

   मकान जल गया।

   मकान जलाया गया।

6. 아래 두 문장은 행위자의 유무에 따라 그 의미와 용법에서 큰 차이를 보인다. 그 이유를 설명하시오.

   मुझसे गिलास नहीं टूटा।

   गिलास नहीं टूटा।

7. 아래 두 문장 중에 한 문장은 비문이다. 그 이유를 설명하시오.

   राम से जानबूझकर दरवाज़ा खोला गया।

   राम से जानबूझकर दरवाज़ा खुला।

8. **खिलाना** 동사가 갖는 세 가지 뜻을 알아보고 각각의 뜻과 관련된 기본동사를 찾으시오.

부록 10

• भला, भले, भले ही

+ 형용사 **भला** '좋은'

वह लोहार भला आदमी है। '그 대장장이는 좋은 사람이다.'

मैं उसके बारे में भली-भाँति जानता हूँ।
'내가 그에 대하여 잘 안다.'

+ 불변화사 **भला**는 의문문에서 부정의 의미를 나타낸다.

तुम भला मेरे बारे में क्या जानो ?
'네가 대체 나에 대하여 무엇을 아는가?'

भला मैं कभी तुम्हारी मदद भूल सकती हूँ ?
'과연 내가 한시라도 너의 도움을 잊을 수 있을까?'

+ **भले (ही)** '비록'은 양보를 나타낸다.

भले ही उसकी नौकरी चली जाए, उसे चिंता नहीं होगी।
'비록 그가 직업을 잃어도 걱정하지 않을 것이다.'

भले ही बारिश हो, हमें जाना पड़ेगा।
'비록 비가 올지라도, 우리는 가야만 할 것이다.'

제9장

의미조동사

संयुक्त क्रियाएँ

रंजक क्रिया

29과	의미조동사의 형식
30과	의미조동사의 제약
31과	의미조동사의 기능1
32과	의미조동사의 기능2
연습문제9	
부록11	**भर, भरा**

➕ 의미조동사는 인도의 여러 언어에서 공통적으로 발달되어 있다. 힌디어에서는 **जाना**, **देना**, **लेना** 등 10여 개의 동사들이 의미조동사로 활용되며 그 사용빈도가 높다. 이 동사들은 의미조동사로 쓰일 때 본래의 어휘적 의미를 상실한다. 대신에 본래의 어휘적 의미로부터 파생된 일정한 의미를 본동사의 의미에 부가한다. 대부분의 의미조동사들은 공통적으로 본동사의 동작이나 작용이 완결됨을 강조 또는 확정하는 기능을 하며 동시에 방향, 수혜, 급격, 과격, 정의(情意) 등 다양한 의미를 문맥에 따라 나타내기도 한다.

29과 의미조동사의 형식

의미조동사로 구성된 복합동사는 일반 형식과 강조 형식으로 구별된다. 대부분의 경우 일반 형식이 쓰이며 드물게 강조 형식도 볼 수 있다.

1. 일반 형식

- 의미조동사가 본동사와 함께 쓰여 복합동사를 이룰 경우 본동사는 어간이 변형 없이 쓰이는 것이 일반적이다.

बर्फ़ पिघल गई। '얼음이 녹아 버렸다.'

मुझे आपका पत्र मिल गया। '내가 당신의 편지를 받았습니다.'

बचाओ ! यह मुझे मार डालता है। '살려주세요! 이 자가 나를 죽입니다.'

2. 강조 형식

- 본동사의 의미 자체를 부각하거나 또는 동사 사건이 진행 중이거나 발생할 시간에 임박해 있음을 강조하고자 할 때는 본동사가 강조 형식을 취한다. 강조 형식은 본동사가 타동사인 경우와 자동사인 경우로 구분된다.

- 본동사가 타동사인 경우, 본동사가 완료분사의 남성복수 형태를 취한다.

अहमद ने ही हमको रोके रखा। '바로 아흐마드가 우리를 잡아 두었다.'

कवि बेबसी से पूर्व की तरफ़ देखे जा रहा था। '시인이 무기력하게 동쪽을 보고 있었다.'

नंबर दबाए जाइए, कभी तो मिलेगा। '번호를 누르세요, 언젠가는 받겠지요.'

मैं तुमसे कहे देता हूँ कि वापस जाओ। '내가 너에게 돌아가라고 말하는 바이다.'

बचाओ, यह मुझे मारे डालता है। '살려주세요, 이 자가 나를 죽입니다.'

जब तक मुझमें शक्ति है, मैं काम किए जाऊँगा।
'나에게 힘이 있는 한 일을 해 나갈 것이다.'

- 본동사가 자동사인 경우, 본동사가 주어에 일치하는 완료형태를 취한다.

बर्फ़ पिघली जाती है। '얼음이 녹아 버린다.'

कुली भागा गया और सामान ले आया। '짐꾼이 달려 갔고 짐을 가져왔다.'

- **चला जाना/आना**는 숙어적인 표현으로서 본동사가 언제나 주어에 일치한다.

वह औरत सारा काम करके चली गई। '그 여인이 모든 일을 한 후 떠나갔다.'

वे लड़के साथ चले आए। '그 소년들이 함께 왔다.'

- 의미조동사는 수동문에서도 자연스럽게 쓰인다.

लिफ़ाफ़ा आपकी मेज़ पर रख दिया गया है। '봉투가 당신의 테이블에 놓여졌다.'

गवाह को गोली मार कर हत्या कर दी गई। '총을 쏘아 증인이 살해되었다.'

어 휘 29

गवाह 남 증인
बेबसी 여 무기력
हत्या 여 살해

30과 의미조동사의 제약

의미조동사는 특정한 구문이나 형식에서 쓰이지 않거나 어울리지 못하는 제약을 갖는다.

1. 부정문에서의 제약

- 의미조동사는 일반적으로 부정어와 함께 쓰이지 않는다. 아래 예문 중에서 부정어가 쓰인 세 번째 문장에서는 의미조동사가 어울리지 않는다.

क्या आपने यह काम पूरा कर लिया ? '당신이 이 일을 완성했습니까?'

जी हाँ, मैंने पूरा कर लिया। '예, 내가 완성했습니다.'

जी नहीं, मैंने पूरा नहीं किया। '아니오, 나는 완성하지 않았습니다.'

- 부정어가 **कहीं** '혹여'와 함께 쓰여 화자의 우려나 걱정을 표현하거나, **जब तक** '~동안/까지'와 함께 쓰여 제한된 시간이나 조건을 표현하거나, 또는 강조사 **तो**와 함께 쓰여 상대방의 예상을 반박하는 문맥에서는 의미조동사가 어울린다.

इतना भारी संदूक़ ऊपर न रखो, कहीं गिर न जाए।
'이렇게 무거운 상자를 위에 두지 마라, 떨어지지 않을까 걱정된다.'

कहीं डाकू हमें मार न डालें। '강도가 우리를 죽일까 두렵다.'

जब तक आप क़र्ज़ चुका न दें, वह यहीं धरना देगा।
'당신이 빚을 청산하지 않는 한, 그는 바로 여기에서 문전시위를 할 것이다.'

मैं आपकी ऐनक तोड़ तो नहीं दूँगा। '내가 당신의 안경을 부수지는 않을 것이다.'

2. 분사구문 등에서의 제약

- 의미조동사는 **कर** 분사와 부사적 용법을 갖는 완료/미완료분사의 형식에서 대체로 부자연스럽다. 또한 진행(**रहा**), 기동(**–ने लगना**), 종결(**चुकना**), 가능성(**सकना**) 등을 나타내는 조동사들과도 어울리지 않는다. 단 **ले जाना/आना**와 같은 숙어적인 표현은 위와 같은 제약에 구속되지 않는다.

नौकर ने सामान ले जाते हुए कहा। '하인이 짐을 가져가면서 말했다.'

नौकर ने कपड़े ले जाकर धो दिए। '하인이 옷을 가져가서 세탁했다.'

어 휘 30

ऐनक 여 안경

क़र्ज़ 남 빚

डाकू 남 강도

धरना 남 문전시위

31과 의미조동사의 기능1

의미조동사들은 본동사의 의미에 하나 이상의 보조적인 의미를 부가한다. 각 의미조동사는 동작이나 작용의 완결 정도, 이동의 방향, 행위 결과의 도달점, 급격함, 과격성, 추진력, 우연성, 갑작스러움, 부정적 입장 등 여러 의미들 중의 일부를 동시에 표현한다. 그 중에서 **जाना**와 **आना**, **लेना**와 **देना**, **उठना**와 **पड़ना** 등은 각각 짝을 이루며 부분적으로 동일한 의미와 동시에 상호 대조적인 의미를 나타낸다.

जाना 와 आना

- **जाना**와 **आना**는 공통적으로 동작의 완결성을 강조한다. 동시에 **जाना**는 거리의 멀어짐을 나타내기도 하며 드물게 신속성, 화자의 비우호적 태도 등을 나타내기도 한다. 다른 한편으로 **आना**는 거리의 가까워짐을 그리고 드물게 우호적이거나 동정적인 화자의 태도를 나타내기도 한다.

बात एक दिन खुलनी थी, आख़िर खुल ही गई।
'일이 언젠가는 밝혀져야 했는데 결국 밝혀져 버렸다.'

सुबह का खाना चूल्हे पर पक गया। '아침 끼니가 화덕에서 요리되었다.'

काँच की चूड़ी टूटकर उसकी कलाई में घुस गई।
'유리 팔찌가 깨져서 그녀의 손목으로 파고 들어갔다.'

वह दो बजे यहाँ आ जाएगा। '그가 두 시에 이곳에 올 것이다.'

राजू बाहर निकल गया। '라주가 밖으로 나갔다.'

जब मौसम ठंडा हुआ, तो परिंदे उड़ गए। '날씨가 추워졌을 때 새들이 날아 갔다.'

बिल्ली सारा दूध पी गई। '고양이가 모든 우유를 마셔버렸다.'

छात्र एक ही साल में हिंदी सीख गए। '학생들이 단 일 년 만에 힌디어를 배웠다.'

मैं रात को पहुँच आया। '내가 밤에 도착했다.'

काले बादल घिर आए। '검은 구름들이 몰려왔다.'

दीवार पर लताएँ उग आई हैं। '담장으로 담쟁이들이 올라왔다.'

बच्चे की आँखों में आँसू भर आए। '아이의 두 눈에 눈물이 차 올랐다.'

एक दिन सहसा मुझे बदलू का ध्यान हो आया।
'어느 날 갑자기 나는 바달루가 상기되었다.'

लेना와 देना

लेना와 **देना**는 공통적으로 동작의 완결성을 강조한다. 동시에 **लेना**는 동작의 결과가 행위자 자신에게 향함을 나타내며(아뜨마네빠드, **आत्मनेपद**), 이와 대조적으로 **देना**는 동작의 결과가 타인에게 향함을 나타낸다(빠라스마이빠드, **परस्मैपद**). 이와 같은 문맥에서 **लेना**는 섭취나 취득의 행위와 잘 어울리며 **देना**는 양도나 포기의 행위와 잘 어울린다. 본동사가 감정이나 정서적 반응을 나타내는 경우 **लेना**는 내향적인 동작을 그리고 **देना**는 외향적인 동작을 표현한다. 끝으로 **लेना**는 때로 제한된 능력을 나타내는 데도 쓰인다.

उन्होंने दोपहर का भोजन कर लिया। '그들이 점심 식사를 했다.'

मैंने नई क़मीज़ ख़रीद ली है। '내가 새 셔츠를 샀다.'

शिल्पा अपने प्रेमी को देखकर मुस्करा ली। '실빠가 자기 애인을 보고서 미소를 머금었다.'

मैं उर्दू पढ़ लेता हूँ। '내가 우르두를 읽을 수 있다.'

मैं आपको इस अलमारी में छुपाए देती हूँ। '내가 당신을 이 벽장에 숨겨 줄게요.'

मैंने प्रेमिका को नई क़मीज़ ख़रीद दी है। '내가 애인에게 새 셔츠를 사주었다.'

झारखंड में एक आदिवासी ने महज़ एक हज़ार रुपये में अपने बेटे को बेच दिया।

'자르칸드에서 한 원주민이 단돈 천 루삐에 자신의 아들을 팔았다.'

उस आदमी ने अपनी पत्नी को छोड़ दिया। '그 남자가 자기 부인을 버렸다.'

मज़ाक़ सुनकर मज़दूर हँस दिए। '농담을 듣고서 일꾼들이 웃었다.'

सब लोग चल दिए। '모든 사람들이 떠났다.'

उठना와 पड़ना

उठना와 **पड़ना**는 공통적으로 어떤 행위나 일이 예상치 않게 우연히 또는 갑자기 발생함을 나타낸다. 동시에 **उठना**는 격앙되거나 순간 터져 일어남을 강조하며 **पड़ना**는 일이 순간 닥치거나 떨어짐을 부각한다. 때로 전자는 상승의 의미를 그리고 후자는 하강의 의미를 동반하기도 한다.

संगीत के प्रति कपूर का प्रेम फिर जाग उठा है।

'음악에 대한 까뿌르의 사랑이 다시 깨어났다.'

दर्द इतना था कि बच्ची रो उठी।

'여자아이가 아파서 울음을 터뜨렸다.'

सब लोग बादल गरजने से हैरान हो उठे।

'모든 사람들이 천둥 치는 것으로 놀라 버렸다.'

ये लोग मरने के बाद फिर कैसे ज़िंदा हो उठे ?

'이 사람들이 어떻게 죽은 후에 다시 살아났는가?'

डाकू चलती रेलगाड़ी से कूद पड़ा। '강도가 달리는 기차에서 뛰어내렸다.'

मेरी दीदी बर्फ़ानी सड़क पर फिसल पड़ी। '내 언니가 눈길에서 미끄러졌다.'

बरसात में मेरे मामा की छोटी लड़की आँगन में फिसलकर गिर पड़ी।

'우기에 내 외삼촌의 작은 딸이 뜰에서 미끄러져 넘어졌다.'

जब अब्बा जान से गुज़र गए, घर की ज़िम्मेदारी मेरे सिर पर आ पड़ी।

'아버지께서 돌아가셨을 때 집에 대한 의무가 나에게 떨어졌다.'

भयंकर कहानी सुनकर सब बच्चे रो पड़े।

'무서운 이야기를 듣고 모든 아이가 울음을 터트렸다.'

어 휘 31

अब्बा 남 아버지

आदिवासी 남 원주민

उगना 자동 자라다

काँच 남 유리

गरजना 자동 천둥 치다

गुज़रना 자동 지나가다, 건너가다

चूड़ी 여 팔찌

चूल्हा 남 화덕, 난로

छुपाना 타동 숨기다

जान 여 생명

परिंदा 남 새

फिसलना 자동 미끄러지다

बर्फ़ानी 형 얼음으로 덮인

भयंकर 형 무서운

मज़ाक़ 남 농담

महज़ 부 단지 형 단순한

लता 여 담쟁이

हैरान 형 놀란

32과 의미조동사의 기능2

의미조동사의 수와 기능에 대하여 의견이 정립되어 있는 것은 아니다. 아래 제시된 조동사들은 상대적으로 사용빈도가 아주 높지는 않지만 특정 문맥에서 긴요하게 쓰이는 표현형식들이다.

डालना

- **डालना**는 기본적으로 동작의 완결을 강조하며 추가하여 일을 단숨에 마무리하는 동작의 신속함이나 과격함 등을 나타낸다.

गोपाल ने गाँव छूटने से पहले अपना सामान बेच डाला।
'고빨은 마을을 떠나기 전에 자신의 물건을 처분했다.'

धोबी ने फटे-पुराने कपड़े फाड़ डाले। '세탁부가 낡은 옷을 찢어 버렸다.'

बच्चों ने बर्फ़ का आदमी बना डाला। '아이들이 눈사람을 (단숨에) 만들었다.'

उसने पर्यावरण संरक्षण के विभिन्न तरीक़ों के बारे में तीन किताबें लिख डालीं।
'그가 환경보호의 여러 방법에 대하여 세 권의 책을 썼다.'

बैठना

- **बैठना**는 기본적으로 동작의 완결을 강조하며 추가하여 급격한 행동, 경우에 없거나 사리분별 없는 행동, 경솔하거나 한심한 행동 등을 나타낸다.

मृत घोषित कर दिया गया 77 वर्षीय वृद्ध मृत्यु शैय्या से उठ बैठा।
'사망 선고된 77세 노인이 영안실 침대에서 일어났다.'

तुम क्या कह बैठे हो ? '네가 무슨 말을 하고 앉아 있는 거야?'

मालिक को बचाने के लिए वफ़ादार कुत्ता बाघ से लड़ बैठा।
'주인을 구하기 위해 충성스런 개가 호랑이와 싸웠다.'

मेरा मित्र अपने बटुए को खो बैठा। '내 친구가 자기 지갑을 잃어버렸다.'

मुलाज़िम मालिक से लड़ बैठा और नौकरी गई। '하인이 주인과 싸웠고 일자리를 잃었다.

निकलना

निकलना는 예상치 못한 갑작스러움, 거침없이 진척됨 등을 나타낸다.

खुले हुए फाटक में से कुत्ता भाग निकला। '열려 있는 대문 안에서 개가 튀어나왔다.'

चूहा पलंग के नीचे से आ निकला। '쥐가 침대 밑에서 (갑자기) 나왔다.'

बहुत ढूँढ़ने के बाद ही अंत में गोपाल ही चोर जा निकला।
'많은 수색 끝에 고빨이 (갑자기) 도둑으로 드러났다.

मारना

मारना는 과도한 노력이나 수고 또는 신속한 행동 등을 나타낸다.

उसने सूई खोज निकालने के लिए सारा कमरा छान मारा।
'그가 바늘을 찾기 위해 온 방을 뒤졌다.'

आपने इतने थोड़े समय में चिट्ठी लिख मारी! '네가 이렇게 짧은 시간에 편지를 썼구나!'

हमारी टीम ने जल्दी से दो गोल दे मारे। '우리 팀은 재빠르게 두 골을 넣었다.'

मरना

मरना는 무례함, 원치 않는 일을 함, 극복이나 희생적 노력 등을 나타낸다.

वह आख़िर वहीं जा मरा। '그가 결국은 바로 그곳에 가 버렸다.'

न चाहते हुए भी वह यह काम कर मरा। '원하지 않으면서도 그가 이 일을 해 버렸다.'

मैं अपने हक़ के लिए लड़ मरा। '내가 자신의 권리를 위해 투쟁했다.'

छोड़ना

छोड़ना는 부주의하거나 부적절한 행동을 나타낸다.

उसने अपनी क्या हालत बना छोड़ी! '그가 자신의 처지를 어떻게 만들어 놓은 것인가!'

उसने सारी बियर पी छोड़ी। '그가 모든 맥주를 마셔 버렸다.'

हो चलना, कर गुज़रना

हो चलना는 진행과정을 그리고 **कर गुज़रना**는 숙어적으로 쓰여 한계를 넘어섬을 강조한다.

शाम का समय था। अँधेरा हो चला था। '저녁 때였다. 어두워지고 있었다.'

प्रेम में इनसान सब कुछ कर गुज़रता है। '인간은 사랑으로 모든 것을 해낸다.'

어휘 32

गोल 남 원, (경기에서) 득점
घोषित 형 공표한
छानना 타동 거르다, 찾다
जा निकलना 자동 (갑자기) 드러나다
तरीक़ा 남 방법
पर्यावरण 남 환경
बटुआ 남 지갑
बाघ 남 호랑이
बियर 여 맥주
मुलाज़िम 남 하인
मृत 형 죽은 남 죽음
वफ़ादार 형 충성스러운
वृद्ध 형 늙은 남 노인
शैय्या 여 침대
संरक्षण 남 보호
हक़ 남 권리
हालत 여 형편

연습문제 9

1. 괄호에 주어진 의미조동사로 문장을 바꾸고, 의미조동사의 의미를 설명하시오.

1) बर्फ़ पूरी तरह पिघली। (जाना)

2) आप जल्दी हिन्दी सीखेंगे। (जाना)

3) पीपल के पौधे दीवार पर उगते हैं। (आना)

4) दयनीय दृश्य देखकर मेरी आँखों में आँसू भरे। (आना)

5) आप स्वास्थ्य के लिए ठीक समय पर पौष्टिक खाना खाइए। (लेना)

6) आपका कुत्ता आपकी आवाज़ से आपकी भावना समझता है। (लेना)

7) माँ ने बच्चे को दवा पिलाई। (देना)

8) मेरी बच्ची यह कहानी सुन कर ज़ोर से हँसेगी। (देना)

9) भारत की याद आने लगी और सोया हुआ उत्साह पल भर में जागा। (उठना)

10) मेरा चेहरा लज्जा के कारण अचानक लाल हुआ। (उठना)

11) बच्चा बंदर की तरह अचानक पेड़ के नीचे कूदा। (पड़ना)

12) सीटी बजते ही बच्चे दौड़े। (पड़ना)

13) उसने ग़ुस्से में अपनी ऐनक तोड़ी। (डालना)

14) लड़की ग़ुस्से में उसकी चिट्ठी फाड़ती है। (डालना)

15) वह आजकल बिना सोचे-समझे कुछ भी कहती है। (बैठना)

16) उसने सारी पूँजी खोई है। (बैठना)

17) भीड़ वहाँ से फुर्ती से भागी थी। (निकलना)

18) उधर से एक शेर अचानक आया। (निकलना)

19) मैं अपनी साइकिल खोजने के लिए आसपास का पूरा इलाक़ा छानता हूँ। (मारना)

20) उसने एकांत में घर बनाया है। (छोड़ना)

2. 아래 문장을 괄호에 주어진 단어를 활용하여 바꾸시오.

1) बिल्ली सारा दूध पी गई। (चुकना)

2) नौकर ने कपड़े धो दिए। (चुकना)

3) माँ अपनी बेटी को देखकर मुस्करा लेती है। (रहा, 현재진행)

4) मज़दूर मज़ाक़ सुनकर हँस देते थे। (रहा, 과거진행)

5) काले बादल आसमान में घिर आए। (–ने लगना)

6) लड़कियाँ भयंकर कहानी सुनकर रो पड़ीं। (–ने लगना)

7) सावधान रहो, नहीं तो बर्फ़ानी सड़क पर फिसल पड़ोगे। (सकना)

8) चलती हुई गाड़ी में मत चढ़ो, वरना नीचे कूद पड़ोगे। (सकना)

9) मेरा मित्र अपने बटुए को खो बैठा। (नहीं)

10) मैं अपने हक़ के लिए लड़ मरता हूँ। (नहीं)

3. 다음 문장을 해석하시오.

1) एक नारियल ज़मीन पर टपक पड़ा।

2) नाना ने मेरे हाथ से छिपकली छीन कर दूर फेंक दी।

3) तुम अपनी बहन की शादी में यह अचकन पहन लो।

4) बाप ने झकझोरकर जगाया तो मैंने चौंककर उठ बैठा।

5) किसान ! अपना बैल मुझे दे दे, वरना मैं तूझे खा जाऊँगा।

6) हम ऐसा आपस में लड़ मरेंगे, जिसका लाभ दूसरे को प्राप्त होगा।

7) पाँवों की आहट सुनते ही वह उठकर दौड़ पड़ा।

8) घर से स्टेशन के लिए रवाना होते वक़्त मेरी बहन की आँखें भर आईं।

9) पर्वतारोही ने अपनी जान बचाने के लिए अपने साथी के पैरों को कसकर पकड़ लिया।

10) काका ने मुझे पहचाना नहीं किंतु थोड़ी देर बाद एकदम बोल पड़ा, "आओ-आओ, लला ! बहुत दिन बाद गाँव आए।"

부록 11

• भर, भरा

भर

- '가득한'의 의미를 갖는 접사로서 형용사를 만든다.

कमर-भर पानी '허리까지 차는 물'

गिलास-भर नमक '컵 가득한 소금'

मुट्ठी-भर दाल '주먹 가득한 콩'

मीटर-भर लाठी '미터 길이의 막대기'

टोकरी-भर फूल '바구니 가득한 꽃'

- '온/모두'의 의미를 명사에 추가하거나 '온/모두'의 의미를 갖는 부사를 만든다.

पेट भर '배불리'

क्षण भर / पल भर (में) '순간에'

रात भर (में) '밤새도록'

देश भर में '온 나라에'

उगर भर / जीवन भर '평생'

दिन भर (में) '종일'

गाँव भर में '온 마을에'

विश्व भर में '전 세계에'

भरा

- 동사 **भरना** '차다'에서 파생한 형용사로서 '가득찬'의 의미를 나타낸다.

स्कूल छात्रों से भरा है। '학교가 학생들로 가득차 있다.'

चीनी उत्पादों से भरा बाज़ार। '중국 제품으로 가득찬 시장'

제10장

여격주어 구문

को-वाक्य

33과	의무, 필요 등을 나타내는 구문
34과	신체상태, 인지 등을 나타내는 구문
35과	소유나 획득 등을 표현하는 구문
연습문제10	
부록12	한정의 표현

의미상의 주어가 주격이 아닌 여격 후치사와 함께 쓰인 구문을 여격주어구문이라 부른다. 이 구문의 특징을 보면, 우선 여격주어는 어떤 일을 하고자 하는 능동성이나 의지를 갖고 있지 않다. 그렇다고 수동문의 문법적 주어처럼 타자의 의도적 행동에 의해 영향을 받는 경우도 아니다.

이와 같은 특성을 바탕으로 여격주어구문은 크게 세 영역을 표현 대상으로 한다:

① 서법표지와 함께 쓰여 의무, 예정, 필요 또는 필연성을 나타낸다.

② 신체적 상태나 감각, 심리, 인지 등을 표현한다.

③ 유형, 무형의 대상들에 대한 소유나 취득 등을 표현한다.

33과 의무, 필요 등을 나타내는 구문

1. 의무나 예정을 나타내는 구문 [여격주어 + 부정사 + 시제표지]

- 부정사가 자동사인 경우 부정사는 불변화하며 시제표지는 부정사에 일치한다.

मोहन को आज दिल्ली जाना है। '모한은 오늘 델리에 갈 일이 있다.'

मुझे कल उससे मिलना था। '나는 어제 그와 만났어야 했다.'

तुम्हें परसों तक घर वापस आना होगा। '너는 모레까지 집으로 돌아와야 할 것이다.'

- 부정사가 타동사인 경우 부정사와 시제표지는 부정사의 목적어의 성과 수에 일치한다.

मोहन को आज किताब ख़रीदनी है। '모한은 오늘 책을 사야 한다.'

मुझे कल हिंदी की परीक्षा देनी थी। '나는 어제 힌디어 시험을 보았어야 했다.'

तुम्हें परसों तक क़र्ज़ चुकाना होगा। '너는 모레까지 빚을 갚아야 할 것이다.'

2. 필연을 나타내는 구문 [여격주어 + 부정사 + पड़ना]

- 문맥상 일이 불가피하게 필요함을 표현한다. 문장의 시제는 **पड़ना** 조동사의 변화로 나타낸다. 부정사와 **पड़ना** 동사의 일치는 위 구문들의 경우와 같다.

बॉस की आज्ञानुसार मोहन को आज छूटना पड़ता है।
'보스의 명령에 따라 모한은 오늘 떠나야 한다.'

बारिश के कारण मुझे दौड़ना पड़ा। '비 때문에 나는 달려야 했다.'

तुम्हें परसों तक क़र्ज़ चुकाना पड़ेगा। '너는 모레까지 빚을 갚아야만 할 것이다.'

3. 필요를 나타내는 구문 [여격주어 + 부정사 + चाहिए + (시제표지)]

- 현재시제의 경우에는 시제표지가 생략된다. **चाहिए**는 불변화이며 부정사와 시제표지의 일치는 위 구문들의 경우와 같다.

मोहन को आज दिल्ली जाना चाहिए। '모한은 오늘 델리에 가는 것이 필요하다.'

मुझे कल उससे मिलना चाहिए था। '나는 어제 그와 만났어야 했다.'

तुम्हें परसों तक क़र्ज़ चुकाना चाहिए होगा। '너는 모레까지 빚을 갚아야 할 것이다.'

- 행위나 동작이 아닌 사물이 필요한 경우에는 부정사 대신 명사가 사용되며 시제표지는 그 명사에 일치한다.

आपको क्या चाहिए ? '당신에게 무엇이 필요합니까?'

मुझे कुछ नहीं चाहिए। '나는 아무것도 안 필요해요.'

उस समय मुझे पीने का पानी चाहिए था। '그 때 나는 마실 물이 필요했었다.'

어 휘 33

आज्ञानुसार 부 명령에 따라

क़र्ज़ 남 빚

34과 신체상태, 인지 등을 나타내는 구문

1. 신체적 상태나 감각, 의식의 상태 등을 표현하는 구문

- 열(**बुख़ार**), 갈증(**प्यास**), 졸음(**नींद**), 통증(**दर्द**) 등의 신체 상태나 감각, 그리고 즐거움(**आनंद**), 슬픔(**दुःख**), 분노(**गुस्सा**), 흥분/열정(**जोश**), 희망(**आशा**), 두려움(**डर**), 동정(**दया**), 유감(**खेद**) 등의 감정이나 정서가 여격주어구문에 의해 표현된다. 이 구문에서 자주 쓰이는 동사들로는 **होना**, **आना**, **लगना** 등이 있으며 동사는 신체 상태나 감각 또는 심리를 나타내는 명사에 일치한다.

मुझे बुख़ार/डर/आराम है। '나는 열/두려움/편안함이 있다.'

मोहन को नींद/हँसी/छींक/खाँसी आई।
'모한은 졸렸다/웃음이 났다/재채기가 났다/기침이 났다.'

मोहन को होश/पसीना आया। '모한은 정신/땀이 났다.'

मुझे प्यास/भूख/चोट/गर्मी लगी। '나는 갈증이 났다/허기가 졌다/상처가 났다/더웠다.'

सुधीर को डर लगा। '수디르가 두려움을 느꼈다.'

- 여격주어구문에 상응하는 자동사/타동사 구문이 쓰이기도 한다.

मैं आराम से हूँ। '나는 편안하다.'

मेरा कान दर्द कर रहा है। '내 귀가 아프다.'

मोहन होश में आ गया। '모한이 정신이 들었다.'

अशोक नौकर पर गुस्से में आया। '아쇼끄가 종업원한테 화가 났다.'

अपनी सेना को देखकर प्रेक्षक समूह जोश में आ गए। '아군을 보고 관중이 열광되었다.'

2. 대상에 대한 지각이나 인지 심리 등을 표현하는 구문

- 기본적으로 [여격주어 + 인식/인지대상 + 동사]의 형식을 갖는다. 인식/인지대상은 직격의 명사, 명사 + **का**, 명사 + **पर**, 부정사구/절, **कि** 절 등의 형식을 갖는다. 그리고 동사는 단일동사 또는 결합동사가 쓰인다. 단일동사로는 **सूझना** '생각나다', **भाना** '마음에 들다', **फबना** '어울리다', **दिखना** '보이다' 등의 자동사가 쓰인다. 결합동사로는 **पसंद होना** '마음에 들다', **पसंद आना** '마음에 들게 되다', **अच्छा लगना** '좋게 느끼다', **दिखाई देना** '보이다', **सुनाई देना** '들리다', **विदित होना** '알다' 등과 같이 [형용사 + 동사]의 결합동사 형식 또는 **दुःख होना** '슬프다', **पता होना** '알다', **जानकारी होना** '알다', **याद आना** '기억나다' 등과 같이 [명사 + 동사]의 결합동사 형식이 쓰인다.

- 여격주어 + 명사 + 자동사

जासूस को एक उपाय सूझ गया। '탐정에게 방안이 하나 떠올랐다.'

मुझे यह फूल नहीं भाता। '나는 이 꽃이 마음에 들지 않는다.'

सुनीता को सलवार-कुर्ता फबता है। '수니따에게 살와르꾸르따가 어울린다.'

मुझे हिंदी आती है। '나는 힌디어를 안다.'(습득과정을 통한 기술의 축적을 함축)

- 여격주어 + 명사 + 결합동사(명사/형용사 + 동사)

उस वक़्त मुझे मरुद्वीप दिखाई दिया। '그때 나에게 오아시스가 보였다.'

मुझे यह भूरा थैला पसंद आता है। '나는 이 갈색의 가방이 마음에 든다.'

रमेश को वह बात मालूम है। '라메시는 이 일을 안다.'

मुझे आपकी सब शर्तें स्वीकार्य हैं। '나는 당신의 모든 조건들을 받아들인다.'

● 여격주어 + 명사 + **का** + 결합동사(명사 + 동사)

मुझे गाने का मज़ा नहीं आया। '나는 노래하는 재미가 나지 않았다.'

मुझे उस बात की याद नहीं आती। '나는 그 일이 기억나지 않는다.'

● 여격주어 + 명사 + **पर** + 결합동사(명사 + 동사)

अशोक को नौकर पर ग़ुस्सा है। '아쇼끄가 종업원한테 화나 있다.'

अशोक को नौकर पर ग़ुस्सा आया। '아쇼끄가 종업원한테 화가 났다.'

मुझे ग़रीबों पर दया आ गई। '나는 가난한 이들에 대해 동정심이 생겼다.'

3. 부정사구/절 또는 시제절을 내포하는 여격주어구문

● 부정사구/절을 내포하는 경우

मुझे चापस्टिक चलाना आता है।
'나는 젓가락을 다룰 줄 안다.'

मुझे आप का काम न कर पाने का दुःख है।
'나에게 당신의 일을 도저히 할 수 없다는 괴로움이 있다.'

● 시제절을 내포하는 경우

मुझे दुःख है कि मैं आप का काम नहीं कर पाया।
'나에게 당신의 일을 도저히 할 수 없었다는 괴로움이 있다.'

सुरेश को याद है कि कल सुजाता यहाँ आई थी।
'수레시에게 어제 수자따가 이곳에 왔었다는 기억이 있다.'

मुझे उम्मीद है कि वह जल्दी आए।

'나에게는 그가 빨리 왔으면 하는 바람이 있다.'

참고로 **आशा** '희망'은 여격주어구문 대신에 아래와 같은 표현을 갖는다.

मेरी आशा है कि आज बर्फ़ पड़े। '오늘 눈이 내렸으면 하는 것이 나의 바람이다.'

मैं आशा करता हूँ कि आज बर्फ़ पड़े। '나는 오늘 눈이 내리기를 바란다.'

어 휘 34

उपाय 남 방법
उम्मीद 여 바람, 희망
चापस्टिक 남 젓가락
जासूस 남 탐정, 스파이
थैला 남 가방
प्रेक्षक 남 구경꾼
फबना 자동 어울리다
भाना 자동 마음에 들다
भूरा 형 갈색의 남 갈색
मरुद्वीप 남 오아시스
शर्त 여 조건
समूह 남 집단
सूझना 자동 생각나다
स्वीकार्य 형 허용할 수 있는

35과 소유나 획득 등을 표현하는 구문

소유나 획득의 대상으로 취미, 습관, 시간, 필요, 손익, 일, 인정, 축하, 지시 등 다양한 유형이 있으며 공통적으로 의도나 능동성에서 비롯된 결과들이 아님을 특징으로 한다.

- [여격주어 + 소유대상 + **होना**]의 형식은 무형의 대상을 일시적으로 소유함을 주로 표현한다. 소유대상으로는 취미(**शौक़**), 습관(**आदत**), 필요(**आवश्यकता**), 시간(**समय**), 일(**काम**), 위험(**ख़तरा**), 축하(**बधाई**), 지시(**आदेश**) 등이 포함된다.

अशोक को पढ़ने का शौक़ है। '아쇼끄는 독서하는 취미가 있다.'

शेखर को सुबह टहलने की आदत है। '셰카르는 아침에 산책하는 습관이 있다.'

दुकानदार को एक नौकर की ज़रूरत है। '가게주인은 종업원이 하나 필요하다.'

उसे खाने तक की फ़ुरसत नहीं है। '그는 먹을 여유조차 없다.'

रमेश को उन लोगों से काम है। '라메시는 그 사람들과 일이 있다.'

तुम्हें कोई ख़तरा नहीं होगा। '너에게 아무 위험이 없을 것이다.'

आपको बधाई/प्रणाम है। '당신을 축하/인사한다.'

पुलिस को गोली चलाने का आदेश है। '경찰은 총을 쏘라는 명령이 주어져 있다.'

- [여격주어 + 획득대상 + 동사]의 형식은 대상의 획득을 주로 표현하며 이 경우에 사용되는 동사들로는 **होना** '되다', **हो जाना** '되다', **मिलना** '얻다/만나다', **पहुँचना** '도달하다', **प्राप्त होना** '획득되다', **उपलब्ध होना** '획득되다' 등이 있다.

रमेश को दो सौ रुपये का नुक़सान हुआ। '라메시에게 이백 루피의 손실이 생겼다.'

आपको कहाँ से बस मिलती है ? '당신은 버스를 어디에서 탑니까?'

राधा को एक किताब मिली। '라다는 책 한 권이 생겼다.'

व्यापारी को लाभ पहुँचा। '상인에게 이익이 발생했다.'

- 여격주어구문은 그에 상응하는 타동사구문과 비교하여 능동성이나 자발성에서 차이를 보인다.

मुझे सेब पसंद है। '나는 사과가 마음에 든다.'

मैं सेब पसंद करता हूँ। '나는 사과를 좋아한다.'

मुझे तुम्हारी दावत मंज़ूर है। '나는 너의 초대가 받아들여진다.'

मैं तुम्हारी दावत मंज़ूर करता हूँ। '내가 너의 초대를 받아들인다.'

अशोक को नौकर पर गुस्सा आया। '아쇼끄가 종업원한테 화가 났다.'

अशोक ने नौकर पर गुस्सा किया। '아쇼끄가 종업원한테 화를 냈다.

राधा को सब चीज़ें प्राप्त हो गईं। '라다는 모든 물건들을 얻었다.'

राधा ने सब चीज़ें प्राप्त कीं। '라다는 모든 물건들을 획득했다.'

• [여격주어 + 분사 + 시간 + 동사]의 형식은 시간의 경과를 나타낸다.

मेरे बेटे को विदेश में रहते हुए पाँच साल हुए हैं।
'내 아들이 외국에 살면서 5년이 되었다.'

उन जवानों को ताश खेलते हुए पूरी रात बीत गई।
'그 젊은이들이 카드 놀이를 하면서 온 밤이 지나갔다.'

पंचायत चुनाव को बीते हुए भी अब लगभग दो महीने होने को है।
'빤짜야뜨 선거가 지나간지도 이제 거의 두 달이 되려고 한다.'

• 여격주어구문의 문맥에서 실제로 여격 후치사 **को**가 쓰이지 않는 경우가 있다. 의무나 필요의 요구를 느끼지 않는 무생물은 사람과 달리 **को**와 함께 쓰이지 않는다. 이와 함께 쓰이는 부정사는 자동사로서 **होना**, **रहना** 등이 이에 해당한다.

सेब पक्के होने चाहिए। '사과들이 익어야 한다.'

रोटी गरम रहनी पड़ी थी। '빵이 뜨거워야만 했었다.'

मौसम ठंडा होना चाहिए। '날씨가 차야 한다.'

어휘 35

उपलब्ध 형 획득한
नुक़सान 남 손실
प्रणाम 남 인사
मंज़ूर 형 받아들이는
व्यापारी 남 상인

연습문제 10

1. 주어진 문장을 의무나 예정을 나타내는 여격주어구문으로 바꾸시오.

1) मैं ज़ख़्मी जानवरों का इलाज कर रहा हूँ।

2) हम बाढ़ पीड़ितों को खाने-पीने का सामान बाँट कर दे रहे हैं।

3) तारक चिट्ठियाँ भेज रहा है।

4) पिताजी हर रोज़ सुबह व्यायाम कर रहे हैं।

5) सुमित्रा बॉस की मेज़ पर एक लिफ़ाफ़ा रख रही है।

6) नौकर बच्चों के लिए आलू पराँठे बनाता है।

7) माली बग़ीचा साफ़ कर रहा है।

8) दर्ज़ी चार जोड़े सी रहा है।

9) सब्ज़ी वाला सारी सब्ज़ियाँ बेच रहा है।

10) बच्चा खाने से पहले हाथ धोता है।

2. 괄호에 주어진 단어를 활용하여 여격주어구문으로 바꾸시오.

1) **शेखर जल्दी सुबह टहलने का आदी है। (आदत होना)**

2) **सुमित्रा कविता लिखने की शौक़िन है। (शौक़ होना)**

3) **मैं किसी भी तरह तुम्हारी मदद करने का इच्छुक हूँ। (इच्छा होना)**

4) **आपके लिए थकावट के कारण कुछ पल आराम करना आवश्यक है। (आवश्यकता होना)**

5) **मैं चाहती हूँ कि वह जल्दी आए। (उम्मीद होना)**

6) **मैं दुःखी हूँ कि मैं आप का काम नहीं कर पाया। (दुःख होना)**

7) **दुकानदार ने अपने नौकर पर ग़ुस्सा किया है। (ग़ुस्सा आना)**

8) **मैं आकाश में घिरे हुए काले बादल देख रहा हूँ। (दिखाई देना)**

9) **नानाजी कल रात को बहुत खाँसते थे। (खाँसी आना)**

10) **मेरे पेट में चूहे कूद रहे है, इसलिए सब कुछ खा सकता हूँ। (भूख लगना)**

3. 주어진 질문에 여격주어구문으로 답하시오.

1) क्या रमेश हिन्दी जानता है ? (आना)

2) क्या रमेश चापस्टिक चलाना जानता है ? (आना)

3) क्या सुनीता सलवार-कुरता पसंद करती है ? (पसंद आना)

4) क्या रमेश भूरा थैला पसंद करता है ? (पसंद आना)

5) क्या सुमित्रा हल्के रंग की साड़ी पसंद करती है ? (भाना)

6) क्या आप आम, अमरूद आदि भारतीय फल याद करते हैं ? (याद आना)

7) क्या सुनीता ये शर्तें स्वीकार करती है ? (स्वीकार्य होना)

8) क्या राधा ने सब चीज़ें प्राप्त कीं ? (प्राप्त होना)

9) क्या आप यहाँ से भारतीय मसाला लेते हैं ? (मिलना)

10) क्या आप आजकल काम बहुत करते हैं ? (होना)

부록 12

• 한정의 표현

- '단지/오직/-만'의 의미를 나타내는 형용사 또는 부사들로 **मात्र**, **सिर्फ़**, **केवल**, **महज़**, **ही** 등이 있다.

- **मात्र**는 피수식어의 앞이나 뒤 어느 자리에나 쓰일 수 있다.

मात्र दस रुपए मुझे मिले। '단지 10루피를 받았다.'

यह बच्चा हमारी एक मात्र संतान है। '이 아이가 우리의 하나뿐인 자손이다.'

क्षण मात्र सोचिए। '잠시만 생각하세요.'

यह मंत्र सिर्फ़ सुनने मात्र से ही क़िस्मत के सभी बंद दरवाज़े खुल जाते हैं !
'이 주문은 단지 듣는 것만으로써 운명의 모든 닫힌 문이 열린다.'

- **सिर्फ़**, **केवल**, **महज़**는 피수식어의 앞에서만 쓰인다.

सिर्फ़ दस आदमी वहाँ गये थे। '단지 열 명이 그곳에 갔었다.'

मैं सिर्फ़ कह ही सकता था। '나는 단지 말할 수만 있었다.'

वहाँ केवल साहित्यिक आए थे। '그곳에 오직 문학가들이 왔었다.'

यहाँ केवल सबेरे दूध मिलता है। '여기서는 오직 아침에 우유를 살 수 있다.'

यह तो महज़ पागलपन है। '이것은 단지 미친 짓이다.'

❸ **ही**는 피수식어의 뒤에서 쓰인다.

अब तुम ही कहो कि क्या हुआ। '무슨 일이 일어났는지 지금 바로 네가 말해라.'

मैंने ही यह बात कही थी। '바로 내가 이 말을 했었다.'

अब वह आकर ही क्या करेगा। '지금 그가 와서는 무엇을 할 것인가.'

सरकार ने हाल ही में मिशन 2020 शुरू किया है।
'정부가 바로 최근에 미션 2020을 착수했다.'

제11장

관계사절과 상관사절

मिश्र वाक्य
संबंधवाचक उपवाक्य

सहसंबंधवाचक उपवाक्य

36과	관계대명형용사 **जो**
37과	관계형용사/부사 **जैसा, जितना**
38과	관계부사
39과	관계사의 포괄 표현
연습문제11	
부록13	양태부사를 구성하는 단어들
부록14	관계사와 상관사로 구성된 합성어

- 두 절을 하나의 문장에 담는 문법적 수단으로 관계사, 접속사, 분사, 부정사 등이 사용된다.

- 관계사에는 관계대명형용사 **जो**, 관계형용사/부사 **जैसा**, **जितना**, 그리고 관계부사 **जहाँ**, **जब**, **जैसे**, **जिधर** 등이 있다. 이들 관계사는 관계절을 이끌며 주절의 상관사와 연결된다.

- **जो**는 주절의 상관사 **वह**와 연결되며 **जैसा**는 **वैसा**와, **जितना**는 **उतना**와, **जहाँ**은 **वहाँ**과, **जब**은 **तब**과 **जैसे**는 **वैसे**와 그리고 **जिधर**는 **उधर**와 각각 연결된다.

- 부정형용사 **एक**나 **ऐसा** 또는 부정부사 **ऐसे**가 주절에서 쓰이는 경우 관계사는 뒤따르는 관계절을 이끌며 선행명사나 선행동사를 설명하는 계속적 용법을 갖는다.

36과 관계대명형용사 जो

관계사 **जो**는 대명형용사로서 대명사로 쓰이기도 하고 명사를 수식하기도 한다. 사격 형태로 단수 **जिस**, 복수 **जिन**의 형태를 가지며 행위격 복수와 목적격 단수/복수는 축약 형태를 갖는다.

जो의 형태변화

형태	단수	복수
직격	जो	जो
사격	जिस	जिन
행위주격	जिसने	जिन्होंने
목적격	जिसको, जिसे	जिनको, जिन्हें
도구격	जिससे	जिनसे
명사와 함께 쓰인 용례	जो लड़का, जिस लड़के ने	जो लड़के, जिन लड़कों ने

1. 관계사절이 선행절인 경우

- 관계사절을 이끄는 관계사 **जो**는 후행절의 상관사 **वह** 또는 **वे**와 연결된다. 관계사 **जो**와 상관사 **वह/वे**는 동일한 대상을 지시한다.

जो यहाँ आया था, वह हमारी कंपनी का बॉस है। '여기 왔던 그가 우리 회사의 사장이다.'

हमने जो देखा है, वह बहुत बड़ा है। '우리가 본 그것은 매우 크다.'

- 동일한 대상을 표현하는 별도의 명사가 있는 경우 그 명사는 선행절에서만 관계사를 후행하여 나타난다.

जो महिला रेलवे स्टेशन में गिर गई, वह एम्बुलेंस से अस्पताल में ले जाई गई।
'기차역에서 쓰러진 여인이 구급차로 병원에 실려갔다.'

जिस दरवाज़े में ताला लगा है, उसका रंग नीला है।
'자물쇠가 걸려있는 문의 색은 파랑이다.'

जिन लोगों ने ममता बनर्जी की राजनीतिक समझ और विचारधारा को प्रभावित किया है, उनमें से कई लोग अब उनकी कैबिनेट में मंत्री हैं।
'맘따 바나르지의 정치적 이해와 사상에 영향을 준 사람들 중에 여러 명이 지금 그녀의 내각에서 각료로 있다.'

- 숙어나 속담 등에서 상관사로 대명사 **सो** '그'가 쓰이기도 한다.

जो बोए, सो काटे। '뿌린 자는 거둘 것이다.'

जो होना है, सो होगा। '있어야 할 것은 있게 될 것이다.'

जो चाहो, सो करो। '네가 원하는 것 그것을 해라.'

2. 관계사절이 후행절인 경우

- 선행절을 지시대명사가 이끄는 경우, 상관사에 해당하는 지시대명사 **वह** 또는 **वे**를 동반하는 주절이 관계사절을 선행하며 선행명사는 후행하는 관계사절에서 중복되지 않는다. 관계사절은 선행명사를 부연 설명하는 기능을 한다.

यह वह फ़ौज थी, जो अब तक दुनिया में अनजान बनी हुई है।

'이 군대는 지금까지 세상에 알려지지 않은 그 군대였다.'

हम उन हज़ारों औरतों के बारे में भी क्या जानते हैं, जो लड़ाई के समय बिहार की कोयला खदानों में काम कर रही थीं।

'우리가 그 수천 명의 여인들에 대하여도 무엇을 알고 있는가, 그들은 전쟁 시에 비하르의 탄광에서 일을 하고 있었다.'

- 선행절을 부정형용사나 부정부사가 이끄는 경우, 상관사에 해당하는 부정형용사 **एक** 또는 **ऐसा**를 동반하는 주절이 관계사절을 선행하며 선행명사는 관계사절에서 중복되지 않는다. 관계사절은 선행명사를 구체적으로 설명하는 기능을 한다. 마찬가지로 부사 **ऐसे** 등을 동반하는 주절이 관계사절을 선행하여 쓰이기도 한다.

रामायण में हमें ऐसी जन्मकथा पढ़ने को मिलती है, जिसपर सहज ही विश्वास करना मुश्किल होता है।

'라마야나에서 우리는 이러한 탄생 이야기를 읽게 되는데, 그것에 대해 쉽게 믿기가 어렵다.'

दक्षिण एशिया में ऐसे कई और लोग भी थे, जो सेना के जवान तो नहीं थे लेकिन जिन्होंने सेना को रसद भेजे जाने में बड़ी भूमिका अदा की थी।

'남아시아에 이러한 여러 다른 사람들도 있었다, 그들은 군대의 군인들은 아니었지만 군대에 식량이 보급되는데 큰 역할을 수행했었다.'

वह औरत ऐसे चिल्लाई, जैसे कोई उसे मार रहा हो।

'그 여인이 소리질렀다, 마치 누군가가 그녀를 때리고 있는 것처럼.'

어휘 36

अदा 여 이행, 실행
अनजान 형 모르는
कैबिनेट 여 내각
कोयला 남 석탄
खदान 여 광산
जन्मकथा 여 탄생 이야기
जवान 남 젊은이, 군인
प्रभावित 형 영향을 받은
फ़ौज 여 군대
बोना 타동 심다
भूमिका 여 역할
रसद 여 보급품
राजनीतिक 형 정치적
विचारधारा 여 사상
सहज 형 쉬운, 타고난

37과 관계형용사/부사 जैसा, जितना

जैसा와 **जितना**는 **–आ**로 끝나는 형용사처럼 변하며 동사나 형용사를 수식하는 부사의 기능을 하기도 한다.

관계사	상관사	뜻
जितना	**उतना**	그만큼
जैसा	**वैसा**	그 같은

जितना는 **जिस मान का** '그 양만큼의', **जिस मात्रा में** '그 양/크기만큼', **जिस संख्या में** '그 수만큼' 등으로 풀어 쓸 수 있다.

तुम जितना चाहो, तो उतना ले लो। '네가 원하는 그만큼을 가져라.'

आदमी के पास जितने पैसे होते हैं, उतनी चिंता भी होती है।
'사람은 돈이 있는 그만큼 걱정도 있다.'

हम पहाड़ पर जितना ऊपर चढ़ते गए, उतनी ठंड बढ़ती गई।
'우리가 산을 위로 올라간 그만큼 추위가 심해졌다.'

जैसा는 **जिस तरह का** '그 종류의', **जिस आकार-प्रकार का** '그 유형의', **जिस रूप-रंग का** '그 모양의' 등으로 풀어 쓸 수 있다.

हम जैसा कर्म करते हैं, हमें उसका वैसा ही फल मिलता है।
'우리가 행하는 행위에 상응하는 결과를 얻게 된다.'

जैसा चाहोगे, वैसा हो जाएगा। '네가 원하는 대로 그렇게 될 것이다.'

रामलाल ने जिस तरह का कपड़ा ख़रीदा, उस तरह का अब नहीं मिलता।

'람랄이 산 그런 종류의 천을 지금은 구할 수 없다.'

어 휘 37

चिंता 여 걱정

ठंड 여 추위

38과 관계부사

관계부사로는 시간을 나타내는 관계부사 **जब**, **जैसे ही**, **ज्यों ही**, 처소를 나타내는 관계부사 **जहाँ**, **जिधर**, 방법을 나타내는 관계부사 **जैसे**, **ज्यों** 등이 쓰인다.

1. 시간을 나타내는 관계부사

관계사	상관사	뜻
जब	**तब**	그때
जैसे ही/जब ही/ज्यों ही	**वैसे ही/तब ही/त्यों ही**	~하자마자

- **जब**은 **जिस समय** '그 시간에', **जिस वक़्त** '그 시간에', **जिस दिन** '그 날' 등으로 풀어 쓸 수 있다. 또한 **जब**은 후치사와 결합하여 **जब तक** '그때까지/그 동안', **जब से** '그때부터' 등의 후치사구를 이룬다.

जब मुझे बि. ए. डिग्री प्राप्त हो जाएगी, तब मैं नौकरी ढूँढूँगा।

'내가 학사 학위를 받았을 때 직업을 구할 것이다.'

जिस समय दिन निकला, उस समय घोड़े सफ़ेद चूहों में बदल गए।

'날이 밝았을 때 말들이 흰 쥐로 변하였다.'

जब तक फ़ायरमैन पहुँचे, तब तक इमारत जल चुकी थी।

'소방수가 도착하는 동안 건물이 타버렸다.'

जैसे ही पुलिस आई, वैसे ही चोर दौड़ने लगा।

'경찰이 오자마자 도둑이 달리기 시작했다.'

2. 처소를 나타내는 관계부사

관계사	상관사	뜻
जहाँ	**वहाँ**	그곳에
जहाँ तक	**वहाँ तक**	그곳까지
जिधर	**उधर**	그리로

⊕ **जहाँ**은 **जिस जगह** '그 곳에', **जिस सथान में** '그 장소에' 등으로 **जिधर**는 **जिस तरफ़** '그리로', **जिस दिशा में** '그 방향에' 등으로 풀어 쓸 수 있다.

जहाँ हम काम करते हैं, वहाँ शहर से हटकर है।

'우리가 일하는 곳은 도시에서 떨어져 있다.'

हम जिस जगह गए थे, वहाँ चीटा और टाजान साथ ही रहते थे।

'우리가 치타와 타잔이 함께 살았던 곳에 갔었다.'

जहाँ तक चल सकें, वहाँ तक चलें, फिर टैक्सी ले लेंगे।

'갈 수 있는 곳까지 가서 택시를 탑시다.'

हिंदुस्तान, जहाँ हिंदी बोली जाती है, बहुत बड़ा देश है।

'인도는 힌디어가 쓰이는 곳으로서 매우 큰 나라이다.'

मैं जिधर से आया हूँ, उधर कोई भोजनालय नहीं है।

'내가 온 방향으로는 식당이 하나도 없다.'

3. 방법을 나타내는 관계부사

관계사	상관사	의미
जैसे	**वैसे**	그처럼
जैसे-जैसे/ज्यों-ज्यों	**वैसे-वैसे/त्यों-त्यों**	비례하여

जैसे는 **जिस ढंग से** '그 방법으로', **जिस तरह से** '그 방식으로' 등으로 풀어 쓸 수 있다.

मोहन जैसे काम करता है, ममता वैसे नहीं करती।
'모한이 일하는 것처럼 맘따는 그렇게 하지 않는다.'

सुशीला जिस ढंग से तस्वीर खींचती है, मैं भी उस ढंग से खींचना चाहता हूँ।
'수실라가 사진을 찍는 방식대로 나도 그렇게 사진 찍기를 원한다.'

जैसे-जैसे हमारी उम्र बढ़ती है, वैसे-वैसे नींद की हमारी ज़रूरत कम होती जाती है।
'우리의 나이가 늘어나는 만큼 잠의 필요가 적어져 간다.'

ज्यों-ज्यों दिन लम्बे होते जाते हैं, त्यों-त्यों रातें छोटी होती जाती हैं।
'날이 길어져 가는 만큼 밤이 짧아져 간다.'

어 휘 38

डिग्री 여 학위

ढूँढ़ना 타동 찾다

फ़ायरमैन 남 소방수

भोजनालय 남 식당

39과 관계사의 포괄 표현

1. 관계사 + 부정대명사/부사/भी

관계사는 **कोई**, **कुछ**, **कभी**, **कहीं** 등 부정(不定)의 의미를 갖는 대명사나 부사 또는 불변화사 **भी** 등과 결합하여 복수의 대상이나 사태를 포괄적으로 표현한다.

जो कोई '누구든', '어떤 ~든'

जो कोई आज छूटना चाहे, उसे इजाज़त लेनी है।
'누구든 오늘 떠나길 원하는 자는 허락을 받아야 한다.'

जिस किसी को ईश्वर पर विश्वास हो, उसे स्वर्ग की चाबी मिलेगी।
'누구든 신을 믿는 자는 천국의 열쇠를 얻을 것이다.'

जो कोई सलाह मैं पेश करता हूँ, वह उस पर एतराज़ करती है।
'내가 어떤 조언을 하든 그녀는 그것에 반대한다.'

जो कुछ '무엇이든'

जो कुछ मैं करता हूँ, वह उसका विरोध करती है।
'내가 무엇을 하든 그녀는 그것을 반대한다.'

जो कुछ तुम कहते हो, मैं उस पर विश्वास करता हूँ।
'네가 무슨 말을 하든 나는 그것을 믿는다.'

जो भी '누구든'

जो भी काम नहीं करता, उसे वेतन नहीं मिलता।

'누구든 일을 하지 않는 자는 봉급을 받지 못한다.'

जो भी कमरे में है, यथासंभव शीघ्र बाहर निकल आओ।

'누구든 방안에 있는 자는 가능한 빨리 밖으로 나와라.'

जहाँ भी / जहाँ कहीं '어디든'

जहाँ भी मैं जाता हूँ, वहाँ भारतीय लोग मिलते हैं।

'내가 어디를 가든 인도인을 만난다.'

जहाँ कहीं हमने देखा, बर्फ़ ही बर्फ़ दिखाई दी।

'우리가 어디를 보든 눈만 보였다.'

जब कभी / जब भी '언제든'

जब भी मैं दिल्ली जाता हूँ, तब मैं रामलाल से मिलता हूँ।

'내가 인도를 언제든 가면 람랄과 만난다.'

जब कभी वह यहाँ आता है, तो वह हमारे यहाँ ठहरता है।

'그가 여기 언제든 오면 그는 우리 집에 머무른다.'

जैसे भी '어떻게든'

जैसे भी आप चाहें, कर सकते हैं।

'당신이 어떻게 원하든 할 수 있다.'

आप जैसे भी हैं, उसी में ख़ुश रहें।

'당신이 어떻게 있든 그것에 자족하라.'

2. 관계사의 반복

관계사를 반복하여 복수 또는 분포를 나타낸다.

जो-जो संग्रहालय की सैर करना चाहें, अपना नाम लिखवा दें।

'박물관 관람을 원하는 분들은 자기이름을 기입하여 주세요.'

उसने जिस-जिस देश का सफ़र किया, वहाँ की यादगारें जमा कर लीं।

'그는 여행한 나라들의 기념물들을 수집하였다.'

जहाँ-जहाँ देखा, गुलाब ही गुलाब थे।

'보는 곳마다 장미꽃이었다.'

어 휘 39

इजाज़त 여 허가

एतराज़ 남 반대

गुलाब 남 장미

जमा 형 모은

पेश 부 앞에

यथासंभव 부 가능한 한

विरोध 남 반대

शीघ्र 부 빨리

संग्रहालय 남 박물관

सफ़र 남 여행

सलाह 여 조언

सैर 여 산책, 소풍

연습문제 11

1. 주어진 두 문장을 관계사와 상관사를 사용하여 복문으로 바꾸시오.

보기

लड़का मैदान में खेल रहा है। (जो, वह)
लड़का मनोज का भाई है।
जो लड़का मैदान में खेल रहा है, वह मनोज का भाई है।

1) महिला रेलवे स्टेशन में गिरी। (जो, वह)
महिला अस्पताल ले जाई गई।

2) पुलिस द्वारा चोर को गिरफ़्तार किया गया। (जो, वह)
चोर को जेल में बंद किया गया।

3) गाँववालों ने सेना को रसद भेजी थी। (जो, वह)
हम पिछले साल गाँववालों से मिले थे।

4) मैं भारत से कुरता ख़रीदकर लाया। (जो, वह)
मैं आज कुरता पहनना चाहता हूँ।

5) आपने कल लड़के को देखा था। (जो, वह)
लड़के को यहाँ बुलाइए।

6) हम खिलाड़ियों पर विश्वास करते हैं। (जो, वह)
खिलाड़ियों ने दो गोल दे मारे।

7) मेरा भाई बाज़ार जाता है। (जब, तब)
मेरा भाई दूध और फल ले आता है।

8) मकान बनाया गया। (जब, तब)
सारे मज़दूरों को वेतन दिए गए।

9) वसंत आता है। (जिस समय, उस समय)
मैं ख़ुश हो जाता हूँ।

10) नानीजी ने नातिन को समझाया। (जिस वक़्त, उस वक़्त)
नातिन ने नानीजी की बात मानी।

11) नगरों की जनसंख्या बढ़ती जाती है। (जब-जब, तब-तब)
बेरोज़गारी की समस्या बढ़ती जाती है।

12) हम खाना खाने कहाँ चलें ? (जहाँ, वहाँ)
वहाँ स्वादिष्ट शाही पनीर मिलता है।

13) हम कहाँ तक बस से चलें ? (जहाँ, वहाँ)
वहाँ तक पक्की सड़क बनी हुई है।

14) हम किधर चलें ? (जिधर, उधर)
उधर से गुलाब की ख़ुशबू आ रही है।

15) हम कहाँ सामान ख़रीदें ? (जहाँ, वहाँ)
वहाँ से ममता दूध, सब्ज़ी आदि लाती है।

2. 주어진 단문을 상관사와 관계사를 사용하여 복문으로 만드시오.

보기

सब ईमानदार व्यक्ति को चाहते हैं।
जो ईमानदार है, उसे सब चाहते हैं।

1) लोग नोटबंदी का विरोध करने के लिए नारे लगाते थे।

2) मुझे शिकायत करने वाले लोग नापसंद है।

3) तुम सफ़ेद सलवार-पजामे वाले आदमी को बुलाओ ।

4) मैं आपके समान काम नहीं कर सकता।

5) मोहन अपने भाई के समान अच्छा नहीं गाता।

6) इस साल पिछले साल के समान ठंड नहीं है।

7) ममता शीला के समान अच्छी लड़की नहीं है।

8) मैं पिछली बार की जैसी शाल ख़रीदना चाहता हूँ।

9) मैं कल का जैसा अच्छा नाश्ता करना चाहता हूँ।

10) मैं आप के जैसे सुंदर गाँव में रहना चाहता हूँ।

11) मैं आप जैसे क़ाबिल व्यक्ति बनना चाहता हूँ।

12) बच्चे के हँसने पर माँ का मन लुभाया जाता है।

13) संगीत सुनने पर मनोज की आँखों में आँसू भर आए।

14) वेतन मिलने पर मैं आपके पैसे लौटा सकूँगा।

15) मेरे कपड़े पहनने तक आप तैयार हो जाइए।

16) एम्बुलेंस आने तक शीला ने रात भर के लिए ज़रूरत की कुछ चीज़ें थैले में भर लीं।

17) पुलिस के आते ही चोर दौड़ने लगा।

18) बादल गरजते ही बच्चे डरकर चिल्लाने लगे।

19) दरवाज़ा खुलते ही कुत्ता भाग निकला।

20) मेरे बर्फ़ानी सड़क पर फिसलते ही अनजान लोगों ने मुझे उठाया।

부록 13

- 양태부사를 구성하는 단어들:
तरह/भाँति '종류/유형', **तौर/ढंग/तरीक़ा** '방법/방식', **रूप** '형태'

तरह/भाँति는 후치사 **से**와 함께 쓰여 부사를 이루며 후치사 **से**는 자주 생략된다.

अच्छी तरह/भाँति (से) '잘'

ठीक तरह (से) '제대로'

किस तरह (से) '어떤 식으로'

आपकी तरह '당신처럼'

तौर는 후치사 **पर** 또는 **से**와 어울려서 그리고 **ढंग/तरीक़ा**는 후치사 **से**와 어울려 부사를 이룬다.

आम तौर पर '일반적으로'

ख़ास तौर पर '특별히'

पूरे तौर पर '완전히'

मनमाने तौर पर '멋대로'

मोटे तौर पर '대강'

ठीक तौर से '제대로'

अच्छे ढंग/तरीक़े से '잘'

मोटे ढंग/तरीक़े से '대강'

सही ढंग/तरीक़े से '제대로'

रूप는 후치사 **में** 또는 **से**와 어울려 부사를 이룬다.

साधु के रूप में '탁발승의 모습으로'

भिन्न रूप में '다른 모양으로'

निजी रूप से '개인적으로'

मानसिक रूप से '정신적으로'

विस्तृत रूप से '자세히'

मुख्य रूप से '주로'

नियमित रूप से '규칙적으로'

परंपरागत रूप से '전통적으로'

सुरक्षित रूप से '안전하게'

वह लड़की अच्छी तरह गाती है।
'그 소녀가 잘 노래한다.'

ग्रामीण मनमाने तौर पर पेड़ काट रहे हैं।

'마을사람들이 제멋대로 나무를 자르고 있다.'

आज मैं तुम्हें गुजराती तरीक़े से बनाया गाजर का मुरब्बा खिलाऊँगा।

'오늘 내가 너에게 구즈라뜨 식으로 만든 당근 잼을 대접하겠다.'

क्या शिव ने बुद्ध के रूप में फिर से जन्म लिया ?

'시바가 부처의 모습으로 다시 태어났는가?'

हिन्दी को भारत की राजभाषा के रूप में १४ सितम्बर सन् १९४९ को स्वीकार किया गया।

'힌디어가 인도의 공용어로 1949년 9월 14일에 승인되었다.'

부록 14

• 관계사와 상관사로 구성된 합성어

ज्यों-त्यों, जैसे-तैसे, जैसा-तैसा '어떻게든'

ज्यों-त्यों (करके) शर्मा जी को इधर ले आओ।

'어떻게든 (해서) 샤르마씨를 이리로 데려오라.'

जहाँ-तहाँ '여기저기에, 사방에'

जो लोग बिना किसी पंक्ति के जहाँ-तहाँ एकत्रित हो जाते हैं, वैसे लोगों को भीड़ कही जाती है।

'어떤 줄을 서지 않고 여기 저기 모여 있는 사람들을 무리라 부른다.'

जैसे का तैसा, ज्यों का त्यों '전처럼 그대로', **जहाँ का तहाँ** '전과 같은 장소에'

हमारा यहाँ आज भी ज्यों का त्यों है।

'우리 집은 오늘도 변함이 없다.'

तुम आज भी ज्यों के त्यों हो।

'너는 오늘도 이전과 같구나.'

प्राण को जहाँ का तहाँ रोक देना, जो प्राणायाम का एक अंग है।

'숨을 있던 자리에 멈추라, 그것은 호흡조절요가의 일부이다.'

* 후치사 **का**는 관련된 명사의 성, 수에 따라 변한다.

제12장

후치사

परसर्ग

40과	행위격 ने
41과	후치사 को
42과	소유격 का
43과	후치사 से
연습문제12-1	
부록15	연결모음(इज़ाफ़त) ए
44과	처소격 후치사
45과	복합후치사의 양치와 전치
46과	소유관계의 표현
연습문제12-2	
부록16	동어반복의 첩어

- 격을 나타내는 단일 후치사로 행위격 **ने**, 목적격/여격 **को**, 도구격/탈격 **से**, 소유격 **का/के/की**, 처소격 **में**, **पर**, **तक** 등이 있으며 이외에 백여 개의 복합 후치사가 쓰인다.

- 후치사구의 구성

- 후치사는 사격의 명사(상당어구) 뒤에 위치한다.
- 후치사는 강조사나 한정사 **तो**, **ही** 등을 통상 선행한다.

बच्चे ने तो, **बच्चे ने ही**, **बच्चे ने भी**

- 복합후치사는 일반적으로 [소유격 후치사 **के** + 사격 명사/형용사/부사/분사]의 구성을 갖는다.

[**के** + 명사]: **के बाद** '후에', **के दौरान** '동안에'

[**के** + 형용사]: **के समान** '와 같은', **के योग्य** '에 적합한'

[**के** + 부사]: **के नीचे** '아래에', **के अंदर** '안에'

[**के** + 분사]: **के लिए** '위하여', **के मारे** '때문에'

- 소유격 후치사는 후행하는 사격명사가 여성인 경우 **की** 형태를 취한다.

की ओर '쪽으로', **की तरह** '처럼', **की जगह** '대신에'

- 소유격 후치사 자리에 후치사 **से**가 쓰이기도 한다.

से पहले '전에', **से पूर्व** '먼저', **से परे** '너머에', **से रहित** '없는'

- 소유격 후치사와 아랍어, 페르시아어, 산스끄리뜨어 등의 전치사가 결합하여 복합후치사를 구성하기도 한다.

के बग़ैर '없이' (아랍어), **की/के बजाय** '대신에' (페르시아어), **के बिना** '없이' (산스끄리뜨어)

- 단일후치사가 연속하여 복합후치사를 이루기도 한다.

पर से '위로부터', **पर का** '위의', **में से** '에서'

후치사의 기능

- 문장에서 단어들 간의(주로 명사와 동사) 관계를 나타내는 기능을 한다.
- 명사(상당어구)에 후치하여 형용사구 또는 부사구의 기능을 한다.

40과 행위격 ने

- 행위격 **ने**는 **ने**와 함께 쓰인 주어가 행위자라는 점에서 붙여진 이름이다. **ने**는 문장의 동사가 타동사 완료시제인 경우에만 가능하며 타동사의 주어는 기본적으로 행위자 의미격을 갖는다. 도구, 경험자, 기점 등의 의미격이 때로 의인화 형식을 빌어 타동사의 주어로 자연스럽게 쓰이기도 한다.

पिताजी ने मोहन को चिट्ठी लिखी। '아버지가 모한에게 편지를 썼다.'

मैंने बंदूक़ से शेर को मार डाला। '내가 총으로 사자를 죽였다.'

मैंने सेब पसंद किया था। '내가 사과를 좋아했었다.'

बाढ़ ने लाखों के घर उजाड़ दिए। '홍수가 수십만 사람들의 집을 파괴했다.'

इस दवा ने मेरी बेटी की जान बचाई। '이 약이 내 딸의 목숨을 살렸다.'

कोप्टर ने गणतंत्र दिवस पर फूल बिखेरे। '헬리콥터가 공화일에 꽃을 뿌렸다.'

- 타동사들 중에서 **बोलना**, **लाना**, **भूलना**는 완료시제의 환경에서도 후치사 **ने**를 취하지 않는다.

बोलना '말하다/소리 내다'

कोयल बोली। '뻐꾸기가 울었다.'

घड़ी टिक-टिक बोली। '시계가 똑딱거렸다.'

वह आदमी हम लोगों से सारी बातें झूठ बोला है।
'그 사람이 우리들에게 모든 일들을 거짓으로 말했다.'

मुख्य अतिथि माइक के पास खड़े होकर कुछ बोला।
'주빈이 마이크 옆에 서서 뭔가를 말했다.'

यक्ष राम से बोला कि पहले मेरे प्रश्न का उत्तर दो।
'야차가 람에게 먼저 내 질문에 답하라고 말했다.'

लाना '가져오다'

अध्यापक क्लास में एक सुंदर चौखटा लाया।
'선생님이 교실에 예쁜 액자를 하나 가져왔다.'

मेरी माँ सड़क से एक छोटी बिल्ली को उठाकर लाई।
'엄마가 길에서 한 작은 고양이를 데려왔다.'

भूलना '잊다'

तुम मेरी बात अब तक नहीं भूले हो। '네가 내 말을 지금까지 잊지 않았네.'

मैं अब सब कुछ भूला हूँ। '나는 지금 모든 것을 잊었다.'

समझना '이해하다/생각하다'와 **खेलना** '놀다/게임하다'는 **ने**를 선택적으로 취한다.

मैं तुम्हारी बात नहीं समझा। '내가 너의 말을 이해하지 못했다.'

मैंने तुम्हारी बात नहीं समझी। '내가 너의 말을 이해하지 못했다.'

मैंने अंधकार में साँप को रस्सी समझा। '내가 어둠 속에서 뱀을 밧줄로 생각했다.'

ध्यानचंद सिंह ओलंपिक में हॉकी बहुत अच्छा खेला।
'단짠드 씽이 올림픽에서 하키를 매우 잘 했다.'

ध्यानचंद सिंह ने ओलंपिक में हॉकी बहुत अच्छी खेली।
'단짠드 씽이 올림픽에서 하키를 매우 잘 했다.'

लड़ना '싸우다'는 문맥에 따라 자동사와 타동사로 쓰인다.

शिवाजी महाराज औरंगजेब से कई बार लड़ा।
'시바지 대왕은 아우랑제브와 여러 번 싸웠다.'

शिवाजी महाराज ने औरंगजेब से कई लड़ाइयाँ लड़ीं।
'시바지 대왕은 아우랑제브와 여러 전투를 치렀다.'

छींकना '재채기하다', **नहाना** '목욕하다', **खाँसना** '기침하다' 등의 자동사는 예외적으로 완료시제에서 후치사 **ने**를 취한다.

मोहन ने कई बार छींका। '모한이 여러 번 재채기를 했다.'

माँ ने खाँसा तो मेरी नींद खुल गई।
'엄마가 기침을 하셨을 때 내가 잠에서 깼다.'

एक 81 साल के ईरानी आदमी ने 62 सालों से नहीं नहाया।
'81세의 한 이란인이 62년 동안 목욕을 하지 않았다.'

우리말의 동사 '만나다'는 타동사로도 쓰이지만 **मिलना** '만나다'는 항상 자동사이다.

तिवारी को रास्ते में एक आदमी मिला। '띠와리가 길에서 한 사람을 (우연히) 만났다.'

तिवारी रास्ते में एक आदमी से मिला। '띠와리가 길에서 한 사람을 (의도하여) 만났다.'

어 휘 40

उजाड़ना 타동 황폐화하다, 파괴하다
कोयल 여 뻐꾸기
गणतंत्र दिवस 남 공화일
चौखटा 남 액자
टिक-टिक 여 똑딱똑딱
बंदूक़ 여 총
बिखेरना 타동 흩뿌리다
यक्ष 남 야차

41과 후치사 को

후치 को는 목적격, 간접목적격, 처소격 등을 나타내는데 쓰인다.

1. 목적격 को

목적어는 후치사 **को**를 동반하는 경우와 그렇지 않은 경우로 구별된다.

- 목적어가 사람 이름인 경우는 항상 **को**를 동반한다.

मैंने मीरा को कॉलेज में देखा। '내가 미라를 칼리지에서 보았다.'

- 목적어가 이미 언급되었거나 지시된 대상인 경우 **को**를 동반한다.

अंजली भारती ने इस पुस्तक को लिखा। '안즐리 바르띠가 이 책을 썼다.'

इन दोनों पापड़ों को थोड़ा और बेल दो। '이 빠빠르를 둘 다 좀 더 밀어라.'

मैं उस लड़के को खोज रहा हूँ, जिसने तुम्हें मेरा पता दिया था।
'내가 그 소년을 찾고 있는데 그는 너에게 내 주소를 주었다.'

- 목적어가 처음 언급되거나 불특정한 대상인 경우에는 **को**가 쓰이지 않는다.

हम इस काम के लिए एक योग्य व्यक्ति खोज रहे हैं।
'우리가 이 일에 맞는 사람을 하나 찾고 있다.'

मेरा भतीजा मक्खियाँ मार रहा है। '내 조카가 파리들을 잡고 있다.'

हम बचपन में रोज़ पचास पापड़ बेलते थे।

'우리가 어렸을 때 매일 빠빠르 오십장을 밀었었다.'

अज्ञेय ने 'तारसप्तक' नामक एक काव्य संग्रह प्रकाशित किया।

'아계이가 '따르삽딱' 제명의 시선집을 출간했다.'

✚ 목적격 보어가 함께 쓰인 구문에서 목적어는 항상 **को**를 동반한다.

पिता ने मज़दूरी करके अपने बेटे को डॉक्टर बनाया।

'아버지가 노동하여 자신의 아들을 의사로 만들었다.'

इसी को कायरता तुम कहती हो, हम बहादुरी कहते हैं।

'이것을 비겁이라고 너는 말하지만 우리는 용감이라고 말한다.'

वह इस स्थान को अपने लिए सबसे सुरक्षित समझा है।

'그는 이곳을 자신에게 가장 안전하다고 생각했다.'

मैंने एक सज्जन को अपनी कुर्सी पर बैठा हुआ पाया।

'나는 한 신사가 내 자리에 앉아있는 것을 발견했다.'

✚ **बुलाना** '부르다', **पुकारना** '부르다', **कोसना** '저주하다', **सुलाना** '재우다', **जगाना** '깨우다' 등의 타동사는 목적어에 항상 후치사 **को**를 동반한다.

बॉस ने कर्मचारियों को भीतर बुला लिया। '사장이 종업원들을 안으로 불러들였다.'

पति कभी-कभी अपनी पत्नी को प्यार से नाम से पुकारता है।

'남편이 때때로 자신의 아내를 애정으로 이름으로 부른다.'

राजा ने देश के दुश्मन को कोस दिया। '왕이 나라의 적을 저주했다.'

माँ ने बच्ची को सुला दिया। '엄마가 여자아이를 재웠다.'

बच्चों ने शोर मचाकर मुझे कच्ची नींद से जगाया।

'아이들이 소란을 피워 나를 선잠에서 깨웠다.'

- 수동문에서 수동자가 사람인 경우 일반적으로 후치사 **को**를 동반한다.

मरीज़ को बिस्तर पर लिटाया गया। '환자가 침대에 눕혀졌다.'

समापन समारोह में जाने-माने प्रतिष्ठित व्यक्तियों को निमंत्रित किया गया है।
'폐막식에 알려진 명망 있는 사람들이 초대되었다.'

2. 여격 को

- 여격주어구문에서 주어를 나타내는 데 쓰인다.

मोहन को खाँसी आई। '모한이 기침이 났다.'

मुझे उधर जाना पड़ा। '내가 그리로 가야만 했다.'

- 간접목적어를 나타내는 데 쓰인다.

अज्ञेय ने निराला को बधाई का तार भेजा था। '아계이가 니랄라에게 축전을 보냈다.'

प्रवासी भारतीयों ने भारत को काफ़ी आर्थिक सहायता प्रदान की है।
'인도교민은 인도에 많은 재정적 지원을 해주었다.'

3. को의 기타 용법

- 하루 중의 점심, 저녁, 밤시간, 특정한 요일, 특정한 날짜 등을 나타낸다.

मैं शाम को टहलता हूँ। '나는 저녁에 산책한다.'

सोमवार को पढ़ाई होगी। '월요일에 수업이 있을 것이다.'

वह पाँच अगस्त को यहाँ पहुँच रहा है। '그가 8월 5일에 이곳에 도착할 것이다.'

분사와 함께 여격주어구문을 이루어 시간의 경과를 나타낸다.

तिवारी को यहाँ आए दस दिन हुए हैं। '띠와리가 이곳에 온 지 열흘이 되었다.'

तिवारी को यहाँ काम करते दस दिन हुए हैं। '띠와리가 이곳에서 일하면서 열흘이 지났다.'

तिवारी को सारी रात जागते बीती। '띠와리가 깬 채로 밤을 지새웠다.'

방향을 나타낸다.

राजा अपने सैनिकों को लेकर वन को चला गया।
'왕은 자신의 군사들을 데리고 숲으로 떠났다.'

मेरी मौसी कार में बैठकर अपने मकान को चली गई।
'내 이모가 차를 타고 자기 집으로 갔다.'

사격의 **-ना** 부정사 또는 명사와 함께 쓰여 **के लिए** '위하여' 의미를 갖는다.

मैं बिना खाए पढ़ने को बैठ गई। '내가 먹지 않고 공부하기 위해 앉았다.'

वह किताब लाने को आई। '그녀가 책을 가지러 왔다.'

मैं जाने को तैयार था। '나는 갈 준비가 되어 있었다.'

उसके पास पढ़ने को बहुत किताबें हैं। '그에게는 읽을 많은 책들이 있다.'

मेरे पास घर लौटने को पैसा भी नहीं था। '나에게 집에 돌아갈 돈조차도 없었다.

हम सवेरे मुँह अँधेरे सैर को चले जाते थे।
'우리는 아침에 동이 트기 전에 산책하러 나갔었다.'

नव वर्ष के सूर्य के दर्शन को भीड़ घाट पर उमड़ी।
'새해 해를 보기 위해 강가에 인파가 몰려들었다.'

⊕ 사격의 **–ना** 부정사와 함께 서술적으로 쓰여 전망을 나타낸다.

दिन चढ़ने को हो रहा था। '날이 밝으려 하고 있었다.'

शिकारी बंदूक़ दाग़ने को ही था कि बाघ ने अपनी स्थिति बदल ली।
'사냥꾼이 총을 막 쏘려고 했을 때 호랑이가 자신의 위치를 바꾸었다.'

⊕ 사격의 **–ना** 부정사와 함께 쓰여 간접 화법의 명령을 나타낸다.

उसने राम से गाय लाने को कहा। '그가 람에게 소를 끌고 오라고 말했다.'

राजा ने शिकारी से जल्दी गोली चलाने को कहा।
'왕이 사냥꾼에게 빨리 총을 쏘라고 말했다.'

⊕ 수사와 함께 쓰여 가치나 가격을 나타내기도 한다.

यहाँ जो चित्र पचास को बिकता है, वहाँ सौ रुपये में बिकेगा।
'이곳에서 그림이 50에 팔리는데 그곳에서는 100루피에 팔릴 것이다.'

어휘 41

उमड़ना 자 몰려들다, 불어나다
कायरता 여 비겁
काव्य संग्रह 남 시선집(詩選集)
कोसना 타 저주하다
दाग़ना 타 태우다, 쏘다
दुश्मन 남 적, 적병
नामक 형 이름의
पापड़ 남 빠빠르 (음식)
प्रवासी 남 교민
बहादुरी 여 용기
बेलना 타동 (반죽을) 밀다
भतीजा 남 친조카
मुँह अँधेरे 부 새벽에
शिकारी 남 사냥꾼

42과 소유격 का

소유격 **का**는 소유의 의미를 나타내는 것 외에 다양한 의미격과 통사적 관계를 나타낸다.

1. 형식과 의미

❶ 대부분의 품사들 뒤에 쓰이며 후행하는 명사의 성, 수, 격에 일치한다.

राम का घर '람의 집'

बड़ों का काम '어른들의 일'

एक-दो का फ़र्क़ '하나와 둘의 차이'

उसका मित्र '그의 친구'

आने वालों के नाम '오는 사람들의 이름들'

यहाँ के लोग '이곳의 사람들'

जाने की तैयारी '가는 준비'

घर के सामने की दुकान '집 앞의 가게'

मेज़ पर की किताब '책상 위의 책'

행위자 대상 도구 등 다양한 의미격 관계를 나타낸다.

बहन का जाना '자매가 가는 것' (행위자)

देश की रक्षा '나라를 방어' (대상)

हाथ का बना कपड़ा '손으로 만들어진 천' (도구)

पत्थर का बना घर '돌로 만든 집' (재료)

नहाने का पानी '목욕하는 물' (용도)

कश्मीर की बनी शाल '까슈미르에서 만들어진 숄' (장소)

दोस्त की किताब '친구의 책' (소유자)

ख़ुशी के आँसू '기쁨의 눈물' (속성)

2. 용법

비정형동사구문의 주어, 도구, 처소, 시간 등을 나타낸다.

राम का वहाँ रहना अच्छा लगता है।
'람이 그곳에 머무는 것이 좋은 것 같다.' (부정사의 주어)

नक़्क़ाश ने हमें अपनी बनाई हुई कृति दिखाई।
'조각가가 우리에게 자기가 만든 작품을 보여주었다.' (분사의 주어)

पुलिस के आते ही वह भाग गया। '경찰이 오자 마자 그가 도망갔다.' (분사의 주어)

तिवारी हाथ के बने हुए कपड़े पसंद करता है।
'띠와리는 손으로 만든 옷을 좋아한다.' (분사구문의 도구)

उसने पिछले साल के आए हुए पत्र का भी उत्तर नहीं दिया।

'그는 작년에 온 편지도 답장하지 않았다.'(분사구문의 시간)

तिवारी ने कश्मीर की बनी हुई रेशमी शाल ख़रीदी।

'람이 까슈미르에서 만들어진 비단 숄을 샀다.' (분사구문의 처소)

मैं दिल्ली का रहने वाला हूँ। '나는 델리에 사는 사람이다.' (**वाला** 분사구문의 처소)

⊕ 결합동사의 목적어를 나타낸다.

कैलिफोर्निया की एक कंपनी ने पानी में 45 मील प्रति घंटे की रफ़्तार से चलने वाली कार का निर्माण किया है।

'캘리포니아의 한 회사는 물에서 시속 45 마일을 달리는 차를 제조했다.'

मुग़ल सम्राट शाहजहाँ ने अपनी पत्नी मुमताज़ महल की याद में ताजमहल का निर्माण करवाया था।

'무갈 황제 샤흐자한이 자신의 부인 뭄따즈 마할을 생각하여 타즈마할을 건축하였다.'

⊕ 명사와 함께 서술어로 쓰인다.

यह घर मेरे बड़े भाई का है। '이 집은 내 형의 것이다.'

मेरा मामा चालीस साल का है। '내 외삼촌은 사십 세이다.

⊕ 형용사와 함께 서술어로 쓰인다. **का आभारी/अनुगृहीत** '은혜를 입은', **का शौक़ीन** '취미가 있는', **का आदी** '습관된', **का इच्छुक** '바라는' 등에서 후치사 **का**는 주어에 일치한다. **के क़ाबिल/लायक़/योग्य** '자격 있는/능력 있는'의 경우에는 항상 **के**의 형태를 유지한다.

मैं आप लोगों का अनुगृहीत हूँ। '내가 여러분에게 은혜를 입었습니다.'

चीन दुनिया की सबसे तेज़ गति वाली ट्रेन भारत को देने का इच्छुक है।
'중국은 세계에서 가장 빠른 기차를 인도에 주고자 한다.'

यीशु का नाम स्तुति के योग्य है। '예수의 이름은 찬양할 만하다.'

⊕ 동일한 두 단어 사이에 쓰여 첩어를 구성한다.

सबके सब अपने घर चले गए। '모든 이들이 자기 집으로 갔다.'

उसने यहाँ पूरे का पूरा दिन बिता दिया। '그가 이곳에서 온 종일 보냈다.'

जहाज़ का जहाज़ डूब गया। '큰 배가 물에 빠졌다.'

어휘 42

कृति 여 작품
गति 여 속도
नक़्क़ाश 남 조각가
रफ़्तार 여 속도
रेशमी 형 비단의
शाल 여 숄
स्तुति 여 찬양

43과 후치사 से

후치사 से는 도구격, 탈격, 처소격, 그리고 수동문의 행위자, 특정 동사들의 대상 등을 나타내는 데 쓰인다.

❶ 도구격으로 쓰여 도구, 방법, 사동문의 피사동주, 동반 등을 나타낸다.

सेब का छिलका चाक़ू से छीलकर खाओ।

'사과 껍질을 칼로 깎아 먹어라.' (도구)

आप अनाज से अंगूर ले सकते हैं।

'당신은 곡식으로 포도를 살 수 있다.' (교환수단)

धैर्य से काम लो। '인내심을 갖고 일에 임해라.' (방법)

हम मेट्रो से आए हैं। '우리는 메트로로 왔다.' (탈것)

मज़दूर ने छात्र से पत्र लिखवाया।

'일군이 학생을 시켜 편지를 썼다.' (피사동주)

गाँव के मुखिया से मेरा अच्छा संबंध है।

'동네 이장과 내가 좋은 관계이다.' (동반)

मुझे तुमसे प्रेम है। '나는 너를 사랑한다.' (동반)

मैं भारतीय प्रधानमंत्री से मिलूँगा।

'내가 인도의 수상과 만날 것이다.' (상대)

जो युवा अनीति से लड़ता है, वह सच्चा देशभक्त कहलाता है।

'불의와 싸우는 젊은이가 진정한 애국자이다.' (상대)

कुत्ता बिल्ली से अधिक वफ़ादार है।
'개가 고양이보다 더 충성스럽다.' (비교)

वह पैर से लँगड़ा है। '그가 다리는 불구이다.' (신체이상)

वह तन से तो गोरा है, किंतु मन से काला। '그가 몸으로는 희지만 마음은 검다.' (기준)

महाजन ने 10 फ़ी सदी की दर से सूद लिया।
'대금업자가 10 프로의 비율로 이자를 취했다.' (단위)

मैं भी उस रास्ते से आया हूँ। '나도 그 길로 왔다.' (방향)

❸ 탈격으로 쓰여 기점, 거리, 원인 등을 나타낸다.

बालक छत पर से गिर पड़ा। '아이가 지붕에서 떨어졌다.' (기점)

चूहेदानी में से चूहा निकल गया। '쥐덫에서 쥐가 빠져나갔다.' (기점)

समुद्र हमारे गाँव से दूर स्थित है। '바다가 우리 마을에서 멀리 떨어져 있다.' (기점)

राँची गाँव से शहर बन गया है। '란치는 시골에서 도시가 되었다.' (근원)

क्या पाकिस्तान नरेन्द्र मोदी से डरता है ? '파키스탄은 나렌드라 모디를 두려워는가?' (원인)

इनसान भय से काँप रहे हैं। '사람들이 공포로 떨고 있다.' (원인)

मछुए ने मुझे डूबने से बचा दिया। '어부가 나를 물에서 건져주었다.' (보호)

युद्धबंदियों को पानी तक से वंचित रखा गया। '포로들에게 물조차 금지되었다.' (방어)

रोगी दो दिन से पलंग पर लेटा है। '환자가 이틀 전부터 침대에 누워있다.' (기간)

एक स्त्री बारह वर्ष से लहू बहने के रोग से पीड़ित थी।
'한 여인이 12년전부터 혈우병으로 고통 받았다.' (기간)

उन लोगों में से तीन आदमी प्रतियोगिता में भाग लेंगे।
'그들 중에서 세 사람이 시합에 참가할 것이다.' (선택)

- 수동분사구문과 무능력구문에서 행위자를 그리고 피동사구문에서 원인을 나타낸다.

लेखक से अनेक कथाएँ लिखी गईं। '작가에 의해 많은 이야기들이 쓰여졌다.'

अनंत से अब चला नहीं जाता। '아난뜨는 지금 갈 수 없다.'

हवा से दरवाज़ा खुल गया। '바람에 문이 열렸다.'

- **से**를 취하는 동사들

- **कहना** '말하다', **बोलना** '말하다', **पूछना** '묻다', **माँगना** '요구하다', **प्रार्थना करना** '간청하다', **वादा करना** '약속하다' 등의 대화상대는 후치사 **से**로 나타낸다.

विभागाध्यक्ष विद्यार्थियों से बोला। '학과장이 학생들에게 말했다.'

पादरी ने तुमसे ईसा के बारे में कहा था। '사제가 너에게 예수에 대해 말했었다.'

परीक्षक ने मुझसे दो प्रश्न पूछे। '시험위원이 나에게 두 가지 질문을 했다.'

भिखारी लोगों से पैसे माँग रहा है। '거지가 사람들에게 돈을 구걸한다.'

तुम प्रभु से प्रार्थना करो। '너는 주께 간청하라.'

- **डरना** '두려워하다', **इनकार करना** '거부/부인하다', **मना करना** '금지하다' 등의 대상은 후치사 **से**로 나타낸다.

मुझसे मत डरो। '나를 두려워마라.'

सुरेश ने अपनी कही हुई बात से इनकार किया।
'수레시는 자신이 한 말을 부인했다.'

सुजाता ने मोहन को सिगरेट पीने से मना कर दिया।
'수자따는 모한이 담배 피우는 것을 금지했다.'

어 휘 43

अनाज 남 곡식
अनीति 여 불의, 부정
गोरा 형 흰
चूहेदानी 여 쥐덫
छीलना 타동 깎다
तन 남 몸
दर 여 비율
देशभक्त 남 애국자
धैर्य 남 인내
पादरी 남 사제
प्रभु 남 주, 전능자
फ़ी सदी 여 퍼센트
मन 남 마음
महाजन 남 대금업자
युद्धबंदी 남 포로
लँगड़ा 형 불구의
लहू 남 피
वंचित 형 박탈된
विभागाध्यक्ष 남 학과장
सूद 남 이자

연습문제 12-1

1. 괄호에 적합한 형태를 고르시오.

1) ________ अपनी बेटी को चिट्ठी लिखती है।

① माँ ② माँ ने ③ माँ को ④ माँ से

2) ________ उत्तर प्रदेश के कई ज़िलों में तबाही मचा दी।

① बाढ़ ② बाढ़ ने ③ बाढ़ को ④ बाढ़ से

3) ________ जन्मदिन के अवसर पर मुझे सुंदर जूते दिए।

① बड़ी बहन ② बड़ी बहन ने ③ बड़ी बहन को ④ बड़ी बहन से

4) ________ यह कश्मीर के बनी हुई रेशमी शाल बहुत सस्ते दाम में लाई हूँ।

① मैं ② मैंने ③ मुझे ④ मुझसे

5) मुझे अचानक उस व्यक्ति की याद आई ________ हमेशा सच बोलता था।

① जो ② जिसने ③ जिसको ④ जिससे

6) प्रधान मंत्री के भाषण के दौरान ________ अचानक ज़ोर से छींका।

① कोई ② किसी ने ③ किसी को ④ किसी से

7) जब ________ वेतन मिले तब मैं तुम्हारे पैसे लौटाऊँगा।

① मैं ② मैंने ③ मुझे ④ मुझसे

8) ________ जीवनभर अनीति से लड़ना चाहिए।

① हम ② हमने ③ हमें ④ हमसे

9) ________ सम्मेलन का उद्घाटन किया गया।

① सभापति ② सभापति ने ③ सभापति को ④ सभापति से

10) ________ अब तक पिछले हफ़्ते के आए हुए पत्र का उत्तर नहीं दिया गया।

① वह ② उसने ③ उसे ④ उससे

11) तिवारी ने ________ लिखी हुई कविता सभा में सुनाई है।

① अपना ② अपने ③ अपनी ④ अपने से

12) मुझे ________ वहाँ ठहरना अच्छा लगता है।

① तिवारी ② तिवारी का ③ तिवारी के ④ तिवारी से

13) ________ रक्षा करना हमारा कर्तव्य है।

① देश का ② देश के ③ देश की ④ देश से

14) कंपनी ने विदेश में ________ निर्माण कराया।

① कारख़ाने का ② कारख़ाने के ③ कारख़ाने की ④ कारख़ाने को

15) बैंच पर बैठा हुआ बुज़ुर्ग ________ है।

① अस्सी साल का ② अस्सी साल के ③ अस्सी साल की ④ अस्सी साल से

16) ये महिलाएँ हॉकी मैच में भाग लेने ________ इच्छुक हैं।

① का ② के ③ की ④ से

17) ________ आम के छिलके छीलकर छोटे-छोटे टुकड़ों में काट लें।

① चाक़ू ② चाक़ू के ③ चाक़ू को ④ चाक़ू से

18) शाहजहाँ ने ________ ताजमहल बनवाया था।

① मज़दूर ② मज़दूरों के ③ मज़दूरों को ④ मज़दूरों से

19) कहा जाता है कि कुत्ता बिल्ली ________ वफ़ादार होता है।

① ने ② का ③ को ④ से

20) परीक्षक ने विद्यार्थी ________ दो प्रश्न पूछे।

① पर ② का ③ को ④ से

2. 괄호에 주어진 단어를 활용하여 질문에 답하시오.

1) तुमने दीवाली के अवसर पर क्या ख़रीदा ? (पीतल के बरतन)

____

2) तुमने बाज़ार से सामान लाने किसे भेजा ? (छोटा भाई)

____

3) तुम आज क्या पहनोगी ? (वह सलवार-कुरता जो तुमने मुझे भेंट की है)

____

4) तुम चुपचाप बैठ कर क्या देख रहे थे ? (घोड़े पर सवार एक व्यक्ति)

____

5) तुमने समारोह में किस-किसको बुलाया ? (अपने कर्मचारी)

____

6) तुमने अज्ञेय का काव्य संग्रह किसको दिया ? (अपना दोस्त)

____

7) तुम मेरे साथ सिनेमा देखने के लिए कब जाओगे ? (अगला शनिवार)

____

8) दिल्ली छोड़े किसे चार साल हो गए ? (तिवारी जी)

____

9) **तुमने शीला से क्या कहा ?** (प्रतियोगिता में भाग लेना)

---

10) **शिकारी उस समय क्या करने वाला था ?** (बंदूक़ दाग़ना)

부록 15

• 연결모음(इज़ाफ़त) ए

연결모음 **ए**는 이자페 또는 이자파뜨로 불리는 페르시아 어원의 문법소로서 두 단어를 연결하는 기능을 한다. 의미상으로는 소유격 후치사 **का**에 해당하는 의미를 갖는다. 우르두어에서 사용되고 있으며 힌디어에서 통용되는 어휘에서는 다음과 같은 특징을 보인다.

- 명사와 명사 사이에 쓰여 소유관계를 표현한다.

  हुकूमत ए पाकिस्तान '파키스탄의 정부'

  ज़बान ए उर्दू '우르두어'

  वादी ए सिंध '인더스 계곡'

  दर्या ए सिंध '인더스 강'

- 명사와 형용사 사이에 쓰여 수식관계를 표현한다.

  दीवान ए आम '일반인 면회소'

  दीवान ए ख़ास '어전회의실'

- 선행하는 명사가 [단모음+단자음]으로 끝나는 경우 이자파트는 구어에서 생략된다.

  तालिब इल्म < **तालिब ए इल्म** '지식을 찾는 자'

  आख़िर कार < **आख़िर ए कार** '결국에'

44과 처소격 후치사

처소, 시간적 공간적 범위, 지향점 등을 나타내는 처소격 후치사로 **में**, **पर**, **तक** 등이 쓰인다. **में**는 상대적으로 포괄적이고 넓은 범위를 나타내며 **पर**는 특정하고 좁은 범위를 나타낸다. 그리고 **तक**는 추가적인 범위 또는 범위의 끝 등을 나타낸다.

1. 후치사 में

후치사 **में**는 물리적인 처소뿐만 아니라 추상적인 처소, 단위, 언어매체, 한정 등 확장된 의미들을 나타낸다.

❶ 상대적으로 포괄적인 공간이나 시간을 나타낸다.

मछुआ नदी में बंसी से मछली पकड़ रहा है।
'어부가 강에서 낚시하고 있다.'

मैं दिन में नहीं सोता, रात को सोता हूँ।
'나는 낮에는 안 자고 밤에 잔다.'

अगले हफ़्ते में बारिश होगी।
'다음 주에 비가 올 것이다.'

राष्ट्रीय राजधानी क्षेत्र दिल्ली में कुल नौ ज़िले हैं।
'수도지역인 델리에는 모두 9개의 행정구역이 있다.'

धूप में पौधे सूख गए। '햇볕에 관목들이 말라버렸다.'

✚ 공간의 이동이나 변화, 또는 시간의 경과를 나타낸다.

दादी अपने कमरे में चली गई।

'할머니가 자기 방으로 들어갔다.'

राष्ट्रीय राजधानी क्षेत्र दिल्ली कुल नौ ज़िलों में बँटा हुआ है।

'수도지역인 델리는 모두 9 행정구역으로 나누어져 있다.'

राम कुछ ही घंटों में झोंपड़ी के पास पहुँचा।

'람이 몇 시간 후에 초막에 도착했다.'

✚ 물리적 처소 외에 추상적인 처소를 나타낸다. 추상적인 처소에는 감정, 정서, 일, 비교, 한정 등이 있다.

हर व्यक्ति सुख में भगवान को भूल जाता है, जबकि दुःख में ईश्वर को पुकारता है।

'인간은 행복 속에 신을 잊고 불행 속에 신을 부른다.'

हमारे बॉस दिन-रात काम में लगे रहते हैं।

'우리 사장님은 주야로 일에 매달려 있다.'

प्रेम और घृणा में अंतर क्या है ?

'사랑과 증오의 차이가 무엇인가?'

तुम्हारा शब्द सुनने में अच्छा लगता है।

'너의 말이 듣기에는 좋게 느껴진다.'

मुझे मालूम नहीं था कि मित्र ने वह बात मज़ाक़ में कही।

'나는 친구가 그 말을 농담으로 한 것을 몰랐다.'

🞣 사물이나 일의 변화를 나타낸다.

फ़ज़ूलख़र्च लड़की ने अपनी पूँजी को क़ीमत चीज़ों में बदल लिया।

'낭비벽이 있는 소녀가 자신의 재산을 값비싼 물건들로 바꾸었다.'

भारत के पूर्व राष्ट्रपति अब्दुल कलाम ने अपनी हार को भी जीत में बदल लिया।

'인도의 전대통령 압둘 깔람은 자신의 패배도 승리로 바꾸었다.'

🞣 언어의 매체, 거래의 매체, 이동 수단 등 도구를 나타낸다.

इस उपन्यास का हिन्दी में अनुवाद किया जाएगा।

'이 소설은 힌디어로 번역될 것이다.'

मैंने यह कंघी पचास रुपये में ख़रीद ली।

'내가 이 빗을 오십 루피에 샀다.'

रामलाल ने कहा कि मैं अपनी मोटर में जाऊँगा या टैक्सी में।

'람랄이 나는 내 차를 타고 가던지 택시를 타고 갈 것이라고 말했다.'

माता ने बच्चे को कंबल में लपेट दिया।

'엄마가 아이를 담요에 감쌌다.'

🞣 타고난 속성을 나타낸다.

लगता है कि कुत्ते में वफ़ादारी है।

'개에게는 충성심이 있는 것 같다.'

मनुष्य में धैर्य और हिम्मत हो, तो वह पराजय को भी एक पाठ समझता है।

'사람에게 인내와 용기가 있으면, 그는 패배도 하나의 공부로 이해한다.'

2. 후치사 पर

후치사 **पर**는 특정하거나 제한된 시간이나 장소 외에 의존이나 논의 등의 대상, 수단, 단위, 목적, 주제 등 확장된 의미들을 나타낸다.

⊕ 특정 지점이나 시점을 나타낸다.

अशोक वृक्ष पर दो चिड़ियाँ बैठी हैं। '아쇼까 나무에 새 두 마리가 앉아 있다.'

उसके सिर पर चोट लगी। '그의 머리에 상처가 났다.'

सुमित्रा महाजन दो बजकर दस मिनट पर संसद भवन पहुँची।
'수미뜨라 마하잔이 두 시 10분에 의사당에 도착했다.'

⊕ 특정 방향을 나타낸다.

तुम पहाड़ों पर कब जा रहे हो ? '네가 산에 언제 갈 것인가?'

उसने साड़ी को सिर पर खींच लिया। '그가 사리 옷을 머리 위로 당겼다.'

⊕ 감정, 타격, 의존, 논의 등의 대상을 나타낸다.

सुजाता ने अपनी बेटी पर गुस्सा किया। '수자따가 자기 딸에게 화를 냈다.'

हमारे देश पर हमला किया गया है। '우리 나라가 공격을 받았다.'

तनाव ख़त्म करना अब पाकिस्तान पर निर्भर करता है।
'긴장을 끝내는 것은 이제 파키스탄에 달렸다.'

स्वामी जी ने सत्य पर व्याख्यान दिया। '스와미 씨가 진리에 대하여 강연하였다.'

⊕ 교통이나 통신 수단을 나타낸다.

चीनी पर्यटक सऊल में टूरिस्ट बस पर घूमते हैं।
'중국인 관광객들이 서울에서 관광버스를 타고 돌아다닌다.'

मैंने टेलिविजन पर राष्ट्रपति को देखा। '내가 텔레비전에서 대통령을 보았다.'

आजकल नौजवान मोबाइल फ़ोन पर बात करते हैं।
'요즘 젊은이들은 모바일 폰으로 대화한다.'

⊕ 가격의 단위를 나타낸다.

वह चीज़ पाँच रुपये पर ख़रीदी गई। '그 물건이 오 루피에 팔렸다.'

⊕ 원인이나 목적을 나타낸다.

बुद्धू दूसरों की ग़लती पर हँसता है। '어리석은 이는 다른 이들의 잘못에 웃는다.'

आपके अनुरोध पर मैं ये गीत सुनाता हूँ।
'당신의 요청에 내가 이 노래들을 들려준다.'

पत्नी ने पति से काम पर जाने को कहा तो पति ने ग़ुस्से में आकर कीटनाशक गटक ली।
'부인이 남편에게 일하러 가라고 말했고 남편은 화가 나서 살충제를 들이켰다.'

⊕ 상태를 나타낸다.

वह ग़लती पर है। '그가 잘못이다.'

वह कुएँ में छलाँग मारने पर उतारू थी। '그녀는 우물에 뛰어들 준비가 되어 있었다.'

☞ **पर उतारू है = को तैयार है, को तत्पर है**

❸ 중첩을 나타낸다.

वह औषधि पर औषधि ले रही थी, परंतु रोग में कमी नहीं होती थी।
'그녀가 약에 약을 먹고 있었지만 병에 차도가 없었다.'

हम गिलास पर गिलास पीते रहे। '우리는 잔에 잔을 계속 마셨다.'

❹ 부정사와 함께 쓰여 시간을 나타낸다.

आपके आने पर हम चकित हो गए। '당신이 왔을 때 우리는 당황했다.'

गांधी जी के कहने पर सभी लोग जोश में आ गए।
'간디가 말했을 때 모든 사람들이 열광하였다.'

❺ **भी**와 함께 쓰여 양보를 나타낸다.

दादाजी ने सबके कहने पर भी दवा न खाई।
'할아버지는 모두가 말하였음에도 약을 드시지 않았다.'

कोशिश करने पर भी मुझे नींद नहीं आ रही थी। '노력을 해도 나는 잠이 오지 않았다.'

❻ **मजबूर/बाध्य करना** '강요하다', **मजबूर/बाध्य होना** '강요받다' 등과 같은 동사들의 대상이 되는 행위는 후치사 **के लिए**, **को**, **पर** 등으로 표현한다.

राजा ने सैनिकों को आगे बढ़ने के लिए बाध्य किया।
'왕이 군인들에게 전진하도록 강요했다.'

और देशों में जज जूरी सदस्यों का बहुमत मानने को मजबूर है।
'다른 나라들에서 판사는 배심원들의 다수의견을 인정하도록 강요된다.'

पुलिस ने प्रदर्शकों को नारे न लगाने पर मजबूर किया।
'경찰이 시위자들에게 구호를 외치지 말 것을 강요했다.'

3. 후치사 तक

- 후치사 **तक**는 '까지' 의 의미로 쓰여 시점 또는 정도를 나타내거나 '동안'의 의미로 쓰여 범위를 나타낸다.

मैं अगले दिन सुबह तक वहाँ ठहरूँगा। '내가 다음날 아침까지 그곳에 머무를 것이다.'

वह टोपी कानों तक पहनता है। '그가 모자를 귀에까지 썼다.'

वे सिर से पैर तक भीगे हुए थे। '그들은 머리에서 발까지 젖어 있었다.'

यह गाड़ी सिर्फ़ मुंबई तक जाती है। '이 차는 단지 뭄바이까지 간다.'

बर्फ़ एक महीने तक पिघल जाएगी। '눈이 한 달 동안 녹을 것이다.'

- **तक**는 불변화사로 쓰여 '그 위에 더함'의 의미를 나타내며 이 경우 선행하는 명사는 사격을 취하지 않는다.

मैंने उसे खाना दिया, फिर उसने मुझसे सुलाना तक माँगा।
'내가 그에게 먹을 것을 주었는데 그는 나에게 재워줄 것까지 요구했다.'

मरुभूमि में उन्हें पीने का पानी तक न रहा। '사막에서 그들은 마실 물조차 남지 않았다.'

어휘 44

अनुरोध 남 요청
उतारू 형 준비된
औषधि 여 약
कंघी 여 빗
कंबल 남 담요
कीटनाशक 남 살충제
कुल 형 총계의, 모든
गटकना 타동 들이키다, 삼키다
घृणा 여 증오
चकित 형 놀란, 당황한
जज 남 재판관, 판사
छलाँग 여 도약, 약진
तनाव 남 긴장
नारा 남 구호, 슬로건
निर्भर 형 의존하는
पर्यटक 남 관광객
पुकारना 타동 부르다
फ़ज़ूलख़र्च 형 낭비벽이 있는
बंसी 여 낚시바늘, 낚시대
मरुभूमि 여 사막
लपेटना 타동 감싸다
वफ़ादारी 여 충성, 신의
व्याख्यान 남 강연
संसद भवन 남 의사당

45과 복합후치사의 양치와 전치

के अनुसार '에 따라', **के आधार पर** '에 기초하여' 등과 같이 둘 이상의 단어가 결합하여 후치사의 기능을 하는 경우 이를 복합후치사라 한다. 복합후치사들 중의 일부는 전치 또는 양치하는 형식을 갖기도 한다.

के बावजूद / बावजूद ~ (के) '불구하고'

बारिश के बावजूद बच्चे खेलते रहे। '비에도 불구하고 아이들이 계속 놀았다.'

बावजूद सर्दी के बच्चे पढ़ते रहे। '추위에도 불구하고 아이들이 계속 공부했다.'

बावजूद गर्मी बच्चे काम करते रहे। '더위에도 불구하고 아이들이 계속 일했다.'

के मारे / मारे ~ के '때문에'

डर के मारे वह महिला काँप रही थी। '두려움 때문에 그 여인이 떨고 있있다.'

मारे डाकू के वह महिला रो रही थी। '강도 때문에 그 여인이 울고 있었다.'

के बिना / के बग़ैर / बिना ~ (के) / बग़ैर ~ (के) '없이'

तुम्हारे बिना मेरा जीवन अनर्थ है। '너 없이는 내 인생이 무의미하다.'

इंसान पानी के बग़ैर कुछ दिन तक ही ज़िंदा रह सकता है।
'인간이 물 없이 며칠 동안은 살 수 있다.'

बिना बच्चों के घर सूना लग रहा है। '아이들이 없으니 집이 쓸쓸하게 여겨지는군요'

मैं चाय बग़ैर चीनी के पीती हूँ। '나는 차를 설탕을 안넣고 마십니다.'

बिना तुम्हारे विश्वास मेरी मेहनत अनर्थ है। '너의 믿음 없이는 내 노력이 무의미하다.'

इस डिजिटल जमाने में भी अनुपम जी बग़ैर मोबाइल फ़ोन, बग़ैर टीवी, बग़ैर वाहन वाले नागरिक थे।
'이 디지털시대에도 아누빰 씨는 휴대전화 없이, 티비 없이, 차 없이 사는 도시민이셨다.'

के सिवा / सिवा ~ के '제외하고'

तेरी आँखों के सिवा दुनिया में रखा क्या है ? '너의 두 눈 외에 세상에 무엇이 있는가?'

सिवा तेरी आवाज़ के संसार में रखा क्या है। '너의 목소리 외에 세상에 무엇이 있는가?'

के अलावा / अलावा ~ के '추가해서'

बॉलीवुड के सितारे एक्टिंग के अलावा साइड बिजनेस भी करते हैं।
'볼리우드의 스타들은 연기에 추가해서 부업도 한다.'

स्मार्टफ़ोन का कैमरा अलावा फ़ोटोग्राफ़ी के और भी कई ख़ास काम कर सकता है।
'스마트 폰 카메라는 사진에 추가해서 다른 여러 중요한 일도 할 수 있다.'

की बजाय / के बजाय / बजाय ~ की / बजाय ~ के '대신에'

बाज़ारों में रात के समय पहरा देने की बजाय पहरेदार सो जाते हैं।
'시장에서 밤에 경비를 서는 대신에 경비원들이 잠을 잔다.'

प्रधान मंत्री काला धन वापस लाने के बजाय कालेधन वालों के साथ घूम रहे हैं।
'총리가 검은 돈을 회수하는 대신에 검은 돈 관련자들과 함께 돌아다니고 있다.'

की बदौलत / के बदौलत / बदौलत ~ की / बदौलत ~ के '덕분에'

सरदार पटेल के सामर्थ्यवान नेतृत्व की बदौलत ही सोमनाथ मंदिर भारतीय सांस्कृतिक विरासत के तौर पर पुनःप्रतिष्ठित हुआ।
'빠뗄 님의 능력 있는 지도력 덕분에 솜나트 사원이 인도의 문화유산으로 다시 재지정되었다.'

आप लोगों के प्रयास के बदौलत इस नगर का इतिहास बदल जाएगा।
'여러분의 노력 덕분에 이 도시의 역사가 바뀔 것이다.'

बदौलत तुम्हारी हम कामयाब हो पाएँगे। '네 덕분에 우리는 성공할 수 있을 것이다.'

बदौलत आपके हम लोगों की जान बच गई। '당신 덕분에 우리가 목숨을 건졌습니다.'

대부분의 복합후치사는 부정사와 어울린다. 그러나 **बजाय**는 사격의 완료 분사와도 어울리며 **बिना**와 **बग़ैर**는 예외적으로 부정사 대신에 사격의 완료 분사와만 어울린다.

राम के आने के बजाय हम आए हैं। '람이 오는 것 대신에 우리가 왔다.'

बजाय राम के आने के हम आए हैं। '람이 오는 것 대신에 우리가 왔다.'

राम के आए बजाय हम आए हैं। '람이 오는 것 대신에 우리가 왔다.'

बजाय राम के आए हम आए हैं। '람이 오는 것 대신에 우리가 왔다.'

बिना काम किए वह चला गया। '람이 오는 것 대신에 우리가 왔다.'

काम किए बिना वह चला गया। '람이 오는 것 대신에 우리가 왔다.'

मुझसे बग़ैर पूछे बाहर मत जाओ। '나에게 묻지 않고 밖에 나가지 마라'

कर्मचारी आपको ख़बर दिए बग़ैर चला गया हो।
'사원이 당신에게 소식을 전하지 않고 간 것 같군요.'

어휘 45

कामयाब 형 성공한

नारा 남 고함, 슬로건

पहरा 남 감시, 경비

पहरेदार 남 경비원, 보초

पुनःप्रतिष्ठित 형 재확립된

विरासत 여 유산, 상속

सांस्कृतिक 형 문화적

सामर्थ्यवान 형 능력 있는

सितारा 남 별, 스타, 배우

सूना 형 쓸쓸한

46과 소유관계의 표현

소유관계는 후치사와 **होना**동사로 구성된 특수구문을 통해 표현된다. 후치사로는 소유 대상의 양도 또는 분리 가능 여부에 따라 **के पास**, **को**, **के**, **का/के/की**, **में** 등이 사용된다.

<table>
<tr><td rowspan="5">소유</td><td rowspan="2">양도 또는 분리 가능</td><td>재산(동산, 부동산) 소유</td><td>के पास</td></tr>
<tr><td>일시적 육체/심리 상태</td><td>को</td></tr>
<tr><td rowspan="3">양도 또는 분리 불가</td><td>친족 관계</td><td>के, का/के/की</td></tr>
<tr><td>전체-부분 관계</td><td>के, का/के/की, में</td></tr>
<tr><td>타고난 자질</td><td>में</td></tr>
</table>

⊕ 동산이나 부동산과 같이 양도가 가능한 재산, 관할할 수 있는 사람이나 시간 등의 소유는 후치사구 **के पास**를 통해 표현한다.

मेरे पास एक काली कार है। '나는 검은 차 한 대가 있다.'

यादव के पास तीस हज़ार रुपये हैं। '야다브에게 삼만 루피가 있다.'

उसके पास एक सौ नौकर हैं। '그는 종업원이 백 명이다.'

यादव के पास ग्यारह आदमी हैं। '야다브가 열한 명을 거느린다.'

आज मेरे पास समय नहीं है। '오늘 나는 시간이 없다.'

उस क्षण सुशीला के पास कोई उत्तर नहीं था। '그 순간 수실라에게는 어떤 답안도 없었다.'

일시적인 감정이나 심리, 신체적 상태, 취향 등은 일반적으로 여격주어 구문을 통해 표현한다. 이 범주에는 **ख़ुशी** '기쁨', **ग़ुस्सा** '분노', **दुःख** '슬픔', **नफ़रत** '혐오', **उम्मीद** '희망', **डर** '두려움', **संदेह** '의심', **अभिमान** '자긍심', **ईर्षा** '질투', **आराम** '편안', **तकलीफ़** '불편', **बुख़ार** '열', **सरदर्द** '두통', **ज़ुकाम** '감기', **प्यास** '갈증', **नींद** '졸음', **खाँसी** '기침', **तपेदिक** '결핵', **भूख** '허기', **शौक़** '취미', **दिलचस्पी** '흥미', **आदत** '습관' **पसंद** '즐거움' 등이 있다.

उस औरत को है अपनी माँ के चेहरे से नफ़रत, उनके जैसा न दिखने के लिए बन गई सर्जरी एडिक्ट।

'그 여인은 자기 엄마의 얼굴을 싫어해서 그녀처럼 보이지 않기 위해 수술 중독자가 되었다.'

शिवराज की क्षमता पर कुछ नेताओं को संदेह था।

'시브라즈의 능력에 대해 몇몇 지도자들에게 의구심이 있었다.'

친족관계나 신체의 구성 관계는 후치사 **के**를 통해 표현한다.

मेरे चाचा के तीन भाई हैं। '내 삼촌은 삼형제가 있다.'

मेरे भतीजे के एक बेटी है। '내 조카는 딸이 하나 있다.'

गाय के दो सींग होते हैं। '소는 뿔이 두 개 있다.'

इनसान के दो बाहुएँ हैं। '인간은 팔이 둘 있다.'

친족관계나 신체의 구성 관계는 소유격 후치사 **का/के/की**를 통해 표현하기도 한다.

ठाकुर की तीन बहनें हैं। '타꾸르는 세 자매가 있다.'

शुक्ला का एक लड़का है। '슈끌라는 아들이 하나 있다.'

हाथी की एक सूँड़ होती है। '코끼리는 코가 하나다.'

आदमी के दो पैर होते हैं। '사람은 다리가 두 개 있다.'

◆ 후치사 **के**와 소유격 후치사 **का/के/की**는 동일한 의미를 나타내지만 어감에서 차이를 보인다.

चौहान की एक बहन है, जो अध्यापिका है।
'쪼한의 자매가 하나 있는데 그녀는 여선생이다.'

चौहान के एक बहन है, जो अध्यापिका है।
'쪼한에게 자매가 하나 있는데 그녀는 여선생이다.'

◆ 소유격 후치사 **का/के/की**는 그 외에 전체와 부분의 관계, 사회적 관계, 그리고 심리나 개념 등의 소유도 표현한다.

◆ 전체와 부분의 관계를 표현한다.

इस इमारत के आठ दरवाज़े हैं। '이 건물은 문이 여덟 개 있다.'

घड़ी की दो सुइयाँ होती हैं। '시계는 바늘이 두 개이다.'

संस्थान का अपना पुस्तकालय है। '연구소에 자체의 도서관이 있다.'

इस मेज़ की चार दराज़ें हैं। '이 테이블은 서랍이 네 개 있다.'

◆ 사회적 관계를 표현한다.

रानी की एक सहेली थी। '여왕은 자기 여자 친구가 하나 있었다.'

इस पत्रिका के बहुत ग्राहक हैं। '이 잡지는 많은 구독자가 있다.'

◆ **इरादा** '의도', **इच्छा** '바람', **मन** '마음', **विचार** '생각', **मान्यता** '관념/이념' 등과 같은 심리나 개념 등의 소유를 표현한다.

ठाकुर का आज जाने का इरादा है। '타꾸르는 오늘 가려는 의도를 갖고 있다.'

क्या आपका और रुकने का विचार है ? '당신은 더 머무를 생각입니까?'

माताजी की इच्छा है कि मैं जल्दी शादी कर लूँ।
'어머니의 소망은 내가 빨리 결혼하는 것이다.'

लेखक चौहान जी की अपनी मान्यता थी। '작가 쪼한 씨는 자신의 관념을 갖고 있었다.'

⊕ 후치사 **में**는 타고난 심리적 신체적 자질이나 속성을 표현한다. 이에는 **शक्ति** '힘', **साहस** '용기', **योग्यता** '능력', **गुस्सा** '노기', **बुद्धिमानी** '지혜', **ईमानदारी** '정직', **उत्साह** '열정', **प्रतिभा** '재능', **धैर्य** '인내' 등이 있다. 그외에 전체와 구성원 간의 내포적 관계를 표현한다.

शीला में बहुत साहस है। '실라는 용기가 많이 있다.'

शीला में बचपन से ही वायलिन बजाने की प्रतिभा दिखाई देती है।
'실라에게 어린시절부터 바이올린 켜는 재능이 보였다.'

हमारी सुरक्षा और अर्थव्यवस्था के लिए बदलाव लाने का हममें साहस और प्रतिबद्धता होनी चाहिए।
'우리의 안보와 경제를 위해 변화를 가져오기 위해 우리에게 용기와 헌신이 필요하다.'

इस किताब में दो सौ पृष्ठ हैं। '이 책은 200쪽이다.'

इस महल में आठ दरवाज़े हैं। '이 궁전에 여덟 개의 문이 있다.'

어 휘 46

क्षमता 여 능력
ग्राहक 남 손님, 고객
पृष्ठ 남 배면, (책의) 쪽
प्रतिबद्धता 여 헌신
बाहु 여 팔
मान्यता 여 관념, 이념
सींग 남 뿔
सुई 여 바늘
सूँड़ 여 코

연습문제 12-2

1. 보기 중에서 괄호에 알맞은 후치사를 넣으세요.

보기

में, पर, तक

1) इस गाँव ________ बिल्कुल सीधे-सादे ग्रामीण बसते हैं।
2) हम शाम को राजीव गांधी स्टेडियम ________ क्रिकेट मैच देखने जाएँगे।
3) दादी अपने कमरे में चली गई और पलंग ________ लेट गई।
4) प्राचीन काल ________ हमारे पूर्वज जंगल में रहते थे।
5) किस महीने ________ बच्चा बिना सहारे खड़ा हो सकता है ?
6) पुलिस ने मुहर्रम के मौक़े ________ सुरक्षा का पुख़्ता इंतज़ाम किया है।
7) हमने ठीक समय ________ सारे काम पूरे किए हैं।
8) हम नरसों ________ बिना आराम किए मकान बनाते जाएँगे।
9) पानी शून्य डिग्री सेलसियस पर जमकर बर्फ़ ________ बदलता है।
10) लोहार तपे हुए लोहे को पानी ________ डालकर ठंडा करता है।
11) दफ़्तर से वापस आने ________ पता लगा कि चोर आया था।
12) इधर मेरी आर्थिक दशा दिन ________ दिन गिरती जा रही थी।
13) मैं एक घंटे ________ दौड़ता रहा।
14) उसने अपने मित्र को देर ________ रोक रखा है।
15) मैं अज्ञेय की कविताओं का हिंदी ________ अनुवाद कर रहा हूँ।
16) शीला अपने काम ________ लगी रहती थी, न कभी किसी से कुछ कहती न सुनती।
17) वकील सहाब ग़रीबों का काम मुफ़्त ________ करने को तैयार हैं।
18) माँ बच्चे को कंबल ________ सिर से पैर तक लपेट रखती है।
19) सम्राट बिंबसार ने वैशाली ________ आक्रमण किया था।
20) मैं बाक़ी पैसे अपनी तथा भाई-बहनों की पढ़ाई ________ ख़र्च करूँगी।

2. 보기 중에서 괄호에 알맞은 후치사를 넣으세요.

보기

के पास, का/के/की, को, में

1) मेरे मित्र ________ अनेक हिन्दी की फ़िल्मी पत्रिकाएँ हैं।

2) ठाकुर ________ तीन हज़ार रुपये हैं।

3) बड़े भाई ________ कुत्ता पालने का बड़ा शौक़ था और पैदल चलने का भी।

4) मेरी आशा है कि हम ________ कठिन समय में नफ़रत के बजाय प्रेम हो।

5) शर्मा जी ________ दो भाई और तीन बहनें हैं।

6) शुक्ला जी ________ एक भानजा और एक भानजी हैं।

7) हाथी ________ एक सूँड़ होती है।

8) इस मकान ________ चार कमरे हैं।

9) क्या आप ________ एक दिन और रुकने का इरादा है।

10) महान व्यक्ति ________ साहस, ईमानदारी, करुणा, कर्म के प्रति निष्ठा और आचार है।

3. 밑줄 친 부분의 유의어를 고르세요.

1) रोगी दर्द की वजह से कराह रहा है।

① के मारे ② के बावजूद ③ के सिवाय ④ के अलावा

2) नागरिकों के प्रयास के नाते देश का इतिहास बदल जाएगा।

① के बजाय ② के बिना ③ के बदौलत ④ के अलावा

3) शीला उपन्यास के अतिरिक्त कविता भी लिखती है।

① के बिना ② के अलावा ③ के बजाय ④ के बदौलत

4) यदि आप दुविधा में हों तो दिमाग़ के स्थान पर दिल की बातें सुनें।

① के सिवा ② के बजाय ③ के बग़ैर ④ के अलावा

5) बारिश आने पर भी बच्चे खेलते रहे।

① बारिश के बिना ② बारिश के मारे

③ बारिश के अलावा ④ बारिश के बावजूद

4. 주어진 문장과 의미가 가장 가까운 것을 고르시오.

1) महिला काँप रही थी क्योंकि उसे डर लगा।

① डर के मारे महिला काँप रही थी।

② डर के बिना महिला काँप रही थी।

③ डर के अलावा महिला काँप रही थी।

④ डर के बावजूद महिला काँप रही थी।

2) यदि तुम न हो तो मेरा जीवन अनर्थ होगा।

① तुम्हारे बिना मेरा जीवन अनर्थ होगा।

② तुम्हारे कारण मेरा जीवन अनर्थ होगा।

③ तुम्हारे बजाय मेरा जीवन अनर्थ होगा।

④ तुम्हारे बदौलत मेरा जीवन अनर्थ होगा।

3) प्रशिक्षु अनुमति न लेकर प्रशिक्षण स्थल से बाहर नहीं जा सका।

① प्रशिक्षु अनुमति न लेने के मारे प्रशिक्षण स्थल से बाहर जा सका।

② प्रशिक्षु अनुमति लेने के अलावा प्रशिक्षण स्थल से बाहर जा सका।

③ प्रशिक्षु अनुमति लिए बिना प्रशिक्षण स्थल से बाहर नहीं जा सका।

④ प्रशिक्षु अनुमति लेने के बावजूद प्रशिक्षण स्थल से बाहर नहीं जा सका।

4) मैं श्री शर्मा का आभारी हूँ, जिन्होंने मुझे आवश्यक सामग्री उपलब्ध कराई।

① मुझे श्री शर्मा के बग़ैर आवश्यक सामग्री उपलब्ध हुई।

② मुझे श्री शर्मा की बदौलत आवश्यक सामग्री उपलब्ध हुई।

③ मुझे श्री शर्मा की मदद के मारे आवश्यक सामग्री उपलब्ध नहीं हुई।

④ मुझे श्री शर्मा की मदद के बावजूद आवश्यक सामग्री उपलब्ध नहीं हुई।

5) साहसी व्यक्ति कोई बहाना नहीं देता जबकि अपनी ग़लती स्वीकार करता है।

① साहसी व्यक्ति किसी बहाने के साथ अपनी ग़लती स्वीकार करता है।

② साहसी व्यक्ति किसी बहाने के मारे अपनी ग़लती स्वीकार करता है।

③ साहसी व्यक्ति किसी बहाने के सिवाय अपनी ग़लती स्वीकार करता है।

④ साहसी व्यक्ति किसी बहाने के बजाय अपनी ग़लती स्वीकार करता है।

5. 다음 문장을 해석하시오.

1) 13 जुलाई को नई दिल्ली रेलवे स्टेशन पर रेल दुर्घटना में कई लोगों की मौत हो गई और बहुत-से लोगों को काफ़ी चोट आई।

2) महात्मा गांधी ने रक्त बहाए बिना भारत को आज़ादी दिलवाई।

3) बदौलत आपकी आर्थिक मदद की 3000 से ज़्यादा लड़कियों को गणित और विज्ञान पढ़ने का अवसर मिला।

4) केंद्र सरकार ने खाद्य मंत्रालय से बग़ैर अनुमति के चीनी निर्यात की अवधि सितंबर से बढ़ा कर दिसंबर कर दी थी।

5) ग्रामीण खिलाड़ियों में प्रतिभा तो है लेकिन पेशेवर प्रशिक्षण की कमी की वजह से प्रतिभाशाली खिलाड़ी उभरकर सामने नहीं आ पा रहे हैं।

부록 16

• 동어반복의 첩어

'모두'의 의미를 나타낸다.

घर घर '집집마다' **गाँव गाँव** '마을마다'

शहर शहर '도시마다' **क्षण क्षण** '순간순간'

रातों रात '밤마다/밤새도록' **दिनों दिन**, **दिनबदिन**, **दिनानुदिन** '날마다'

महीने महीने '달마다' **सालों साल** '해마다'

आदमी आदमी '사람마다' **एक एक** '일일이'

मैं एक एक देखूँगा। '내가 일일이 볼 것이다.'

처소의 '중심'을 나타낸다.

बीचोंबीच '한가운데에' **रातों रात** '한밤중에'

'반복'이나 '지속'을 나타낸다.

बार बार '번번이' **धीरे धीरे** '천천히'

जल्दी जल्दी '빨리빨리'

제13장

접속사

संयोजक

47과	등위접속사
48과	명사절을 이끄는 종속접속사
49과	부사절을 이끄는 종속접속사
연습문제13	
부록17	**वैसे तो**

- 접속사는 단어와 단어, 구와 구, 또는 절과 절을 서로 연결하여 주는 기능을 한다.
- 접속사는 등위접속사와 종속접속사로 구분된다.

- 등위접속사는 문법적으로 대등한 기능을 하는 말들을 연결한다.
  등위접속사가 나타내는 의미로는 첨가, 선택, 대조, 결과 등이 있다.

구분	의미	접속사
첨가	그리고	**और, तथा, एवं, व**
선택	또는	**या, अथवा, कि**
대조	그러나	**लेकिन, मगर, किंतु, पर, परंतु**
	그럼에도	**फिर भी, तो भी**
	오히려	**बल्कि, वरन्, प्रत्युत, इसके विपरीत**
	반면에	**जबकि**
결과	그리하여	**इसलिए, अतः, अतएव, इस कारण, इस वास्ते**
	그렇지 않으면	**नहीं तो, वरना**

- 종속접속사는 종속절을 이끌며 종속절에는 명사절과 부사절이 있다.

- 명사절은 접속사 **कि**가 이끌며 **कि**절은 주어 목적어 보어 등으로 쓰인다.
- 부사절을 이끄는 접속사는 시간, 원인, 조건, 양보, 목적 등을 나타낸다.

시간	때에/하자마자	जब ~ तब, जैसे ही ~ वैसे ही, ज्यों ही ~ त्यों ही
원인	왜냐하면	क्योंकि, चूँकि, इसलिए कि
조건	만일	यदि/अगर ~ तो
양보	일지라도	यद्यपि ~ तथापि, अगर्चे/हालाँकि/चाहे ~ तो/फिर भी/लेकिन/पर/परंतु
목적	하도록	ताकि, जिससे, इसलिए कि

47과 등위접속사

등위접속사가 나타내는 의미로는 첨가, 선택, 대조, 결과 등이 있다.

1. 첨가를 나타내는 접속사

और/तथा/एवं/व '그리고/와'는 첨가를 나타낸다.

भारतीय चित्रकला में मधुबानी शैली रंग और रूप में उत्कृष्ट है।

'인도 회화에서 마두바니 스타일이 색과 형태에서 뛰어나다.'

पुरुष का अर्थ है विवेकशील प्राणी तथा अर्थ का मतलब है लक्ष्य।

'뿌루샤의 의미는 분별력 있는 생명체이고 아르트의 의미는 목적이다.'

सौर ऊर्जा ही मौसम एवं जलवायु का परिवर्तन करती है।

'태양의 에너지는 계절과 기후를 변화시킨다.'

दही त्वचा का निखार व चमक बरक़रार रखती है।

'요거트는 피부를 맑고 윤기 있게 유지시켜준다.'

둘 이상의 첨가를 모두 포괄하는 형식으로 **और/तथा/एवं ~ दोनों** '둘 다', **ही नहीं (बल्कि) ~ भी** '뿐만 아니라 ~ 도' 등이 있다.

अफ़्रीका में ग़रीबों की सेवा करने से आपको विविधता तथा काम से संतोष दोनों ही प्राप्त होंगे।

'아프리카에서 빈자들을 봉사함으로써 당신은 다양함과 일의 만족 둘 다 얻을 것이다.'

भारतीय महज़ भौतिक सुख ही नहीं बल्कि आत्मिक सुख भी चाहते हैं।

'인도인은 단지 물질적 행복뿐만이 아니라 정신적 행복도 원한다.'

नोटबंदी के कारण कार ही नहीं बल्कि स्कूटर-मोटरसाइकिलों की भी बिक्री घटी।
'고액지폐 사용금지로 인해 자동차뿐만이 아니라 스쿠터, 모터사이클의 판매도 감소했다.'

2. 선택을 나타내는 접속사

या/अथवा/कि '또는'은 선택을 나타낸다.

हर मंदिर में एक या अधिक देवताओं की उपासना होती है।
'각 사원에서는 하나 또는 다수의 신들이 숭배된다.'

खच्चर 20 वर्ष अथवा इससे भी बड़ी आयु तक काम कर सकते हैं।
'노새는 20살 또는 그 이상의 나이까지 일을 할 수 있다.'

तुम अभी हँस रही हो कि रो रही हो ? '네가 지금 웃고 있는가 또는 울고 있는가?'

या는 단어나 절 앞에 마다 쓰여 선택을 나타내기도 한다.

या तो काम करो या घर जाओ। '일을 하든가 집으로 가든가 하라.'

या मेरी बात सुनो या तुम्हारी बात सुनाओ।
'내 이야기를 듣든지 너의 말을 들려주든지 하라.'

둘 이상의 선택을 모두 부정할 때는 **न ~ न ~** '~도 아니고 ~도 아닌'이 사용된다.

हमारे पास न कपड़े हैं न खाना। '우리한테는 입을 것도 없고 먹을 것도 없다.'

अब न तो आदम और हव्वा और न ही उनके बच्चे इस बाग़ में क़दम रख सकते।
'이제는 아담과 하와도 그리고 그의 자녀도 이 정원에 발을 들일 수 없다.'

3. 대조를 나타내는 접속사

लेकिन/मगर/किंतु/पर/परंतु '그러나'는 대조를 나타낸다.

मैंने बहुत समझाया, लेकिन उसने मेरी बात नहीं मानी।
'내가 많이 이해시켰다 그러나 그는 나의 말을 따르지 않았다.'

मेरा दोस्त तमिलनाडु का है, मगर उसे उर्दू आती है।
'내 친구는 따밀나두 출신이지만 우르두어를 안다.'

मेरी सहेली बिहार की है, किंतु उसे तमिल भाषा आती है।
'내 친구는 비하리 출신이지만 따밀어를 안다.'

फिर भी, तो भी 등은 '그럼에도'의 의미를 나타낸다.

यह चीज़ बहुत सस्ती है, फिर भी बहुत टिकाऊ है।
'이 물건은 싸지만 그럼에도 매우 내구성이 있다.'

हमारे बच्चे की उम्र सात साल हो गई है, तो भी वह अकेले नहीं सोता।
'우리 아이가 일곱 살이 되었지만 그럼에도 혼자 자지 않는다.'

बल्कि, वरन्, प्रत्युत 등은 '오히려'의 의미를 **जबकि**는 '반면에'의 의미를 나타낸다.

पैसा कमाना लक्ष्य नहीं है, बल्कि एक साधन है।
'돈을 버는 것은 목적이 아니라 오히려 수단이다.'

दिशाहीन मानसिकता दुःशासन का कारक बनती है, जबकि स्पष्ट नीति सुशासन का कारक होती है।
'방향성 없는 마음가짐이 악정의 요인이 되는 반면 명료한 정책은 선정의 요인이 된다.'

4. 결과를 나타내는 접속사

- '그래서'의 의미를 갖는 **इसलिए**, **अत:**, **अतएव**, **इस कारण**, **इस वास्ते** 등은 결과를 나타낸다.

मैं डरा हुआ था इसलिए मैंने कोई जवाब नहीं दिया।

'나는 두려웠다 그래서 나는 아무 대답도 안 했다.'

अतएव यह चीज़ निश्चित तौर पर १००० ईसा पूर्व से पहले रची गयी होगी।

'그러므로 이 물건은 분명히 서기 천 년 전에 만들어진 것일 것이다.'

पिछले साल कंपनी ने भारी मुनाफ़ा कमाया और इस कारण सभी कर्मचारियों के वेतन में बड़ी वृद्धि हुई।

'작년에 회사가 큰 이윤을 냈다 그래서 모든 직원들의 봉급이 크게 늘었다.'

- 접속사 **नहीं तो**와 **वरना**는 '그렇지 않으면'의 의미를 나타내며 주로 명령문 뒤에서 쓰인다.

हमें हमेशा अपने लक्ष्य को याद रखना है, नहीं तो हमें आज़ादी न हासिल होगी।

'우리는 항상 자신의 목적을 유념해야 한다 아니면 우리는 자유를 얻지 못할 것이다.'

बुधवार शाम तक इस्तीफ़ा दो, वरना बरख़ास्त किए जाओगे।

'수요일 저녁까지 사직서를 내라 아니면 해고될 것이다.'

어휘 47

आत्मिक 형 정신적
आज़ादी 여 독립
इस्तीफ़ा 남 사직
उत्कृष्ट 형 뛰어난
उपासना 여 숭배
ऊर्जा 여 에너지
क़दम 남 발걸음
कारक 남 요인
खच्चर 남 노새
चमक 여 윤기
जारी 형 지속하는
टिकाऊ 형 내구성이 있는, 질긴
त्वचा 여 피부
दिशाहीन 형 방향 없는
दुःशासन 남 악정
निखार 남 깨끗하고 맑음, 정제
नोटबंदी 여 지폐 사용금지
परिवर्तन 남 변화
प्राणी 남 생명체
बरख़ास्त 여 해고
बरक़रार 형 유지하는, 정착된
भौतिक 형 물질적
महज़ 부 단지 형 단순한
मानसिकता 여 마음가짐
लक्ष्य 남 목적
विविधता 여 다양함
विवेकशील 형 분별력 있는
शैली 여 스타일
संपत्ति 여 재산
साधन 남 수단
सौर 형 태양의
सुशासन 남 선정
हासिल 형 얻은

48과 명사절을 이끄는 종속접속사

접속사 **कि**가 명사절을 이끌며 **कि** 명사절은 주어, 목적어, 보어 등으로 쓰인다.

1. कि 주어절

- **कि** 명사절이 내용상의 주어로 나타나며 가주어로 대명사 **यह**가 사용되기도 한다.

(यह) अच्छा है कि वह मेरे साथ होगा।
'그가 나와 함께 있을 것이라는 것은 좋은 일이다.'

(यह) ख़ुशी की बात है कि उसकी बहन परीक्षा में पास हो गई।
'그의 자매가 시험에 통과한 것은 기쁜 일이다.'

2. कि 목적어절

- 일반적으로 **कि** 목적어절을 선행하는 가목적어는 사용되지 않는다.

अमर सिंह ने एक इंटरव्यू में माना कि वह काफ़ी आहत महसूस कर रहा है।
'아마르 씽은 인터뷰에서 그가 매우 상처를 받고 있다고 인정했다.'

प्रदीप ने बांग्लादेश में देखा कि इस्लाम विरोधी पोस्ट के गुस्से में कई हिंदू मंदिर जला दिए गए।
'쁘라딥은 방글라데시에서 이슬람 반대 포스트에 대한 분노로 여러 힌두사원들이 불질러진 것을 보았다.'

3. कि 보어절/동격절

कि 명사절을 선행하는 대명형용사 **यह**, **ऐसा** 등이 선택적으로 사용되기도 한다.

सच तो ऐसा है कि रजनीकांत ने हज़ारों लीटर दूध से नहाया।

'사실은 라즈니깐뜨가 수천 리터의 우유로 목욕을 했다는 것이다.'

मेरा मतलब है कि कला मेरा पुरुषार्थ थी।

'내 말은 예술이 내 인생의 목적이었다는 것이다.'

ऐसा लगता है कि जो न हुआ होने को है।

'일어나지 않은 일이 일어나려 하는 것 같다.'

मुझे उम्मीद है कि सीमा पर गोलीबारी थम जाएगी।

'나의 바람은 국경에서 총 싸움이 멈추는 것이다.'

मैं उम्मीद करता हूँ कि सीमा पर गोलीबारी थम जाएगी।

'나는 국경에 총 싸움이 멈추기를 바란다.'

4. कि 인용절

직접인용절과 간접인용절을 구분하여 전자는 인용부호를 사용하고 후자는 접속사 **कि**를 사용하지만 인용절의 형식은 전자와 후자가 동일하다.

गोपाल ने कहा, "मेरी तबीयत तो अच्छी है।"

'고빨이 "나의 건강 상태가 좋다"고 말했다.'

गोपास ने कहा कि मेरी तबीयत तो अच्छी है।

'고빨이 그의 건강 상태가 좋다고 말했다.'

• 그러나 요즘은 간접인용절에서 대명사의 사용에서 일치가 적용되는 예도 볼 수 있다.

स्वामी ने कहा, "चाहे जो हो जाए मैं मोदी के साथ रहूँगा।"

'스와미가 "무슨 일이 있든 나는 모디와 함께 할 것이다"라고 말했다.'

स्वामी ने कहा कि चाहे जो हो जाए वह मोदी के साथ रहेगा।

'스와미가 무슨 일이 있든 그는 모디와 함께 할 것이라고 말했다.'

• 명령문 뒤에 쓰이는 인용절의 동사는 불확정미래 형태를 취한다.

पुलिसकर्मियों से कहो कि वे जल्दी चोर पकड़ें।

'경찰들에게 빨리 도둑을 잡으라고 말하라.'

यात्री से कहिए कि वह ट्रेन में बिना टिकट सफ़र न करे।

'여행객에게 기차를 티켓 없이 타고 다니지 말라고 말하세요.'

어휘 48

आहत 형 상처 입은, 손상된
गोलीबारी 여 총 싸움, 총질
तबीयत 여 건강상태
थमना 자 멈추다
पुरुषार्थ 남 인생의 목적
सीमा 여 경계

49과 부사절을 이끄는 종속접속사

1. 시간을 나타내는 접속사

- 관계부사가 시간을 나타내는 접속사의 기능을 한다. ☞ 38과 〈관계부사〉 참조

2. 원인을 나타내는 접속사

- 접속사 **क्योंकि**가 이끄는 원인절은 주절을 후행하며 접속사 **चूँकि**가 이끄는 원인절은 주절을 선행한다. 접속사 **इसलिए कि**가 이끄는 원인절은 주절을 선행하기도 하고 후행하기도 한다.

अगले दिन की चिंता कभी न करना, क्योंकि अगले दिन की अपनी ही चिंताएँ होंगी।

'다음 날을 걱정하지 마라 왜냐하면 다음 날은 그날의 걱정들이 있기 때문이다.'

किसी ने ट्वीट किया "चूँकि ख़ाकी थकी हुई है, भारतीयों को अपनी सुरक्षा ख़ुद करनी पड़ती है।"

'어떤 사람이 "인도 경찰이 지쳐있기 때문에 우리는 자신을 스스로 지켜야만 한다."라고 트위트했다.'

हमें बूढ़ों का कहना सुनना चाहिए, इसलिए कि वे फ़ायदे की बात कहते हैं।

'우리는 노인들의 말을 들어야 한다. 왜냐하면 그들은 이익이 되는 말을 하기 때문이다.'

- 접속사 **इसलिए कि**의 **इसलिए**는 주절의 부사어 자리에 나타나기도 한다.

मैं इसलिए जल्दी आया हूँ कि मुझे आराम लेने की ज़रूरत है।

'나는 휴식을 취할 필요가 있어 일찍 왔다.'

राम इसलिए वन को गए कि उनके पिता ने आज्ञा दी थी।

'람은 그의 아버지가 명령했기 때문에 숲으로 갔다.'

3. 조건을 나타내는 접속사

- 접속사 **यदि/अगर** '만약'은 조건절을 이끌며 그에 상응하여 접속사 **तो** '그렇다면'이 주절을 이끈다.

यदि तुम संत का कहना मानोगे, तो तुम्हारा भला होगा।

'만약 네가 성자의 말씀을 받아들이면 너의 이로움이 될 것이다.'

अगर कहीं स्वर्ग है, तो यहीं है।

'어딘가 천국이 있다면 바로 여기이다.'

4. 양보를 나타내는 접속사

- 양보절과 주절에 모두 접속사가 쓰인다. **यद्यपि ~ तथापि ~** '~일지라도 그럼에도', **अगर्चे/हालाँकि/चाहे/भले ही ~ तो भी/फिर भी/लेकिन/पर/परंतु** '~일지라도 그런데도', '~이지만 그러나' 등이 짝을 이루어 종속절과 주절을 이끈다. 특별히 **चाहे**가 이끄는 종속절의 동사는 항상 불확정미래 형태를 취한다.

बिहारी भाषा यद्यपि हिंदी से बहुत कुछ मिलती-जुलती है, तथापि वह उसकी शाखा नहीं। वह बँगला से अधिक संबंध रखती है।

'비하리어는 비록 힌디어와 상당히 닮았지만 힌디어의 갈래는 아니다. 비하리어는 방글라어와 더 관계가 있다.'

हालाँकि वह मर चुका है, फिर भी वह आज भी बोलता है।

'그는 죽었지만 그럼에도 그는 오늘도 말한다.'

हालाँकि संपत्ति चली जाए, पर हमारी मित्रता न चली जानी है।

'재산이 떠나더라도 우리의 우정이 떠나서는 안 된다.'

चाहे सभी लोग अखिलेश से मदद करने को कहें, परंतु वह न आएगा।

'모든 사람이 아킬레시에게 도와달라고 말할지라도 그러나 그는 오지 않을 것이다.'

हमारी कोशिश भले ही नाकाम रहे, लेकिन हमें वह कोशिश जारी रखनी चाहिए।

'우리의 노력이 비록 결실이 없겠지만 우리는 그 노력을 계속해야 한다.'

- 둘 이상의 것에 대해 양보를 나타내는 경우에는 접속사 **चाहे ~ चाहे/या/अथवा ~** '~이든 ~이든', **क्या ~ क्या ~** '~이든 ~이든' 등이 쓰인다. 이 경우 종속절의 동사는 불확정미래 형태를 취하는 것이 일반적이다.

चाहे पास हो, चाहे दूर हो, तुम मेरे सपनों की तस्वीर हो।

'가까이 있든 멀리 있든 너는 내 꿈속의 그림이어라.'

आगामी विधानसभा चुनाव में भाजपा की अगुवाई चाहे धूमल करें या नड्डा, इसका कांग्रेस को कोई फ़र्क़ नहीं पड़ता।

'다음 의회 선거에서 BJP 당을 두말이 이끌든 낫다가 이끌든 콩그레스 당에게는 아무런 차이가 없다.'

टूटी हुई मशीन को चाहे वह छोटी हो अथवा बड़ी, घर से बाहर कर देना चाहिए।

'망가진 기계를 그것이 작든 크든 집에서 치우는 것이 필요하다.'

क्या अमीर क्या ग़रीब सब को सुख और दुःख होते हैं।

'부자든 빈자든 모두에게 기쁨과 슬픔이 있다.'

- **चाहे**는 관계사 **जो**, **जहाँ**, **जितना** 등과 결합하여 '누구든/무엇이든 간에', '어디든 간에', 얼마든 간에' 등의 의미를 나타낸다.

चाहे जो हो जाए, मैं तुम्हारे साथ रहूँगा।

'무엇이 되든 간에 나는 너와 함께 있을 것이다.'

चाहे जहाँ तुम रहो, मैं तुम्हें याद रखूँगी।

'네가 어디에 있든지 간에 나는 너를 기억할 것이다.'

चाहे जितना पैसा हम कमाएँ, पर हमें संतोष न मिलेगा।

'우리가 얼마를 벌든지 간에 우리는 만족할 수 없을 것이다.'

5. 목적을 나타내는 접속사

- 접속사 **ताकि**, **इसलिए कि**는 불확정미래 형태의 동사와 함께 목적을 나타낸다.

आया सुबह बाज़ार गई ताकि ताज़ा सब्ज़ी मिल सके।

'여자 하인이 아침에 시장에 갔다 그리하여 신선한 야채를 구할 수 있도록.'

जल्दी भागो जिससे तुम न पकड़े जाओ।

'빨리 도망가라 그로써 네가 잡히지 않도록.'

मैं काम करता हूँ, इसलिए कि मुझे खाने के लिए पैसा मिल सके।

'나는 일을 한다 그래서 음식을 위한 돈을 벌 수 있도록.'

- 접속사 **इसलिए कि**의 **इसलिए**는 주절의 부사어 자리에 나타나기도 한다.

मैं इसलिए आया हूँ कि आपसे मिलूँ।

'내가 당신과 만나러 왔다.'

आजकल छात्र इसलिए बहुत मेहनत से पढ़ते हैं कि उन्हें नौकरी मिले।

'요즘 학생들은 직업을 얻기 위해 매우 열심히 공부한다.'

6. 기타 접속사

- 접속사 **मानो** '마치', **यहाँ तक कि** '할 정도로'는 비유를 나타낸다. **मानो**가 이끄는 절의 동사는 가능법 형태가 어울린다. 비유절의 주어는 주절의 주어와 동일한 경우 생략된다.

मोहन ने बहुत खा लिया, मानो कई दिन से कुछ न खाया हो।

'모한이 많이 먹었다, 마치 여러 날 전부터 아무것도 먹지 않은 것처럼.'

बाघ ने मुझे ताका, मानो मुझ पर आक्रमण करने वाला हो।

'호랑이가 나를 응시했다 마치 나를 공격하려는 것처럼.'

माओ का अधिकतर समय उसके बिस्तर पर व्यतीत होता था, यहाँ तक कि खाना भी वह बिस्तर पर ही खाता था।

'마오의 대부분의 시간은 그의 침대에서 지나갔다. 음식도 그는 침대에서만 먹을 정도였다.'

मैं हमेशा अपने आप को एक भिक्षु मानता हूँ, यहाँ तक कि स्वप्न में भी।

'나는 항상 자신을 수도승으로 여긴다, 꿈에서도 여길 정도로.'

- 접속사 **अर्थात्**와 **यानी**는 앞의 말을 풀어 설명하는 구 또는 절을 이끈다.

संत सबकी बुद्धि को सुंदर करने वाला है, अर्थात् सबको जागृत बुद्धि प्रदान करने वाला है।

'성자는 모든 사람의 마음을 아름답게 만드는 자이다. 즉, 모든 사람에게 깨달은 마음을 주는 자이다.'

तुम्हारी माँ परिश्रमी स्त्री थी, यानी वह बिना रुके मेहनत करती थी।

'너의 엄마는 부지런한 여인이었다. 즉, 그녀는 쉬지 않고 노력했었다.'

어휘 49

अगुवाई 여 선도

आगामी 형 다음의, 미래의

ख़ाकी 형 황갈색의 남 경찰복, 군복

चिंता 여 걱정

जागृत 형 깨달은

ताकना 타 응시하다

विधानसभा 여 입법의회

व्यतीत 형 지나간, 과거의

연습문제 13

1. 다음 빈칸에 알맞은 접속사를 보기에서 골라 넣으시오

보기

और, या, लेकिन, फिर भी, बल्कि, जबकि, इसलिए, क्योंकि, वरना, ताकि

1) क्या आप चाय लेंगे ____________ कॉफ़ी ?
2) मैं जल्दी सुबह सब्ज़ी ____________ फल ख़रीदने बाज़ार गया।
3) तुम जल्दी भागो ____________ ख़ाकी वर्दी वाले से पकड़े जाओगे।
4) मैं रात को ठीक से सोया था ____________ थकान महसूस होती है।
5) पिछले साल व्यापार में नुक़सान हुआ ____________ इस साल काफ़ी लाभ हुआ।
6) मैं लगातार व्यायाम करता हूँ ____________ मैं ख़ुद अपनी सुरक्षा कर सकूँ।
7) तुम अपने लक्ष्य हासिल करोगे ____________ तुम बिना रुके मेहनत करते हो।
8) जीवन में महज़ इच्छाओं से कुछ नहीं मिलता ____________ हमें उसे हासिल करना होता है।
9) यह कपड़ा सस्ता और टिकाऊ है ____________ इस कपड़े से मैं अपने वस्त्र बनवाना चाहती हूँ।
10) अस्वस्थ व्यक्ति अपनी निर्बलता पर आँसू बहाया करता है ____________ स्वस्थ व्यक्ति असंभव को भी संभव में बदलने की क्षमता रखता है।

2. 다음 빈칸에 적합한 접속사를 고르시오

1) मेरा मित्र तमिलनाडु का है __________ वह हिंदी में कविता लिखता है।

① और　② तथा　③ एवं　④ मगर

2) पकौड़ा तैयार हो जाने पर तश्तरी में रखकर टमाटर सॉस __________ धनिया चटनी के साथ परोसिए।

① अथवा　② बल्कि　③ वरन्　④ प्रत्युत

3) दुर्बल और रोगी मनुष्य __________ स्वयं की और __________ अपने राष्ट्र की सेवा कर सकता है।

① चाहे, चाहे　② न, न　③ क्या, क्या　④ चाहे, अथवा

4) कभी-कभी कोशिश के बावजूद सफलता नहीं मिलती __________ हमें धैर्य को पकड़े रहना चाहिए।

① ताकि　② जिससे　③ किंतु　④ इसलिए कि

5) अगर घर को साफ़-सुथरा रखें __________ आप को शांति मिलेगी और सुकून रहेगा।

① फिर भी　② तो भी　③ परंतु　④ तो

6) __________ अगले दिन की अपनी ही चिंताएँ हैं, अगले दिन की चिंता कभी न करना।

① चूँकि　② लेकिन　③ परन्तु　④ पर

7) पुलिस ने भीड़ से पीछे हटने को कहा __________ भीड़ प्रदर्शन के लिए बढ़ती जाती थी।

① मानो　② अर्थात्　③ तो भी　④ यानी

8) भारी संदूक़ ऊपर न रखो ________ नीचे गिर जाएगा।

① ताकि ② जिससे ③ इसलिए कि ④ नहीं तो

9) अगर विद्या धन है ________ पुस्तकालय धन का कोष है।

① तो ② कि ③ पर ④ जो

10) बाहर बहुत ठंडा है, बेटे से कहिए ________ टोपी कानों तक पहनकर निकले।

① तो ② कि ③ पर ④ जो

11) यद्यपि वह सबसे छोटा है ________ सबसे हॉकी अच्छा खेलता है।

① चाहे ② अथवा ③ तथापि ④ या

12) मुझे काला कुरता फबता है ________ मैं यह कुरता ख़रीदना चाहता हूँ।

① बल्कि ② इस कारण ③ वरन् ④ प्रत्युत

13) वे पेड़ फूलों से लदे ________ झुककर मेरा स्वागत कर रहे हों।

① अतः ② अतएव ③ इसलिए ④ मानो

14) भारत टीम ने एक भी मैच नहीं हारा है ________ पाकिस्तान ने एक मैच हारा है।

① इलसिए ② जबकि ③ अतएव ④ अतः

15) हिन्दी राष्ट्रभाषा है ________ देश के अधिकांश भागों में बोली जाने वाली भाषा है।

① अर्थात् ② मानो ③ जैसे ④ चाहे

3. 주어진 단문을 접속사를 활용하여 중문이나 복문으로 바꾸시오.

보기

वह पढ़ाई के साथ-साथ काम भी करता है। (और)
वह पढ़ता है और काम भी करता है।

1) बच्चा खाना खाकर खेलने चला गया। (और)

2) अब्दुल कलाम भारत के पूर्व राष्ट्रपति के अलावा वैज्ञानिक भी थे।
(ही नहीं बल्कि ~ भी)

3) तुम चाय और कॉफ़ी में से क्या लेना पसंद करोगे ? (या)

4) ध्यानचंद ओलंपिक में मेडल जीतने पर भी संतुष्ट नहीं है। (लेकिन)

5) मेरे समझाने पर भी बच्चा नहीं माना। (मगर)

6) मैंने ट्रेन में सफ़र करने के लिए टिकट ले लिया। (इसलिए)

7) अचानक बाढ़ आने से लाखों लोगों के घर उजड़ गए। (क्योंकि)

8) मैंने अखिलेश से अपने साथ पुस्तक मेले जाने को कहा। (कि)

9) संगीत अच्छा न होने के बावजूद लोगों ने तालियाँ बजाईं। (हालाँकि ~ फिर भी)

10) मुसीबत पड़ने पर भी भ्रष्टाचार ना करना चाहिए। (चाहे ~ परंतु)

4. 다음 문장에서 어법상 어울리지 않는 부분을 찾아 고치시오

1) मरुभूमि में ① उन्हें खाना ही नहीं ② कि ③ पीने का पानी भी न ④ रहा ।

2) यदि ① आप ② बिना टिकट लिए ट्रेन में चढ़ गए ③ कि ट्रेन में चढ़ते ही टीटीई से संपर्क करके ④ टिकट लें ।

3) चाहे हमें अनेक बाधाओं ① का सामना करना ② पड़ेगा परंतु हम अनीति ③ से लड़ते ④ रहेंगे ।

4) चाहे वर्षा ① होगी ② चाहे बर्फ़ पड़े, हम ③ अपना काम समाप्त ④ करेंगे ।

5) मैं हमेशा ① अपने ② लक्ष्य को याद ③ रखता हूँ जिससे मुझे आज़ादी ④ मिलेगी ।

6) ① इस लंबी यात्रा में गुजरात ② से बनारस ③ तक संत ने ④ क्या खाना खाया क्या पानी पिया।

7) ① अखिलेश ने बहुत खाया मानो ② कई दिन ③ से कुछ न खाया ④ होगा ।

8) हालाँकि पिताजी अब नहीं ① रहे ② मानो ③ उनका प्रेम, श्रद्धा, त्याग मेरे मन में सदा ④ के लिए रहेगा।

9) ① यद्यपि तुम लोग ② किसी भी स्थिति में अन्याय के लिए संघर्ष ③ करते रहो तो इतिहास ④ बदल जाएगा ।

10) मैं अखिलेश के क्रोध ① से डरकर चुप रह गया ② यहाँ तक अखिलेश के पिताजी भी उसकी चेष्टाओं को देखकर उसे ③ समझाने का साहस न ④ जुटा सकते हैं ।

부록 17

• वैसे तो

유사접속사로서 접속사 **लेकिन/पर**와 함께 '전반적으로는/대체로 ~ 그러나'의 의미를 표현한다.

वैसे तो दुनिया की अर्थव्यवस्था काफ़ी कमज़ोर है, लेकिन भारत की स्थिति अपेक्षाकृत काफ़ी मज़बूत नज़र आती है।

'전반적으로 세계의 경제가 매우 취약하다 그러나 인도의 상황은 비교적 매우 튼튼한 것으로 보인다.'

असत्य के लिए वैसे तो कोई सार्वभौमिक परिभाषा नहीं है, लेकिन पुरातन काल से ही वह कथन जो सही नहीं हो असत्य कहलाता है।

'거짓에 대해 대체로 어떤 보편적인 정의는 없다 그러나 옛날부터 사실이 아닌 진술을 거짓이라고 말한다.'

관계사 **जैसे**에 상응하는 상관사로 '그렇게는/그처럼은'의 의미를 표현한다.

इन तस्वीरों को जिस तरह से जीवंत किया गया है, वैसे तो शायद कैमरा भी न खींच पाता!

'이 그림들이 그처럼 생생하게 만들어졌는데 그렇게는 아마 카메라도 찍을 수 없다.'

붙임

1. 비모음과 비자음
2. [대명사/부사 + ही]의 축약형
3. 의성어
4. 친·인척 명칭
5. 셈과 곱셈표

1. 비모음과 비자음

❶ 비모음(鼻母音, अनुनासिक)

비모음은 내쉬는 바람이 구강뿐만 아니라 코를 통하여도 나감으로써 비음이 첨가된 모음을 뜻한다. 비모음은 모음과 구분하여 별개의 음소로 다루어진다. 이는 의미에 영향을 주기 때문이다. 가령 **बाँग** '수탉의 울음소리'와 **बाग** '고삐'는 구별된다.

❶ 비모음의 표기

비모음은 짠드라빈두(**चंद्रबिंदु**)와 빈두(**बिंदु**) 두 부호에 의해 표기된다. **आँख** '눈', **माँ** '엄마' **साँस** '호흡' 등에서 쓰인 짠드라빈두가 기본적인 부호이며 **नींद** '잠', **क्यों** '왜' 등에서처럼 점으로 표기된 부호가 보조적으로 쓰인 빈두이다. 후자는 데브나그리 문자를 구성하는 수평선(**शिरोरेखा**) 위로 모음부호(**मात्रा**)가 있는 경우에 사용된다.

비모음은 일반적으로 장모음에서 많이 보인다. 다시 말해 **अँ**, **इँ**, **उँ**을 내포한 어휘는 드문 편이다.

❶ 비자음(鼻子音, अनुस्वार)

비모음과 유사하면서 구별되는 음으로 비자음(**अनुस्वार**)이 있다. 비자음은 자음에 속하는 **ङ्**, **ञ्**, **ण्**, **न्**, **म्** 다섯 음을 의미한다. 이 음들이 음절의 종성에 나타나고 뒤따르는 음절이 자음으로 시작하는 경우 이 음들은 빈두로 표기된다(**चिंता** '걱정', **बिंदु** '점').

비모음과 비교해 보면, 비모음은 독립적인 음이 아니라 언제나 모음의 일부로서 모음과 함께 단일음을 이루는 반면 비자음은 개별적인 자음에 해당한다. 가령 **आँख** '눈'은 [**आँ** + **ख**]로 이루어진 반면 **अंत** '끝'은 [**अ** + **न्** + **त**]로 구성되어 있다.

비자음의 발음과 표기

* 빈두 부호로 표기되는 비자음은 뒤따르는 자음과 동일 계열의 비자음을 의미한다.

① **क** 계열(**क**, **ख**, **ग**, **घ**) 앞에서 **ङ्**로 발음된다(**अंक** - **अङ्क** '수/기호').

② **च** 계열(**च**, **छ**, **ज**, **झ**) 앞에서 **ञ्**로 발음된다(**अंचल** - **अञ्चल** '가장자리').

③ **ट** 계열(**ट**, **ठ**, **ड**, **ढ**) 앞에서 **ण्**로 발음된다(**अंडा** - **अण्डा** '알').

④ **त** 계열(**त**, **थ**, **द**, **ध**) 앞에서 **न्**로 발음된다(**अंत** - **अन्त** '끝').

⑤ **प** 계열(**प**, **फ**, **ब**, **भ**) 앞에서 **म्**로 발음된다(**अंभ** - **अम्भ** '물')

⑥ 비자음 **र**, **ल**, **स** 앞에서 **न्**로 발음된다(**संरक्षण** - **सन्रक्षण** '보호', **संलग्न** - **सन्लग्न** '부가된', **बंसी** - **बन्सी** '플루트').

⑦ **य**, **श** 앞에서 **ञ्**로 발음된다(**संयम** - **सञ्यम** '절제', **अंश** - **अञ्श** '부분').

⑧ **व** 앞에서 **म्**로 발음된다(**संवाद** - **सम्वाद** '대화').

⑨ **ह** 앞에서 **ङ्**으로 발음된다(**सिंह** - **सिङ्ह** '사자').

⑩ **क्ष**, **ज्ञ** 앞에서 **ङ्**으로 발음된다(**संक्षेप** - **सङ्क्षेप** '요약', **संज्ञा** - **सङ्ज्ञा** '명사).

* 비자음이 연속적으로 나타나는 경우는 빈두 부호를 사용하지 않는다.
  अन्न '음식', **अम्मा** '엄마'

2. [대명사/부사 + ही]의 축약형

대명사 + **ही**	부사 + **ही**
यह ही = यही वह ही = वही इस ही = इसी उस ही = उसी जिस ही = जिसी किस ही = किसी इन ही = इन्हीं उन ही = उन्हीं जिन ही = जिन्हीं किन ही = किन्हीं तुम ही = तुम्हीं हम ही = हमीं	अब ही = अभी तब ही = तभी जब ही = जभी कब ही = कभी सब ही = सभी यहाँ ही = यहीं वहाँ ही = वहीं जहाँ ही = जहीं कहाँ ही = कहीं

3. 의성어

➕ 의성어는 명사로 쓰인다.

कचकच 여 재잘재잘

कड़कड़ 남 꽝, 꽈광

कुड़कुड़ 남 우르릉

खटखट 여 똑똑/딱딱

ख़रख़र 남 쿨쿨

खुरखुर 여 콜록콜록

गुनगुन 여 윙윙, 흥얼흥얼

घरघर 남 그르렁그르렁

घुरघुर 남 덜컹덜컹

चमचम 남 깜빡깜빡

चहचहा 남 짹짹

चींचीं 여 짹짹

झनझन 여 잘랑잘랑, 쟁쟁

झमझम 남 반짝반짝

टपटप 남 똑똑

फुसफुस 여 속닥속닥, 수근수근

बड़बड़ 여 중얼중얼, 투덜투덜

भिनभिन 여 윙윙

भुनभुन 여 투덜투덜

म्याऊँ म्याऊँ 여 야옹야옹

सरसर 여 슥슥

의성어에 동사화 접사 **–आ**를 붙여 동사를 만든다.

कचकचाना '재잘거리다'

खटखटाना '똑똑/딱딱 두드리다'

गुनगुनाना '흥얼거리다, 콧노래하다'

चटचटाना '딱딱 깨지다/쩍쩍 부러지다'

थपथपाना '톡톡 두드리다'

फुसफुसाना '속닥거리다'

बड़बड़ाना '중얼거리다/재잘거리다/투덜거리다'

भिनभिनाना '윙윙거리다'

भुनभुनाना '투덜거리다'

गीता ने अपनी सहेली से कान में फुसफुसाया।
'기따는 자기 여자친구의 귀에 속삭였다.'

मैंने मधुमक्खियों को सुगंधित फूलों पर भिनभिनाते देखा।
'나는 꿀벌들이 향기로운 꽃들에서 윙윙거리는 것을 보았다.'

- 어간이 **अ** 또는 **आ** 이외의 모음으로 끝나는 경우에는 접사 앞에 **य्**가 첨가되며 어간의 모음이 단모음화 된다.

चींचीं 여 짹짹 → **चिचियाना** '짹짹거리다'

मेमे 여 매애매애 → **मिमियाना** '매애하고 울다'

4. 친·인척 명칭

- 친족

남성		여성	
아버지	**पिता, बाप**	어머니	**माता, माँ, अम्माँ**
아들	**बेटा, पुत्र**	딸	**बेटी, पुत्री, कन्या**
형제	**भाई, भैया, भ्राता**	자매	**बहन, बहिन, भगिनी**
할아버지	**दादा**	할머니	**दादी**
큰아버지	**ताऊ**	큰어머니	**ताई**
삼촌/작은아버지	**चाचा, काका**	작은어머니	**चाची, काकी**

남성		여성	
고모부	फूफा	고모	फूफी, बुआ
친사촌형제	चचेरा भाई	친사촌자매	चचेरी बहन
고종사촌형제	फुफेरा भाई	고종사촌자매	फुफेरी बहन
조카(형제의 아들)	भतीजा	조카딸(형제의 딸)	भतीजी
조카(자매의 아들)	भांजा, भानजा	조카딸(자매의 딸)	भांजी, भानजी
친손자	पोता, पौत्र	친손녀	पोती, पौत्री
증조부	परदादा	증조모	परदादी
증손자	परपोता	증손녀	परपोती

외척

남성		여성	
외할아버지	नाना	외할머니	नानी
외삼촌	मामा	외숙모	मामी
이모부	मौसा	이모	मौसी
외사촌형제	ममेरा भाई	외사촌자매	ममेरी बहन
이종사촌형제	मौसेरा भाई	이종사촌자매	मौसेरी बहन
외손자	नाती, दोहता, दौहित्र	외손녀	नातिन, दोहती, दौहित्री
외증조부	परनाना	외증조모	परनानी
외증손자	परनाती	외증손녀	परनातिन

인척

남 성		여 성	
남편	पति, ख़ाविंद, शौहर	부인	पत्नी, बीवी, बीबी, घरवाली
시아버지, 장인	ससुर	시어머니, 장모	सास
사위	दामाद	며느리	बहू
시형	जेठ	손 윗동서	जेठानी
시동생	देवर	손 아랫동서	देवरानी
시누이의 남편	ननदोई	시누이	ननद
처제의 남편	साढ़ू	처제	साली
처남	साला	처남의 부인	सलहज
매형	बहनोई	형수, 제수	भाभी

5. 셈과 곱셈표

셈하기

셈법	산술식 표현	일상적 표현
더하기 4+2=6	चार और दो छः (होते हैं)। चार धन दो छः (होते हैं)। चार जमा दो छः (होते हैं)।	4 को 2 में जोड़ना
빼기 4-2=2	चार ऋण दो दो (होते हैं)। चार नफ़ी दो दो (होते हैं)।	4 में से 2 को घटाना

셈법	산술식 표현	일상적 표현
곱하기 4X2=8	चार गुणित दो आठ (होते हैं)। चार ज़रब दो आठ (होते हैं)।	4 को 2 से गुणा करना
나누기 4÷2=2	चार भाजित दो दो (होते हैं)। चार विभाजित दो दो (होते हैं)। चार तक़सीम दो दो (होते हैं)।	4 को 2 से भाग देना

곱셈표

1곱	एकम्	3x1=3	तीन एकम् तीन
2곱	दुन्नी	3x2=6	तीन दुन्नी छः
3곱	तियाँ	3x3=9	तीन तियाँ नौ
4곱	चौके	3x4=12	तीन चौके बारह
5곱	पचे	3x5=15	तीन पचे पंद्रह
6곱	छक्के	3x6=18	तीन छक्के अट्ठारह
7곱	सत्ते	3x7=21	तीन सत्ते इक्कीस
8곱	अट्ठे	3x8=24	तीन अट्ठे चौबीस
9곱	नवाँ	3x9=27	तीन नवाँ सत्ताइस
10곱	दहाँ	3x10=30	तीन दहाँ तीस

해답

연습문제 1

1 1) लड़की चाय पीती है।
2) माताजी चाय पी रही हैं।
3) पिताजी ने चाय पी है।
4) भाई ने चाय पी।
5) दो बच्चे चाय पीते थे।
6) दो बेटियाँ चाय पी रही थीं।
7) एक महिला ने चाय पी थी।
8) मेरा मित्र चाय पिएगा।

2 1) पढ़ते हैं
2) पीती हैं
3) कर रहे हैं
4) बजा रहे हैं
5) आई हैं
6) रहता था
7) दे रहा था
8) पूछा
9) ऊब गए थे
10) हो जाएगी

관련 어휘

2) **गुनगुना** 형 미지근한
3) **पत्रकार** 남 기자, **प्रतीक्षा** 여 기다림
4) **ताली** 여 박수
6) **युवक** 남 젊은이
9) **साहब** 남 (이름이나 직함 뒤에 쓰이는 존칭) 님

3 1) तुम अक्सर यहाँ कैसे आते हो ?
आप अक्सर यहाँ कैसे आते हैं ?
2) तुम क्या खेल रही हो ?
आप क्या खेल रही हैं ?
4) तुमने दोपहर को कहाँ खाना खाया है ?
आपने दोपहर को कहाँ खाना खाया है ?

5) तुम संगीत कार्यक्रम कब देख रही थीं ?
आप संगीत कार्यक्रम कब देख रही थीं ?

관련 어휘

1) **अक्सर** 부 일반적으로

5) **संगीत** 남 음악, **कार्यक्रम** 남 프로그램

6) अगले कुछ दिन उत्तर भारत में बहुत बारिश होगी।
कुछ दिन पहले उत्तर भारत में बहुत बारिश हुई।

7) रमेश और राकेश कल सवेरे शताब्दी एक्सप्रेस से लखनऊ जाएँगे।
रमेश और राकेश कल सवेरे शताब्दी एक्सप्रेस से लखनऊ गए।

8) मेरा भाई अगले सोमवार को रसगुल्ले लाएगा।
मेरा भाई पिछले सोमवार को रसगुल्ले लाया।

9) संस्थान अगले साल तक सालाना निबंध प्रतियोगिता आयोजित करेगा।
संस्थान ने पिछले साल तक सालाना निबंध प्रतियोगिता आयोजित की।

10) शीला जी अगली बार बहुत सही बात कहेंगी।
शीला जी ने पिछली बार बहुत सही बात कही।

관련 어휘

7) **शताब्दी** 여 세기

8) **रसगुल्ला** 남 당과의 한 종류, 스위트

9) **संस्थान** 남 기관/학원, **निबंध** 남 수필, **प्रतियोगिता** 여 대회/경쟁, **आयोजित** 형 조직된

10) **सही** 형 정확한/올바른

4 1) पानी एक सौ सेलसियस डिग्री पर उबलता है।

2) इस मेट्रो में अक्सर बहुत भीड़ होती है।

3) क्रिकेट वर्ल्ड कप हर चार साल में होता है।

4) **बस अड्डे पर आई है।**

5) **हम कल दोपहर को कॉफ़ी पी रहे थे / रही थीं।**

6) **इस हफ़्ते की शुरुआत में लड़ाकू विमान तैनात किए गए।**

7) **रमेश कल शाम को भी आपसे मिलने आया था।**

8) **शुक्रवार सुबह गोरखपुर महोत्सव का शुभारंभ हुआ ।**

9) **मैं छोटी छोटी बातें भी जीवनभर नहीं भूलूँगी / भूलूँगा ।**

10) **आशा थोड़े दिन में दिल्ली आएगी।**

관련 어휘

2) **भीड़** 여 군중/혼잡

4) **अड्डा** 남 정류장

6) **तैनात** 형 배치된

8) **शुभारंभ** 남 개시/시작

9) **जीवनभर** 부 평생

5 1) 옛날에 여자들은 교육을 받지 못했다.

2) 우리는 다양한 사안들에 대해서 함께 일을 하고 있는 중이다.

3) 나는 이 기관과 관련된 모든 위인들을 진심으로 칭송합니다.

4) 2024년경 중국이 세계 1위 경제 대국이 될 것이다. 그 후 10년 이내 인도의 경제도 중국의 뒤를 바짝 쫓으며 급속히 발전할 것이다.

5) 이 나라는 군주들이 만들지 않았다, 이 나라는 우리 농부들이 만들었다, 우리의 노동자들이 만들었다, 우리의 어머니들과 누이들이 만들었다.

6) 재무 장관이 소비재와 서비스 세금 제도를 간소화할 것이라고 말했다.

7) 샤한샤흐의 연설 때 회합에 참석한 무슬림 수도사들, 힌두 성자들 그리고 학자들이 박수를 쳤다.

8) 그곳에서 6마일 떨어진 곳에 버스 정류장이 있었다, 거기에 고라크뿌르에 가는 버스가 있었다.

9) 화요일 저녁부터 폭력 사건들로 여덟 명의 사망자가 발생했다.

10) 제가 올해도 좋은 성적을 거두도록 노력을 하겠으니 믿어주십시오.

관련 어휘

1) **शिक्षा** 여 교육

2) **विभिन्न** 형 다양한, **मुद्दा** 남 사안, 이슈

3) **संस्था** 여 기관/기구, **महानुभाव** 남 위인, **अभिनंदन** 남 칭송

4) **अर्थव्यवस्था** 여 경제, **दशक** 남 십 년, **प्रगति** 여 발전

5) **सरकार** 여 정부 남 군주

6) **वित्त** 남 부/재산, **वस्तु** 여 물건/재물, **सेवा** 여 서비스/봉사,
कर 남 세금, **व्यवस्था** 여 제도/체제, **सरल** 형 쉬운/간단한

7) **भाषण** 남 연설, **बैठक** 여 모임/회의, **उपस्थित** 형 출석한, **फ़क़ीर** 남 무슬림 수도사,
साधु 남 힌두 성자, **विद्वान** 남 학자, **ताली** 여 박수

8) **मील** 여 마일, **दूरी** 여 거리

9) **हिंसक** 형 폭력적 남 살인자, **घटना** 여 사건/사고, **मौत** 여 죽음

10) **विश्वास** 남 믿음, **दिलाना** 동 전달시키다, **अंक** 남 숫자/점수, **प्राप्त** 형 획득한,
प्रयास 남 노력

연습문제 2

1 1) करती हो

2) आए, आएँ

3) रहते हों

4) पूछा होगा

5) नाच रही होती

6) जानते होंगे

7) करते होते

8) आ रही होंगी

9) आया होगा

10) ऊब गई हो

2 1) मैं डरा हुआ हूँ कि कहीं गाड़ी न छूट जाए।

2) मैं डरा हुआ हूँ कि कहीं तेज़ बारिश न पड़े।

3) मैं डरा हुआ हूँ कि कहीं तुम दोनों फिर न लड़ो।

4) मैं डरा हुआ हूँ कि कहीं बच्चे बारिश में न भीगें।

5) मैं डरा हुआ हूँ कि कहीं वह तुम्हें कष्ट न दे।

6) वह चाहता है कि वह तुम्हारे साथ ताजमहल देखने जाए।

7) वह चाहता है कि वह हिन्दी कहानी का कोरियाई में अनुवाद करे।

8) वह चाहता है कि वह ज़मीन पर बैठे।

9) वह चाहता है कि वह पिताजी की आज्ञा का पालन करे।

10) वह चाहता है कि वह कमरा साफ़ करे।

11) ज़रा ज़ोर से बोलो ताकि दूसरे लोग सुन सकें।

12) बचत करें ताकि बच्चों की पढ़ाई के लिए पैसा बचे।

13) सही काम करो ताकि बाद में न पछताओ।

14) सिगरेट मत पिओ ताकि तुम्हारा स्वास्थ्य ख़राब न हो जाए।

15) दूसरे को शाप मत दो ताकि तुम्हें उसका बुरा फल न मिले।

관련 어휘

11) **वरना** 접 아니면

12) **बचत** 여 절약

13) **पछताना** 타동 후회하다

14) **स्वास्थ्य** 남 건강

15) **शाप** 남 악담, 저주

3 1) वह दिन में ख़ूब खेला होगा।

2) उसने दिन में रसगुल्ले ख़ूब खाए होंगे।

3) उन्होंने दिन में चाय ख़ूब पी होगी।

4) उन्होंने पहले बनारसी साड़ियाँ ख़ूब ली होंगी।

5) उन्होंने पहले ख़रीदारी ख़ूब की होगी।

관련 어휘

1) **भतीजा** 남 조카, **ख़ूब** 형 훌륭한 부 흠뻑, 실컷, 꽤, 많이

2) **भतीजी** 여 질녀

3) **मामा** 남 외삼촌

4) **मामी** 여 외숙모

5) **ख़रीदारी** 여 구매, 쇼핑

6) संभव है कि पोता उन दिनों रिक्शे पर सवार होकर गाँव घूमता हो।

7) संभव है कि पोती को उन दिनों सलवार-कुर्ता पसंद आता हो।

8) संभव है कि पोता उन दिनों बाज़ार जाना पसंद करता हो।

9) संभव है कि पोती उन दिनों सुबह नाश्ते में पराँठे खाती हो।

10) संभव है कि पोते और पोती को उन दिनों भारत की यात्रा से अच्छा अनुभव होता हो।

관련 어휘

6) **पोता** 남 친손자, **सवार** 남 (탈것에) 탑승한 사람 형 탑승한

7) **पोती** 여 친손녀

9) **पराँठा** 남 빠란타 (음식)

11) **अगर किसान ने तुलसी के बीज बोए होते, तो उसके पौधे वर्षा ऋतु में उगे होते।**

12) **अगर दर्ज़ी ने मेरा सूट बना दिया होता, तो मैं दावत में सूट पहनकर गया होता।**

13) **अगर धोबी रज़ाई धोकर लाया होता, तो मैं रज़ाई ओढ़ कर सो सकी होती।**

14) **अगर चाय बेचने वाला इधर आया होता, तो मैंने तुम्हें एक कप चाय पिला दी होती।**

15) **अगर नुक्कड़ पर गोलगप्पे का ठेला लगा होता, तो मैंने तुम्हें गोलगप्पा खिलाया होता।**

관련 어휘

보기 **मूसलाधार** 남 장대비/호우 부 억수, **स्थगित** 형 연기된/미루어진

11) **तुलसी** 여 나륵풀, **बीज** 남 씨/종자, **बोना** 타동 심다, **ऋतु** 남 계절, **उगना** 자동 자라다

12) **दर्ज़ी** 남 양복쟁이/재봉사

13) **धोबी** 남 세탁부, **रज़ाई** 여 이불, **ओढ़ना** 타동 덮다

15) **नुक्कड़** 남 모퉁이/길목, **गोलगप्पा** 남 골갑빠(음식), **ठेला** 남 손수레

4 1) 당신이 버스표를 원하든, 기차표를 원하든. 둘 다 구할 수 있어요.

2) 어르신의 연세가 96세 정도일 것이다.

3) 당신은 델리에서 다양한 지방의 사람들을 만나게 될 것입니다.

4) 이리 오렴, 여러 가지 인형들을 가져와서 놀자.

5) 아마도 그가 아파서 안 온 듯하다.

6) 대부분의 사람들이 일하는 동안 어떻게 일을 즐겨야 하는지 알지 못한다.

7) 당신은 방학 기간 동안 자신의 친구들과 또는 식구와 어딘가는 분명히 갔었을 것이다.

8) 만약 어르신이 의사의 충고를 들었더라면, 그분 스스로 자신의 건강을 망가뜨리진 않았을 텐데.

9) 친애하는 국민 여러분, 모두 함께 나아갑시다, 함께 생각합시다, 함께 결심합시다 그리고 함께 우리가 국가를 전진시킵시다.

10) 남편과 아내는 아들도 떠나버리진 않을까 매우 두려워한다. 그래서 누군가의 눈에 띄지 않도록 아들을 집에만 둔다.

관련 어휘

2) **छियानवे** 수 96

4) **गुड़िया** 여 인형

8) **सलाह** 여 충고, **सेहत** 여 건강, **बिगाड़ना** 타동 망가트리다

9) **देशवासी** 남 국민, **संकल्प** 남 결심

연습문제 3

1 1) सीता पत्र लिखती रही।

2) सीता पत्र लिखती गई।

3) सीता पत्र लिखती आई।

4) सीता पत्र लिखा करती थी।

5) सीता पत्र लिखने लगी।

6) सीता पत्र लिखने वाली/को थी।

7) सीता पत्र लिख चुकी।

8) सीता ने पत्र लिख रखा।

9) राम कुर्सी पर बैठा रहा।

10) राम कुर्सी पर बैठा करता था।

11) राम कुर्सी पर बैठने लगा।

12) राम कुर्सी पर बैठने वाला/को था।

13) राम कुर्सी पर बैठ चुका।

2 1) पिए रहा है

2) करती आई है

3) पूछने लगा है

4) लिख चुके हैं

5) रहते आए हैं

6) गाती जाती थी, गाते जाते थे

7) लड़ा करते थे

8) हँसता रहता था

9) लेटा रहता था

관련 어휘

3) **तमाशा** 남 광경/구경거리

3 1) देखती रहती हैं

2) उड़ाते रहते हैं

3) पड़ती रहती हैं

4) भरता रहता है

5) तड़पता रहता है

관련 어휘

2) **बरामदा** 남 베란다, **कोना** 남 모퉁이, **पतंग** 여 종이연

3) **किरण** 여 광선, 빛줄기

4) **उड़ान** 여 비행, **उड़ान भरना** 비행하다

5) **हादसा** 남 사고/사건

6) **पड़ी रहती हैं**

7) **लगाए रहता है**

8) **लपेटे रहती हैं**

9) **पहने रहता है**

10) **गड़ाए रहती है।**

관련 어휘

8) **नवजात** 형 갓 태어난, **कंबल** 남 모포

11) **देखा करती है**

12) **उड़ाया करता है**

13) **जाया करते हैं**

14) **किया करते हैं**

15) **हुआ करती हैं**

관련 어휘

11) **पारिवारिक** 형 가족의

12) **मज़ाक़** 남 조롱, 놀림, **मज़ाक़ उड़ाना** 조롱하다

13) **सपरिवार** 형 가족동반의 부 가족동반하여

14) **मोहब्बत** 여 사랑

15) **ख़ामोश** 형 침묵하는, 고요한

16) **छाने लगे**

17) **निकलने लगी**

18) **आने लगी**

19) **उभरने लगी**

20) **उड़ने लगीं**

관련 어휘

16) **अचानक** 부 갑자기, **आसमान** 남 하늘, **छाना** 타동 덮다 자동 퍼지다

17) **ग़ायब** 형 사라진, **धूप** 여 햇빛

19) **सुहावना** 형 좋은, 쾌청한, **मुस्कान** 여 미소, **उभरना** 자동 나타나다/부풀어 나오다

21) **आने वाला है**

22) **सुनाने वाली है**

23) **लगने वाली है**

24) **बजाने वाले हैं**

25) **उबलने वाला है**

관련 어휘

23) **सूर्योदय** 남 해돋이, **पर्यटक** 남 관광객

25) **आँच** 여 불꽃, 열

4 1) मैं हिन्दी कहानी सुनाता चला गया था।

2) मैं हिन्दी कहानी सुनाती चली गई थी।

3) रमेश जी हिन्दी कहानी सुनाते चले गए थे।

4) लड़कियाँ हिन्दी कहानी सुनाती चली गई थीं।

5) वन क्षेत्र लगातार घटता चला जा रहा है।

6) आबादी लगातार घटती चली जा रही है।

7) सामाजिक समस्याएँ लगातार घटती चली जा रही हैं।

8) गाँव के निवासी लगातार घटते चले जा रहे हैं।

관련 어휘

보기 **जलस्तर** 남 수위, **घटना** 자동 감소하다

6) **आबादी** 여 인구

7) **सामाजिक** 형 사회의, **समस्या** 여 문제

8) **निवासी** 남 거주자

5 1) उन दिनों वह अक्सर किताब पढ़ा करती थी।

2) वे बार-बार चाय पिया करते थे।

3) हम अब तक बड़ी मेहनत से काम करते आ रहे हैं / करती आ रही हैं।

4) वे नर्तकियाँ निरंतर नाचती जा रही थीं।

5) राम और हनुमान रावण पर हमला करने लगे।

6) हम दो घंटे लगातार किताब पढ़ते रहे / पढ़ती रहीं।

7) वे लोग दिनभर लड़ते रहे।

8) साढ़े सात बजा चाहते हैं।

9) सुजाता, तुम पुरानी कहानियाँ ही सुनाती रहती हो।

10) **बुआ घंटों बैठे-बैठे उसे चूड़ियाँ बनाते देखती रहती थी।**

6 1) 총리는 구자라뜨의 사람들에게 평화와 질서를 유지하라고 촉구하였다.

2) 재무장관은 세계 불경기에도 불구하고 인도는 경제성장률을 유지해냈다고 말했다.

3) 자이샹까르 쁘라사드는 시창작을 브라즈바샤어로 시작했지만, 서서히 카리볼리를 (자신의 시어로) 취해 나갔다.

4) 생일날 너는 여러 선물들을 받고 있구나.

5) 그는 나를 알아보지 못했고 한참 동안 나를 계속 주시했다.

6) 말하면서 그는 기침이 났다 그리고 그는 한참 동안 계속 기침했다.

7) 신선한 고수풀을 야채볶음에 마지막으로 넣어요, 신선한 고수풀의 향이 최대한 야채볶음에 남아 있도록.

8) 스와미나탄은 조바심이 나서 그녀의 이야기가 끝나는 것을 기다리기 시작했다, 그렇지만 할머니는 이리 저리 새면서 그리고 각기 다른 시간에 벌어진 일들을 뒤범벅하며 말을 이어가셨다,

9) 그 양반이 석사를 했을 때 이렇게 큰 메달을 받으셨었다. 내가 여러 해 동안 그것을 목에 걸고 있었다. 모르겠다, 내가 언제 그걸 풀었는지…….

10) 정부의 분명한 정책이 있는 한 할당제라는 현 제도가 유지될 것이다.

관련 어휘

1) **अपील** 여 호소/촉구

2) **वैश्विक** 형 세계의, **मंदी** 여 불황, **दर** 여 비율

3) **अपनाना** 타동 자기것으로 하다

4) **उपहार** 남 선물

5) **पहचानना** 타동 인지하다, **निहारना** 타동 주시하다

7) **ख़ुशबू** 여 향기

8) **अधीर** 형 안달하는/조바심하는, **भटकना** 자동 헤매다, **गड्डमड्ड** 형 뒤섞인

10) **नीति** 여 정책, **आरक्षण** 남 (직업)할당제, **मौजूदा** 형 현재의

연습문제 4-1

1 1) आ रहे हैं

2) आ रही हैं

3) आ रहे हैं

4) आ रहे हैं

5) आ रहे हैं

6) आ रहे हैं

7) आ रही हैं

8) आ रहे हैं

9) आ रहे हो

10) आ रही हो

관련 어휘

2) मौसी 여 이모

2 1) रखी हुई हैं

2) रखे हुए हैं

3) रखी हुई हैं

4) रखे हुए हैं

5) रखे हुए हैं

관련 어휘

보기 डलिया 여 작은 바구니, संतरा 남 귤

1) नाशपाती 여 배 (과일), नारंगी 여 오렌지

6) चरते हैं

7) चरती हैं

8) चरते हैं

9) चरते हैं

10) चरती हैं

관련 어휘

보기 बकरी 여 염소, घास 여 풀, चरना 타동 (풀을) 뜯다

6) घोड़ा 남 말, बैल 남 숫소

11) **होते हैं**
12) **होते हैं**
13) **थे**
14) **थे**
15) **था**

관련 어휘

보기 **बादशाह** 남 황제, **संतान** 여 자손/자녀
12) **पहिया** 남 바퀴
13) **पशु** 남 짐승/가축
15) **सामान** 남 물건, 물품

3
1) **खाया था**
2) **खाई थी**
3) **खाए थे**
4) **खाई थीं**
5) **खाए थे**
6) **दिया था**
7) **समझा था**
8) **खिला दी थी**
9) **खिला चुका था**
10) **खा गया था**
11) **पिया जाता**
12) **बोली जाती है**
13) **लगती है**
14) **अच्छे लगते हैं**
15) **दिखाई देते हैं**

연습문제 4-2

1 1) की सफ़ाई करता है
2) का उद्‌घाटन हुआ है
3) सुनाई देती है
4) ख़र्च किए थे
5) का समर्थन किया था
6) की मरम्मत की है
7) की शुरुआत होती है
8) बातचीत की
9) प्रणाम किया है
10) को याद किया है

관련 어휘

2) **उद्‌घाटन** 남 제막(식)/개시
3) **चहचहाहट** 여 (새의) 지저귐
5) **समर्थन** 남 지지

11) इकट्ठा करती है
12) इकट्ठा करता है
13) पूरा करती है
14) पूरा करता है
15) ज़िंदा किया है
16) इकट्ठी की हैं
17) इकट्ठे किए हैं
18) पूरा किया है
19) पूरा हुआ है
20) ज़िंदा किए हैं

관련 어휘

11) **गुड़िया** 여 인형
14) **सपना** 남 꿈

2 1) का
2) अच्छी
3) खड़ी
4) नीची
5) ऊँची
6) इतना बड़ा
7) मीठी
8) थके हुए
9) के आदी
10) का इच्छुक

관련 어휘

10) **विवाह** 남 결혼

3 1) शेखर को प्रसाद की कविता याद करनी चाहिए।

2) सरकार को अगले साल तक विकास योजना पूरी करनी चाहिए।

3) बच्चे ने पिताजी की सलाह स्वीकार करनी चाही है।

4) मोहन को उर्दू सीखना पसंद है।

5) प्रणव को साइकिल चलानी आती है।

6) ऊँची दीवार ऊँचाई में कम होनी ज़रूरी है।

7) दीवार की लंबाई मपनी ज़रूरी है।

8) सारे दरवाज़े बंद होने ज़रूरी हैं।

9) चाय तैयार होनी ज़रूरी है।

10) जल्दी सुबह नाश्ता बन जाना ज़रूरी है।

관련 어휘

7) **मापना** 타동 측량하다, **मपना** 자동 측량되다

11) छोटा भाई चिट्ठी लिखने लगा।

12) छोटा भाई विदेश जाने वाला था।

13) छोटी बहन सहेलियों के साथ जाने वाली थी।

14) पिताजी अपने बेटे को गेंदबाज़ी करने देते हैं।

15) पिताजी अपनी बेटी को मुक्केबाज़ी करने देते हैं।

관련 어휘

14) **गेंदबाज़ी** 여 볼링/(크리켓의) 투구

15) **मुक्केबाज़ी** 여 권투

4 1) 아쇼까 대왕은 꾸시나가르 성지순례를 한 후에 여기에 불탑과 승원들을 건립하도록 하였다.

2) 수상은 방글라데시 순방 기간 동안에 경제원조를 하기로 약속하였다.

3) 쁘렘짠드는 1880년 바나라스의 람히 마을에서 태어났다.

4) 방갈로르의 스타디움에서 치뤄질 크리켓 경기는 오후 세 시 반에 시작될 것이다.

5) 기차칸에 우리가 갑자기 뛰어들자 신사의 눈에 방해받은 것에 대한 불만이 비쳤다.

6) 국가에 훌륭한 과학자가 필요하다, 훌륭한 군인들이 필요하다 그리고 훌륭한 예술가들, 음악가들 그리고 운동선수들도 필요하다.

7) 개도 상당히 순한 동물이다, 그렇지만 개도 때때로 성을 낸다, 그렇지만 당나귀가 성낸다는 건 들어본 적이 없다.

8) 나에게 독서 습관이 들었다. 나는 밥 먹을 때 그릇 옆에 '사라스와띠', '짠드' 등의 잡지들을 놓고 읽는 습관이 있었다.

9) 여러분은 방학에 누구 집에 방문하는 것을 가장 좋아합니까?

10) 몇몇 풍자 문장들을 주의 깊게 생각해 보고 모아보세요.

관련 어휘

1) **सम्राट** 남 황제, **तीर्थ** 남 성지, **स्तूप** 남 불탑, **मठ** 남 수도원

2) **आश्वासन** 남 확언/약속/위로

5) **सहसा** 부 갑자기, **सज्जन** 남 신사, **विघ्न** 남 방해, **असंतोष** 남 불만

6) **वैज्ञानिक** 남 과학자, **कलाकार** 남 예술가, **संगीतकार** 남 음악가

7) **गधा** 남 당나귀

8) **चाट** 여 습관/성향, **थाली** 여 접시

10) **व्यंग्य** 남 풍자, **इकट्ठा** 형 모인/수집된

연습문제 5-1

1 1) नदी में बहता हुआ पानी

2) आजकल ख़ूब बिकती हुई किताबें

3) कोरियाई और चीनी सीखा हुआ व्यापारी

4) राजा का बनवाया हुआ एक बड़ा महल

5) कुर्सी पर बैठे हुए बच्चे

6) मैदान में खेलते हुए लड़के

7) बहुत शराब पिया हुआ ड्राइवर

8) मोहन को पसंद आई हुई कार

9) दरवाज़ा खोलता हुआ नौकर

10) कमरे में सोता हुआ बच्चा

2 1) पहाड़ से लुढ़कते हुए पत्थरों के कारण यातायात में बाधा बनी हुई है।

2) बच्चे ने तड़पती हुई मछलियाँ नदी में वापस डाल दीं।

3) कोच खेलते हुए खिलाड़ियों के क्रियाकलापों का निरीक्षण करता है।

4) बच्ची मुस्कराती हुई माँ को गले लगाती है।

5) सुबह से खिली हुई धूप ग़ायब हो गई और अचानक आसमान पर बादल छा गए।

6) राजा के बनवाए हुए बड़े महल में रानी रहती है।

7) राधा सहेलियों की फूलों से भरी हुई डलिया लेकर मंदिर पहुँची।

8) किसान बेमौसम बारिश से फ़सलों को हुए नुक़सान से प्रभावित हुए हैं।

9) घर में/का जमाया गया दही स्वादिष्ट होता है।

10) मेरी पंद्रह साल पहले ख़रीदी हुई गाड़ी अभी भी ठीक चलती है।

관련 어휘

1) **यातायात** 남 교통, **बाधा** 여 방해/장애

3) **कोच** 남 코치, **क्रियाकलाप** 남 활동, **निरीक्षण** 남 감독/관찰

5) **खिलना** 자동 (꽃이) 피다, **ग़ायब** 형 사라진

8) **बेमौसम** 형 제철이 아닌, **प्रभावित** 형 영향받은

9) **दही** 남 응유, **जमाना** 타동 굳히다

3 1) नदी ख़ामोश बहती हुई नज़र आती है।

2) दीवारें गिरती हुई दिखाई देती हैं।

3) बर्फ़ पिघलती हुई दिखाई देती है।

4) लड़के फिर झगड़े हुए लगते हैं।

5) लड़कियाँ घबराई हुई लगती हैं।

6) किसान ने बिल्ली को अपने मालिक़ के साथ कसरत करते हुए देखा।

7) किसान ने चोर को पुलिसवाले के सामने काँपते हुए देखा।

8) किसान ने कुत्ते को भौंकते हुए सुना।

9) किसान ने सेब को सड़ा हुआ समझा।

10) किसान ने गाड़ी को टूटा हुआ पाया।

관련 어휘

6) **कसरत** 여 운동

9) **सड़ना** 자동 썩다

4 1) मेरे खिड़की खोलते ही एक गिलहरी अंदर आ गई।

2) मियांदाद के भाषण ख़त्म करते ही लोग तालियाँ बजाने लगे।

3) चूड़ियाँ बाज़ार में आते ही तेज़ी से बिकने लगीं।

4) उपन्यास प्रकाशित होते ही लेखक को ढेर सारे पत्र मिलने लगे।

5) मूसलाधार वर्षा पड़ते ही फूलों की पँखड़ियाँ गिर गईं।

관련 어휘

1) **गिलहरी** 여 다람쥐

4) **ढेर सारे** 형 많은

5) **पँखड़ी** 여 꽃잎

5 1) 어르신이 커민이 첨가된 소금과 빻은 고춧가루를 오이 조각들 위에 뿌려 드신다.

2) 입 안에 고인 침 한 모금이 목으로 넘어갔다.

3) 지난 세기에 음식문화가 변화되는 모습을 스케치하세요.

4) 여러분의 집에서 어떤 것들이 요리되고 어떤 것들이 시장에서 만들어져 옵니까?

5) 그 마을에서 모든 여인들이 그 장신구상인이 만든 팔찌를 착용했었다.

관련 어휘

1) **ज़ीरा** 남 커민의 씨앗, **बुरकना** 자동 뿌리다, **खीरा** 남오이, **फाँक** 여 조각

2) **घूँट** 남 모금

3) **खाक़ा** 남 스케치/레이아웃

5) **मनिहार** 남 장신구 상인

연습문제 5-2

1 1) मैं आकाश में उड़ती हुई चिड़िया देख रहा हूँ।

2) मैं बिल्ली पर भौंकता हुआ कुत्ता देख रहा हूँ।

3) मैं आपस में झगड़ते हुए लोगों को देख रहा हूँ।

4) मैं खुला हुआ दरवाज़ा देख रहा हूँ।

5) मैं फ़र्श पर गिरा हुआ काग़ज़ देख रहा हूँ।

6) मैं तस्वीर बनाते हुए चित्रकार से बात करूँगा।

7) मैं उपन्यास लिखते हुए लेखक से बात करूँगा।

8) मैं ध्यान करते हुए भिक्षु से बात करूँगा।

9) मैं किताब पढ़ते हुए बच्चे से बात करूँगा।

10) मैं दूध बेचते हुए दुकानदार से बात करूँगा।

11) मुझे अपनी माँ का जमाया हुआ दही पसंद आता है।

12) मुझे अपनी बहन की खींची हुई तस्वीर पसंद आती है।

13) मुझे अपने बाप की बनाई हुई चाय पसंद आती है।

14) मुझे अपने बाप का दिया हुआ खिलौना पसंद आता है।

15) मुझे अपने भाई का ख़रीदा हुआ गेंद पसंद आता है।

관련 어휘

8) भिक्षु 남 비구/수도사

2 1) आजकल हिन्दी सीखते हुए विद्यार्थी ज़्यादा हैं।

2) नक़्क़ाशी सीखा हुआ कारीगर कम मिलता है।

3) अभी मैदान में खेलते उन बच्चों में से तीन मेरे भतीजे हैं।

4) साड़ी पहनी महिलाएँ रास्ते पर बहुत दिखाई देती हैं।

5) मैंने एक लोमड़ी को रास्ता काटते देखा।

6) आपने बाज़ार में हाथ से बनी चीज़ों को बिकते देखा होगा।

7) फ़क़ीर ने भेड़िये को रास्ते में लेटा हुआ पाया।

8) मुझे साधु समाधि लेता हुआ दिखाई दिया ।

9) मुझे आप कुछ थके हुए नज़र आ रहे हैं।

10) मुझे कॉलेज में पढ़ते हुए दो साल हुए हैं।

관련 어휘

2) **नक़्क़ाशी** 여 조각, **कारीगर** 남 공예가

5) **लोमड़ी** 여 여우

7) **भेड़िया** 남 늑대

8) **समाधि** 여 삼매

3 1) मुझे आप के बनाए हुए कपड़े पसंद आते हैं।

2) हमारे गाँव में नक़्क़ाशी सीखा हुआ कारीगर रहता है।

3) आपकी भेजी हुई चिट्ठी मुहब्बत से भरी है।

4) गुस्से में आया हुआ मित्र ज़ोर से चिल्लाया।

5) इस चित्रकार की बनाई हुई तस्वीर कहाँ से मिलेगी ?

연습문제 6

1 1) नियमित रूप से व्यायाम करना ज़रूरी है।

2) सोने से पहले गरम दूध पीना ज़रूरी है।

3) सुंदर कविता लिखना ज़रूरी है।

4) छुट्टियों में सपरिवार शिमला जाना ज़रूरी है।

5) राजनयिक बनना ज़रूरी है।

6) शंकर गाड़ी चलाना पसंद करता है।

7) शीला हाथों में मेहँदी लगाना पसंद करती है।

8) शंकर हिंदी उपन्यास का अनुवाद करना पसंद करता है।

9) शीला पेड़ के नीचे बैठ कर कविता पढ़ना पसंद करती है।

10) शंकर और शीला सप्ताहांत में फ़िल्म देखना पसंद करते हैं।

11) आपको उच्च न्यायालय के न्यायाधीश से कब मिलना है ?

12) आपको राष्ट्रपति के साथ डिनर कब करना है ?

13) आपको अपना कहानी संग्रह कब प्रकाशित करना है ?

14) आपको भारत क्रिकेट टीम के साथ मैच कब खेलना है ?

15) आपको भारत में कारख़ाना कब स्थापित करना है ?

16) प्रियंका से परसों तक काम पूरा करने को कहिए।

17) नागरिकों से शांति बनाए रखने को कहिए।

18) सुरक्षाकर्मी से खोए हुए बच्चे की खोज करने को कहिए।

19) पुलिस से स्वतंत्र दिवस पर पुख़्ता इंतज़ाम करने को कहिए।

20) विद्यार्थियों से अपने सपनों को साकार करने को कहिए।

21) यह सेब छीलने का चाक़ू है।

22) यह चित्र बनाने की क़लम है।

23) **यह पेड़ काटने की कुल्हाड़ी है।**

24) **यह धूप से रक्षित करने का छाता है।**

25) **यह मच्छरों को भगाने का कीटनाशक है।**

26) **पिताजी ने हमें विदेश यात्रा करने दी।**

27) **सुरक्षाकर्मी ने हमें अंदर जाने दिया।**

28) **रक्षामंत्री ने सैनिक को लड़ाकू विमान चलाने दिया।**

29) **वित्तमंत्री ने विदेश कंपनियों को निवेश करने दिया।**

30) **वन विभाग ने वन भूमि पर सड़क बनाने दी।**

관련 어휘

1) **नियमित** 형 규칙적인

4) **सपरिवार** 부 가족과 함께

5) **राजनयिक** 남 외교관

7) **मेहँदी** 여 메한디/ 헤나(henna) 나무

10) **सप्ताहांत** 남 주말

11) **न्यायाधीश** 남 법관

13) **संग्रह** 남 수집/ 편집

15) **कारख़ाना** 남 공장

19) **इंतज़ाम** 남 준비

20) **साकार** 형 유형의, 실현되는

23) **कुल्हाड़ी** 여 도끼

24) **छाता** 남 우산

25) **मच्छर** 남 모기, **कीटनाशक** 남 살충제

28) **लड़ाकू** 형 전투의

29) **निवेश** 남 투자

2 1) मैं तमिलनाडु जाना चाहता हूँ / चाहती हूँ।

2) मैं तमिलनाडु जाकर पोंगल के त्योहार को देखना चाहता हूँ / चाहती हूँ।

3) तुम्हें पोंगल का त्योहार देखना था।

4) उसने मोहन को पोंगल का त्योहार देखने दिया।

5) उसने पाँच हज़ार लोगों को खाने की चीज़ दी थी।

6) यह मेज़ तीस सेंटीमीटर और लंबी होनी चाहिए।

7) यह पेड़ यहाँ होना चाहिए।

8) बारिश होने ही वाली है। / बारिश होने को है।

9) पेड़ गिरने ही वाला है। / पेड़ गिरने को है।

10) तुम बाज़ार से लौटते समय मेरे मित्र को ये रुपये देना।

연습문제 7

1 1) रमेश किताब पढ़ता है।

2) रमेश किताब पढ़ रहा है।

3) रमेश ने किताब पढ़ी है।

4) रमेश किताब पढ़ता था।

5) रमेश किताब पढ़ रहा था।

6) रमेश ने किताब पढ़ी थी।

7) रमेश किताब पढ़ेगा।

8) रमेश किताब पढ़ता होगा।

9) रमेश किताब पढ़ रहा होगा।

10) रमेश ने किताब पढ़ी होगी।

2 1) (तारक से) विगत वर्षों में अनेक पत्रिकाएँ ख़रीदी गई हैं।

2) (मुझ से) कई पेड़ों को काटा गया है।

3) (ज़िला प्रशासन से) पीड़ितों को खाने का सामान बाँटा गया है।

4) (नानीजी से) मुझे अनेक कथाएँ सुनाई गई हैं।

5) (मुझसे) अँधेरे में सड़क पर पड़ी रस्सी को साँप समझा गया है।

6) (भरत से) राम को याद किया गया।

7) (उनसे) घर में आए सभी अतिथियों का स्वागत किया गया है।

8) (हिन्दी विभाग से) हिंदी शब्दकोश प्रकाशित किया गया है।

9) (मुझसे) बुरी आदत छोड़ दी गई है।

10) (लोगों से) उन्हें दोषी मान लिया गया है।

관련 어휘

1) **विगत** 형 지난, 과거의

3) **पीड़ित** 형 피해를 입은 명 피해자, **सामान** 남 물건, **बाँटना** 타동 나누다

4) **कथा** 여 이야기

8) **शब्दकोश** 남 사전

9) **आदत** 여 습관

10) **दोषी** 형 유죄의 명 죄인

3 1) **बच्चे से कड़वी दवाई नहीं खाई जाती।**

2) **लड़की से कपड़े नहीं सिए जाते।**

3) **लड़के से गरमी में व्यायाम नहीं किया जाता।**

4) **माताजी से आलू की सब्ज़ी उतनी अच्छी नहीं बनाई जाती।**

5) **पिताजी से गाड़ी उतनी अच्छी नहीं चलाई जाती।**

6) **बच्ची से नहीं लेटा जाता।**

7) **दादीजी से गरमी में एयरकंडिशनर के बिना नहीं रहा जाता।**

8) **लड़की से धूप में नहीं बैठा जाता।**

9) **दादाजी से नहीं उठा जाता।**

10) **लड़कों से खड़ा नहीं हुआ जाता।**

관련 어휘

1) **कड़वा** 형 쓴, **दवाई** 여 약

4 1) **दिया गया** 2) **किए गए**

3) **कही गई** 4) **की गई**

5) **पूछे जाने वाले** 6) **बोली जाने वाली**

7) **किया जाने वाला** 8) **किए जाने**

9) **बुलाए जाने** 10) **भेजे जाने**

관련 어휘

9) **बैठक** 여 회의

5 1) 나는 첸나이로 가라는 지시를 받았다.

2) 전 직원들에게 일을 하라는 명령이 주어졌다.

3) 구월 십사 일에 전국적으로 힌디어의 날이 기념됩니다.

4) 디왈리는 보통 시월이나 십일월에 경축됩니다. 이 때에 특별한 음식이 만들어집니다. 친구들과 친척들에게 잔치가 베풀어집니다.

5) 초등교원부처로부터 교원들의 충원을 위한 공고가 났다.

관련 어휘

2) **समस्त** 형 모든

3) **मनाना** 타동 (명절 등을) 쇠다

5) **शिक्षक** 남 교원, **भर्ती** 여 충원, **जारी** 형 발간된

연습문제 8

1 1) पलते हैं

2) बाँधती हैं

3) घिरती है

4) खोलते हैं

5) धोते हैं

6) सिलते हैं

7) भरता है

8) फटते हैं

9) छूटती है

10) बेचता है

관련 어휘

1) **आँगन** 남 안뜰

2) **रक्षाबधन** 남 락샤반단 축제, **अवसर** 남 경우/때, **कलाई** 여 손목, **राखी** 여 부적/끈

3) **घटा** 여 암운

7) **बाल्टी** 여 양동이

8) **चिकनाई** 여 오일, 매끄러움, **होंठ** 남 입술

10) **घीया** 남 호리병박

2 1) चढ़ाना, चढ़वाना

2) कराना, करवाना

3) रखाना, रखवाना

4) जगाना, जगवाना

5) टलाना, टलवाना

6) पिलाना, पिलवाना

7) छुलाना / छुआना, छुलवाना

8) रुलाना, रुलवाना

9) बिकाना, बिकवाना

10) डुबाना / डुबोना, डबवाना

3 1) गिलहरी दूध पी रही है।

2) बच्ची तस्वीर देख रही है।

3) बच्चा गाना सुन रहा है।

4) छात्र कविता पढ़ रहा है।

5) लेखक नाना की जीवनी लिख रहा है।

6) शिशु सो रहा है।

7) बच्ची हँस रही है।

8) लड़का रो रहा है।

9) कार चल रही है।

10) पतंग उड़ रही है।

관련 어휘

1) **गिलहरी** 여 다람쥐

5) **जीवनी** 여 전기(傳記)

6) **शिशु** 남 아기

8) **गुंडा** 남 불량배

10) **पतंग** 여 연

4 1) **पिताजी ने मुझसे छोटे भाई को गाना सिखवाया।**

2) **माताजी ने मुझसे कपड़े गरम पानी में भिगवाए ।**

3) **बाप ने मुझसे बच्चों को बाग़ीचा दिखवाया।**

4) **माँ ने मुझसे मेहमान को बिठवाया।**

5) **बड़ी बहन ने मुझसे रोती हुई भानजी को हँसवाया।**

6) **बड़े भाई ने मुझसे पेड़ की शाखा को तुड़वाया।**

7) **दादाजी ने मुझसे बच्चों को कहानी सुनवाई।**

8) **दादीजी ने मुझसे बच्ची को नहलवाया।**

9) **पति ने मुझसे बच्चों को मैदान में दौड़वाया।**

10) **पत्नी ने मुझसे बिल चुकवाया।**

관련 어휘

5) **भानजी** 여 질녀

10) **चुकाना** 타동 지불하다

5 **मकान जल गया।** 집이 불에 탔다

मकान जलाया गया। (누군가의 의지로) 집이 불질러졌다

6 **मुझसे गिलास नहीं टूटा।** 나는 유리잔을 깰 수 없다.

गिलास नहीं टूटा। 유리잔이 깨지지 않았다.

7 **राम से जानबूझकर दरवाज़ा खोला गया।** 수동문은 행위자의 의도를 전제하며 따라서 부사어 **जानबूझकर** '의도적으로/고의로'와 자연스럽게 어울린다.

राम से जानबूझकर दरवाज़ा खुला। 피동사구문은 행위자의 의도나 의지를 배제하므로 부사어와 어울리지 못한다.

8 **खिलाना**는 '먹이다', '(꽃을) 피우다', '놀게 하다' 의 뜻을 지니며 각각 **खाना** '먹다', **खिलना** '(꽃이) 피다', **खेलना** '놀다'의 기본동사를 갖는다.

연습문제 9

1 1) **बर्फ़ पूरी तरह पिघल गई।** (완결)

2) **आप जल्दी हिन्दी सीख जाएँगे।** (완결, 신속)

3) **पीपल के पौधे दीवार पर उग आते हैं।** (가까워짐)

4) **दयनीय दृश्य देखकर मेरी आँखों में आँसू भर आए।** (동정)

5) **आप स्वास्थ्य के लिए ठीक समय पर पौष्टिक खाना खा लीजिए।** (행위자를 위한 동작)

6) **आपका कुत्ता आपकी आवाज़ से आपकी भावना समझ लेता है।** (능력)

7) **माँ ने बच्चे को दवा पिला दी।** (타인을 위한 동작)

8) **मेरी बच्ची यह कहानी सुनकर ज़ोर से हँस देगी।** (외향적인 동작)

9) **भारत की याद आने लगी और सोया हुआ उत्साह पल भर में जाग उठा।** (우연, 갑작스러움)

10) **मेरा चेहरा लज्जा के कारण अचानक लाल हो उठा।** (예기치 않음, 갑작스러움)

11) **बच्चा बंदर की तरह अचानक पेड़ के नीचे कूद पड़ा।** (갑작스러움, 하강)

12) **सीटी बजते ही बच्चे दौड़ पड़े।** (갑작스러움)

13) **उसने गुस्से में अपनी ऐनक तोड़ डाली।** (과격함)

14) **लड़की गुस्से में उसकी चिट्ठी फाड़ डालती है।** (과격함)

15) **वह आजकल बिना सोचे-समझे कुछ भी कह बैठती है।** (사리분별 없음)

16) **वह सारी पूँजी खो बैठी है।** (한심함)

17) **भीड़ वहाँ से फुर्ती से भाग निकली थी।** (갑작스러움, 재빠름)

18) **उधर से एक शेर अचानक आ निकला।** (갑작스러움)

19) **मैं अपनी साइकिल खोजने के लिए आसपास का पूरा इलाक़ा छान मारता हूँ।** (노력, 신속)

20) **उसने एकांत में घर बना छोड़ा है।** (부적절함)

관련 어휘

3) **पीपल** 남 보리수

4) **दयनीय** 형 동정심을 일으키는, **दृश्य** 남 장면, 광경

5) **पौष्टिक** 형 영양이 있는

6) **भावना** 여 감정

9) **पल** 남 짧은 시간(24초), **पल भर में** 순식간에

10) **लज्जा** 여 부끄러움, 수줍음

12) **सीटी** 여 호루라기, 휘파람

16) **पूँजी** 여 재산

17) **फुर्ती** 여 신속

20) **एकांत** 형 외진 명 외딴 곳

2 1) **बिल्ली सारा दूध पी चुकी।**

2) **नौकर कपड़े धो चुका ।**

3) **माँ अपनी बेटी को देखकर मुस्करा रही है।**

4) **मज़दूर मज़ाक़ सुनकर हँस रहे थे।**

5) **काले बादल आसमान में घिरने लगे।**

6) **लड़कियाँ भयंकर कहानी सुनकर रोने लगीं।**

7) **सावधान रहो, नहीं तो बर्फ़ानी सड़क पर फिसल सकोगे।**

8) **चलती हुई गाड़ी में मत चढ़ो, वरना नीचे कूद सकोगे।**

9) **मेरे मित्र ने अपने बटुए को नहीं खोया।**

10) **मैं अपने हक़ के लिए नहीं लड़ता।**

3 1) 야자열매 한 개가 땅에 뚝 떨어졌다.

2) 외할아버지께서 나의 손에서 도마뱀을 낚아채시어 멀리 던져 버렸다.

3) 넌 네 누이의 결혼식에 이 긴 코트를 입으렴.

4) 아빠가 흔들어 깨우셨고 나는 놀라서 일어났다.

5) 농부야! 네 황소를 나에게 내놓아라, 그렇지 않으면 너를 먹어 버리겠다.

6) 우리가 이렇게 서로 싸우면, 그 이득은 다른 사람이 보게 될 것이다.

7) 발자국 소리를 듣자마자 그는 일어나 달려갔다.

8) 집에서 역으로 떠날 때 누이의 두 눈에 눈물이 고였다.

9) 산악인이 살기 위해 자신의 동료의 발을 꽉 쥐어 붙잡았다.

10) 아저씨가 나를 못 알아보았으나 잠시 후 갑자기 말했다, "어서 오렴, 애야! 오랜만에 마을에 왔구나."

관련 어휘

1) **नारियल** 남 야자열매, **टपकना** 자동 뚝 떨어지다

2) **छिपकली** 여 도마뱀

3) **अचकन** 여 긴 코트

4) **चौंकना** 자동 놀라다

7) **आहट** 여 (발자국) 소리

8) **रवाना** 형 출발한, 떠난

9) **पर्वतारोही** 남 산악인

10) **एकदम** 부 갑자기, 단숨에

연습문제 10

1 1) मुझे ज़ख़्मी जानवरों का इलाज करना है।

2) हमें बाढ़ पीड़ितों को खाने-पीने का सामान बाँट कर देना है।

3) तारक को चिट्ठियाँ भेजनी हैं।

4) पिताजी को हर रोज़ सुबह व्यायाम करना है।

5) सुमित्रा को बॉस की मेज़ पर एक लिफ़ाफ़ा रखना है।

6) नौकर को बच्चों के लिए आलू पराँठे बनाने हैं।

7) माली को बग़ीचा साफ़ करना है।

8) दर्ज़ी को चार जोड़े सीने हैं।

9) सब्ज़ी वाले को सारी सब्ज़ियाँ बेचनी हैं।

10) बच्चे को खाने से पहले हाथ धोना है।

관련 어휘

1) **ज़ख़्मी** 형 상처입은, **इलाज** 남 치료

2) **बाढ़** 여 홍수, **पीड़ित** 형 고통받은 남 이재민

6) **पराँठा** 남 버터를 발라 구운 빵

2 1) शेखर को जल्दी सुबह टहलने की आदत है।

2) सुमित्रा को कविता लिखने का शौक़ है।

3) मुझे किसी भी तरह तुम्हारी मदद करने की इच्छा है।

4) आपको थकावट के कारण कुछ पल आराम करने की आवश्यकता है।

5) मुझे उम्मीद है कि वह जल्दी आए।

6) मुझे आपका काम न कर पाने का दुःख है। /
मुझे दुःख है कि मैं आपका काम नहीं कर पाया।

7) दुकानदार को अपने नौकर पर गुस्सा आया है।

8) मुझे आकाश में घिरे हुए काले बादल दिखाई दे रहे हैं।

9) उन्हें कल रात को बहुत खाँसी आती थी।

10) मुझे बहुत भूख लगती है कि सब कुछ खा सकता हूँ।

관련 어휘

1) **जल्दी सुबह** 부 이른 아침에, **आदी** 형 습관된

2) **शौक़िन** 형 취미가 있는

4) **थकावट** 여 피로

3 1) जी हाँ, उसे हिन्दी आती है।

2) जी हाँ, उसे चापस्टिक चलाना आता है।

3) जी हाँ, उसे सलवार-कुरता पसंद आता है।

4) जी हाँ, उसे भूरा थैला पसंद आता है।

5) जी हाँ, उसे हल्के रंग की साड़ी भाती है।

6) जी हाँ, मुझे आम, अमरूद आदि भारतीय फल याद आते हैं।

7) जी हाँ, उसे ये शर्तें स्वीकार्य हैं।

8) जी हाँ, उसे सब चीज़ें प्राप्त हुईं।

9) जी हाँ, मुझे यहाँ से भारतीय मसाला मिलता है।

10) जी हाँ, मुझे आजकल काम बहुत हैं।

관련 어휘

6) **अमरूद** 남 구아바

연습문제 11

1 1) जो महिला रेलवे स्टेशन में गिरी, वह अस्पताल ले जाई गई।

2) पुलिस द्वारा जिस चोर को गिरफ़्तार किया गया, उसे जेल में बंद किया गया।

3) जिन गाँववालों ने सेना को रसद भेजे थे, उनसे हम पिछले साल मिले थे।

4) मैं भारत से जो कुरता ख़रीदकर लाया, उसे आज पहनना चाहता हूँ।

5) आपने कल जिस लड़के को देखा था, उसे यहाँ बुलाइए।

6) हम जिन खिलाड़ियों पर विश्वास करते हैं, उन्होंने दो गोल दे मारे।

7) जब मेरा भाई बाज़ार जाता है, तब वह दूध और फल ले आता है।

8) जब मकान बनाया गया, तब सारे मज़दूरों को वेतन दिए गए।

9) जिस समय वसंत आता है, उस समय मैं ख़ुश हो जाता हूँ।

10) जिस वक़्त नानीजी ने नातिन को समझाया, उस वक़्त नातिन ने उनकी बात मानी।

11) जब-जब नगरों की जनसंख्या बढ़ती जाती है, तब-तब बेरोज़गारी की समस्या बढ़ती जाती है।

12) जहाँ स्वादिष्ट शाही पनीर मिलता है, हम वहाँ खाना खाने चलें।

13) जहाँ तक पक्की सड़क बनी हुई है, वहाँ तक हम बस से चलें।

14) जिधर से गुलाब की ख़ुशबू आ रही है, उधर हम चलें।

15) जहाँ से ममता दूध, सब्ज़ी आदि लाती है, वहाँ हम सामान ख़रीदें।

관련 어휘

13) **पक्का** 형 포장된

2 1) जो लोग नोटबंदी का विरोध करते थे, वे नारे लगाते थे।

2) जो लोग शिकायत करते हैं, मुझे वे नापसंद हैं।

3) जो आदमी सफ़ेद सलवार-पजामा पहने है, तुम उसे बुलाओ।

4) आप जितना काम करते हैं, उतना मैं नहीं कर सकता।

5) मोहन का भाई जितना अच्छा गाता है, मोहन उतना नहीं गाता।

6) पिछले साल जितनी ठंड थी, इस साल उतनी नहीं है।

7) शीला जितनी अच्छी लड़की है, ममता उतनी नहीं है।

8) जैसी अच्छी शाल मैंने पिछली बार ख़रीदी, वैसी मैं ख़रीदना चाहता हूँ।

9) जैसा अच्छा नाश्ता मैंने कल किया, वैसा मैं करना चाहता हूँ।

10) जैसे सुंदर गाँव में आप रहते हैं, वहाँ मैं रहना चाहता हूँ।

11) जैसे क़ाबिल व्यक्ति आप हैं, वैसे मैं बनना चाहता हूँ।

12) जब बच्चा हँसता है, तब माँ का मन लुभाया जाता है।

13) जब मनोज ने संगीत सुना, तब उसकी आँखों में आँसू भर आए।

14) जब मुझे वेतन मिलेगा, तब मैं आपके पैसे लौटा सकूँगा।

15) जब तक मैं कपड़े पहनूँ, तब तक आप तैयार हो जाइए।

16) जब तक एम्बुलेंस आई, तब तक शीला ने रात भर के लिए ज़रूरत की कुछ चीज़ें थैले में भर लीं।

17) जैसे ही पुलिस आई, वैसे ही चोर दौड़ने लगा।

18) जैसे ही बादल गरजे, वैसे ही बच्चे डर कर चिल्लाने लगे।

19) जैसे ही दरवाज़ा खुला, वैसे ही कुत्ता भाग निकला।

20) जैसे ही मैं बर्फ़ानी सड़क पर फिसला, वैसे ही अनजान लोगों ने मुझे उठाया।

관련 어휘

11) **क़ाबिल** 형 능력 있는

연습문제 12-1

1 1) ① माँ

2) ② बाढ़ ने

3) ② बड़ी बहन ने

4) ① मैं

5) ① जो

6) ② किसी ने

7) ③ मुझे

8) ③ हमें

9) ④ सभापति से

10) ④ उससे

11) ③ अपनी

12) ② तिवारी का

13) ③ देश की

14) ① कारख़ाने का

15) ① अस्सी साल का

16) ③ की

17) ④ चाक़ू से

18) ④ मज़दूरों से

19) ④ से

20) ④ से

관련 어휘

2) **तबाही** 여 파괴, **मचाना** 타 야기하다

4) **दाम** 남 가격

13) **कर्तव्य** 남 의무

15) **बुज़ुर्ग** 남 노인

17) **छिलका** 남 껍질

2 1) मैंने (दीवाली के अवसर पर) पीतल के बरतन ख़रीदे।

2) मैंने (बाज़ार से सामान लाने) छोटे भाई को भेजा।

3) मैं (आज) उस सलवार-कुरते को पहनूँगी जो तुमने मुझे भेंट की है।

4) मैं (चुपचाप बैठ कर) घोड़े पर सवार एक व्यक्ति देख रहा था।

5) मैंने (समारोह में) अपने कर्मचारियों को बुलाया।

6) मैंने अपने दोस्त को अज्ञेय का काव्य संग्रह दिया।

7) मैं अगले शनिवार को (तुम्हारे साथ) सिनेमा देखने जाऊँगा।

8) तिवारी जी को दिल्ली छोड़े चार साल हो गए।

9) मैंने शीला से प्रतियोगिता में भाग लेने को कहा।

10) शिकारी उस समय बंदूक़ दाग़ने को था।

관련 어휘

1) **पीतल** 남 놋쇠

5) **समारोह** 남 기념행사

연습문제 12-2

1 1) में 2) में 3) पर 4) में 5) में
6) पर 7) पर 8) तक 9) में 10) में
11) पर 12) पर 13) तक 14) तक 15) में
16) में 17) में 18) में 19) पर 20) पर

2 1) के पास 2) के पास 3) को 4) को 5) के
6) का / के 7) की / के 8) में / के 9) का 10) में

관련 어휘

6) **भानजा** 남 누이의 아들, **भानजी** 여 누이의 딸

10) **करुणा** 여 자비, **निष्ठा** 여 신뢰, **आचार** 남 선행

3 1) ① के मारे
2) ③ के बदौलत
3) ② के अलावा
4) ② के बजाय
5) ④ बारिश के बावजूद

관련 어휘

1) **रोगी** 남 환자, **कराहना** 자동 신음하다

4) **दुविधा** 여 곤경

4 1) ① डर के मारे महिला काँप रही थी।
2) ① तुम्हारे बिना मेरा जीवन अनर्थ होगा।
3) ③ प्रशिक्षु अनुमति लिए बिना प्रशिक्षण स्थल से बाहर नहीं जा सका।
4) ② मुझे श्री शर्मा की बदौलत आवश्यक सामग्री उपलब्ध हुई।

5) ④ **साहसी व्यक्ति किसी बहाने के बजाय अपनी ग़लती स्वीकार करता है।**

관련 어휘

2) **अनर्थ** 형 무의미한

3) **प्रशिक्षु** 남 훈련생, **प्रशिक्षण स्थल** 남 훈련소

4) **सामग्री** 여 자료

5) **बहाना** 남 핑계, 변경

5 1) 7월 13일에 뉴델리 역에서 기차사고로 여러 사람이 사망하고 상당히 많은 사람들이 많이 다쳤다.

2) 마하뜨마 간디는 유혈사태 없이 인도에 독립을 가져다 주었다.

3) 당신의 경제적 도움 덕분에 삼천 명 이상의 여학생들이 산수와 과학을 학습할 기회를 얻었습니다.

4) 중앙정부는 식품부의 인가 없이 설탕 수출시기를 9월에서 12월로 조정하였다.

5) 시골 선수들에게 재능은 있다, 그러나 전문적인 훈련의 부족으로 인해 재능있는 선수들이 떠올라 전면에 나타나지 못 하고 있다.

관련 어휘

1) **दुर्घटना** 여 사고

2) **बहाना** 타동 흐르게 하다

4) **खाद्य** 남 식품, **मंत्रालय** 남 부, **निर्यात** 여 수출

5) **पेशावर** 형 전문적 남 전문

연습문제 13

1 1) या　2) और　3) वरना　4) फिर भी
5) लेकिन　6) ताकि　7) क्योंकि　8) बल्कि
9) इसलिए　10) जबकि

2 1) ④ मगर　2) ① अथवा　3) ② न, न　4) ③ किंतु
5) ④ तो　6) ① चूँकि　7) ③ तो भी　8) ④ नहीं तो
9) ① तो　10) ② कि　11) ③ तथापि　12) ② इस कारण
13) ④ मानो　14) ② जबकि　15) ① अर्थात्

관련 어휘

2) **तश्तरी** 여 접시/쟁반, **चटनी** 여 소스, **परोसना** 타 음식을 제공하다
5) **सुकून** 남 평화

3 1) बच्चे ने खाना खाया और खेलने चला गया।
2) अब्दुल कलाम भारत के पूर्व राष्ट्रपति ही नहीं बल्कि वैज्ञानिक भी थे।
3) तुम चाय लेना पसंद करोगे या कॉफ़ी लेना पसंद करोगे ?
4) ध्यानचंद ने ओलंपिक में मेडल जीता लेकिन संतुष्ट नहीं है।
5) मैंने समझाया था मगर बच्चा नहीं माना।
6) मुझे ट्रेन में सफ़र करना था, इसलिए टिकट ले लिया।
7) लाखों लोगों के घर उजड़ गए, क्योंकि अचानक बाढ़ आई।
8) मैंने अखिलेश से कहा कि वह मेरे साथ पुस्तक मेले जाए।
9) हालाँकि संगीत अच्छा नहीं था, फिर भी लोगों ने तालियाँ बजाईं।
10) चाहे मुसीबत पड़े परंतु भ्रष्टाचार ना करना चाहिए।

관련 어휘

4) **संतुष्ट** 형 만족한

8) **मेला** 남 박람회, 축제

10) **भ्रष्टाचार** 남 부패, 타락

4 1) ② **बल्कि** 2) ③ **तो** 3) ② **पड़े** 4) ① **हो**
5) ④ **मिले** 6) ④ **न, न** 7) ④ **हो** 8) ② **फिर भी**
9) ① **अगर** 10) ② **यहाँ तक कि**

관련 어휘

2) **टीटीई** 남 TTE(travelling ticket examiner)

8) **श्रद्धा** 여 신뢰/존경, **त्याग** 남 단념

9) **संघर्ष** 남 투쟁

10) **चेष्टा** 여 몸짓, 태도, **जुटाना** 타 모으다/얻다

힌디어중급문법

초판 인쇄 2017년 3월 22일
초판 발행 2017년 3월 29일

지은이 최종찬 · 김용정
발행인 김인철
총괄 · 기획 가정준 Director, University Knowledge Press
편집장 신선호 Executive Knowledge Contents Creator
도서편집 김민정 Contents Creator
전자책편집 최인우 Chief e-Contents Creator
재무관리 김은혜 Managing Creator
발행처 한국외국어대학교 지식출판원
02450 서울특별시 동대문구 이문로 107
전화 02)2173-2493~7
팩스 02)2173-3363
홈페이지 http://press.hufs.ac.kr
전자우편 press@hufs.ac.kr
출판등록 제6-6호(1969. 4. 30)
디자인 · 편집 (주)이환디앤비 02)2254-4301
인쇄 · 제본 네오프린텍 02)718-3111

ISBN 979-11-5901-185-6 13790 정가 18,000원

*잘못된 책은 교환하여 드립니다.

HU;NE은 한국외국어대학교 지식출판원의 어학도서, 사회과학도서, 지역학 도서 Sub Brand이다. 한국외대의 영문명인 HUFS, 현명한 국제전문가 양성(International +Intelligent)의 의미를 담고 있으며, 휴인(携引)의 뜻인 '이끌다, 끌고 나가다'라는 의미처럼 출판계를 이끄는 리더로서, 혁신의 이미지를 담고 있다.